U0461099

范式与沙堡：
比较政治学中的
理论建构和研究设计

Paradigms and Sand Castles:
Theory Building and Research
Design in Comparative Politics

［美］ 芭芭拉·格迪斯（Barbara Geddes） 著

陈子恪 刘 骥 等译
张睿壮 刘 骥 校

重庆大学出版社

作译者简介

作者简介：

芭芭拉·格迪斯(Barbara Geddes)，洛杉矶加州大学(UCLA)政治学教授，曾任胡佛研究所(Hoover Institution)研究员。比较政治学领域中被广泛引用的案例选择方面的权威。

校译者简介

张睿壮，美国伯克利加州大学政治学博士，主修国际关系和政治学方法论。南开大学周恩来政府管理学院荣休教授。

刘骥，四川安岳人，北京大学学士、硕士、博士，专攻比较政治学与比较政治经济学，南开大学阿红译社高级合伙人，天津荒岛书店学术与艺术顾问，曾任南开大学政治学系教师。兴之所至，随心所欲，超凡脱俗，特立独行。

陈子恪，山东新泰人，南开大学学士，阿红译社第二任社长。学为真知，淡泊浮云。

序:"政治学不存在了"?

"物理学不存在了。"伴随着《三体》电视剧的热播,这个"三体梗"一时火遍全网。

由于三体人的干扰,世界各地的高能加速器粒子试验,在一切都相同的试验条件下出现了完全不同的、没有规律的试验结果。

"这意味着物理规律在时间和空间上不均匀。"

"这就意味着宇宙普适的物理规律不存在,那物理学……也不存在了。"

当过往的理论无法解释现在的现象时,以缜密思考为生的学者们似乎就爱发出这样悲观的论断。比如唐纳德·特朗普在 2016 年美国大选中获胜时,就有政治学者直言"政治学失败了"(the failures of political science)。①

看完《三体》,重读芭芭拉·格迪斯的《范式与沙堡:比较政治学中的理论建构和研究设计》(以下简称《范式与沙堡》),我脑子里不由自主蹦出了"政治学不存在了"。

实际上,芭芭拉·格迪斯这本书的标题就点明了她对政治学学科的担

---

① Will Jennings and Martin Lodge, The failures of political science: Trump, Brexit and beyond…[EB/OL].(2016.11.13)[2023.2.14]. https://www.psa.ac.uk/psa/news/failures-political-science-trump-brexit-and-beyond.

忧——那些意料之外的大事件大大动摇了研究者对现有理论的信心,使得许多理论就像"沙子堆建的城堡"一样容易消散。

比如,胡安·林茨(Juan J. Linz)基于自身生活经历发表的《西班牙的威权政体》(*An Authoritarian Regime: The Case of Spain*),扎根于历史细节和地方经验,极大地丰富了比较政治学研究中对政体的描述与分类,并将其推广到其他地区。即使这项研究经典如斯,"盛极一时",却也难以解释和预测20世纪90年代前后席卷世界诸多地区的民主化浪潮,以及苏联的解体。

再如,一度大行其道的现代化理论也并没有见证亚非拉地区的传统社会或传统文化快速向所谓的现代社会或现代文化转型。这一宏大理论的"镜面"本应该折射出人类社会线性发展、和谐一统的乐观画面,却被诸多发展停滞或中等收入陷阱的社会事实以及文明之间的持续冲突击碎了。

近年来,民粹主义运动与领导的崛起、不断扩张的政治极化,以及社交媒体、人工智能等新技术革命的冲击,都在不断削弱传统政治学理论的解释效力与范围。正如上面提到的,不时攻击媒体和选民、丑闻不断的特朗普,通过强化Facebook等社交媒体的竞选功效,"意外"地战胜了希拉里——特朗普的获胜几乎使得政治学教科书中所有关于竞选的规则都"失效"了。

对于政治学研究的这种现象,格迪斯在这本书中给出了自己的解释和解决之道。

格迪斯认为"沙堡"现象至少源于以下三大方面:

第一,在认识论层面偏重用非结构化的、归纳的方式来探寻潜在模式,由此产生了大量未经组织的信息,对新理论的探索也因此以失败告终——这也是格迪斯在书中更加认同理性选择的研究路径而非依附论、历史制度主义或比较历史分析的主要原因。

第二,一方面,理论建构的方式来源于对导致结果发生的事件的概述而非因果论证,历史细节和事件描述已经成为确定因果关系的替代品;而另一方面,理论验证容易陷入"循环论证"的陷阱,即用理论生成的案例集合来检验理论本身。

第三,研究设计的基本原则(比如如何选择案例、如何使用证据、如何选择研究路径等)常常被研究者忽略,使得未经检验的理论与未加组织的数据难以进行逻辑研究的"嫁接"。这些缺陷使得政治学中的部分理论大大弱化了经验验证的能力,减损了其理论价值。

但也正因为如此,人们对理论解释的持续探索也在不断被激发,而在这一过程中,政治学也在被不断重塑,持续发展。对于比较政治学研究而言,试图扩大现有理论的范围来解释广泛的案例,正是研究者们努力的方向之一。如果难以通过现有理论来解释该理论尚未应用地区所面临的中心问题,研究者往往就会陷入一般理论和地方特殊性之间的纠结之中。不过,这种纠结有时候会催生出新的理论。

面对学科的范式危机,格迪斯给出了务实的答案:如果在方法论上做得更科学,我们的麻烦就会减少。与诸多政治科学方法论学者(比如 John Gerring、Gary Goertz 及 Jason Seawright)类似,格迪斯也认为,科学是一种系统的、严格的、客观的和基于证据的发现世界真相的方式,是知识的系统积累。

因此,《范式与沙堡》这本书将焦点对准了比较政治学中的研究设计细节问题,探讨研究者选择的问题、案例、证据以及研究路径将会如何影响他们最后的理论建构与理论验证,在更为宏观的层面指向学科的知识积累,并最终回归到"创造用于解释现实世界各个方面的理论"这一目标上。毕竟,政治学终究是存在的。

游宇(厦门大学)

2023 年 2 月 16 日

在方法论对话中理解《范式与沙堡》

在《范式与沙堡》这本书中,格迪斯特别强调研究设计的三个方面:1)重视检验理论的可观察推论而不是理论本身;2)避免选择偏误;3)要评估证据的质量。这些最后都指向了她所偏好的理性主义研究路径,即基于对人类行为的简化假设——经济人理性的理论化之路。同时,格迪斯还认为,比较政治学需要继续解决民主化、国家发展等重大问题,需要抛弃"整体论"的视角,因为宏大的现象往往涉及多方面的复杂过程,没有一种理论能够完全解释。

格迪斯的看法强调"科学"与"解释",代表了社会科学认识论与方法论发展脉络上的一种核心观点。为了更好地理解本书,有必要将其置于方法论对话中来解读。

KKV 与格迪斯

整体上来看,与诸多在 2000 年前后出版的方法论著作一样,《范式与沙

堡》也需要放在与KKV① 的比较或对话中来理解。② KKV 一书的核心观点在
其副标题,即"用量化逻辑指导质性研究"。换言之,这三位作者认为,定量和
质性研究可以共享一个"统一的推理逻辑",前者与后者之间的差异只是风格
上的,而不是方法论层面上的。

　　无论读者们是否同意这些观点与建议,KKV 引发的学科方法论反思都促
使研究者重新思考比较政治学如何进行假设检验与逻辑推理这一关键问题。
必须承认,面对 KKV 的建议甚至"挑衅",方法论意识在政治学以及使用质性
方法探究政治生活与人类组织的研究者中得到了强化。在实证主义或后实
证主义的认识论传统下,学者们大致形成了一些共识,比如:社会科学研究需
要系统的和持续的概念形成和提炼;对于经验证据,不仅要验证,还要利用其
发展和探索理论;以及重视因果复杂性。

　　《范式与沙堡》同样高举"科学的旗帜",对"什么是科学的研究以及如何
科学地做研究"这一问题给出了自己的回答,并顺带批评了诸如依附理论、比
较历史分析等学派的研究。虽然格迪斯的主张不像 KKV 那样深深地植根于
假设检验或研究方法之中,但基于其根本立场,她可以被看作 KKV 的同道
中人。

　　不过,与KKV 不同,除了假设检验与因果推论之外,格迪斯还十分重视从
理性选择出发的理论建构过程。换言之,格迪斯不仅认为研究者应该在问题
提炼、案例选择以及证据评估等具体的研究设计方面遵循一定的科学准则,
还建议研究者应该将"理性选择"作为理论建构工具箱中的"首选"——因为

---

①　KING G, KEOHANE R O, VERBA S. *Designing social inquiry: scientific inference in qualitiative research*[M]. Princeton: Princeton University Press, 1994.

②　比如: BRADY H E, COLLIER D. *Rethinking Social Inquiry: Diverse Tools, Shared Standards*[M]. Maryland: Rowman & Littlefield Publishers, Inc., 2010.; GOERTZ G, MAHONEY J. *A Tale of Two Cultures: Qualitative and Quantitative Research in the Social Sciences*[M]. Princeton University Press, 2012.; GOERTZ G. *Social Science Concepts: A User's Guide*[M]. Princeton: Princeton University Press, 2005.; GERRING J. *Social Science Methodology: A Unified Framework*[M]. Cambridge University Press, 2008.

在她看来,理性选择所提供的工具可以帮助研究者更容易、更高效地建构理论,"其他常用的路径都难以与之匹敌"。从这一点来看,格迪斯的倡议似乎比 KKV 更加"激进":她不仅在聚焦于理论检验的研究设计上给出了规范,还在以理论建构为中心的研究路径上进行了"优胜劣汰"的选择。

阅读之后,读者可以看出,格迪斯的理性选择倾向与书中着重探讨的三大研究设计问题之间的关联。

一个好的研究设计,首先面对的是研究问题的选择。格迪斯认为,比较政治学者不应当执迷于解释大问题(big questions),或查尔斯·蒂利(Charles Tilly)所言的"大结构、大过程和大比较",而应当务实地将这些所谓的大问题或复合结果分解为导致它产生的多重过程,并对各个过程分别给出解释,若反其道而行之——将复合结果作为一个整体来解释——只会事倍功半。

这方面一个很好的例子是阿利森和泽利科对古巴导弹危机的经典研究[1]。在这一研究中,两位作者并没有采用单一理论视角把这一事件当作一个整体进行解释,而是从决策过程出发,区分了决策制定的三种理论路径:理性行为体模型、组织行为模式及政府政治模式。在不同的理论视角下,两位作者分别关注了三个不同的问题:在理性行为体模式下,作者试图回答"为什么苏联决定在古巴部署进攻性导弹"这一问题;在组织行为模式下,关注"为什么美国实施封锁"这一问题;在政府政治模式下,作者又将焦点转向"苏联为什么撤出导弹"这一结局。通过不同视角的切换,作者展示了在古巴导弹危机中对这些关键问题的不同理解:理性行为模式主要从两个超级大国的关键利益来回答,为何苏联会铤而走险;组织行为下的解释则呈现了美苏两国影响和延迟决策(比如进行毁灭性打击)的例行程序和组织流程;政府政治模式的解释则表明,不同派别的决策者之间的权力斗争也影响了事件的最终走向。在整部研究中,作者并未通过可供观察的证据比较哪一种理论对于古巴

---

[1] ALLISON G, ZELIKOW P. *Essence of Decision*: *Explaining the Cuban Missile Crisis*[M]. New York: Addison-Wesley Longman, 1999.

导弹危机更具解释力,而是从不同的问题"截面"来呈现不同理论解释下可能存在的矛盾,并以具体的理论模式来相互调和这些矛盾。①

不过,我认为格迪斯的出发点与上述两位作者并不相同。格迪斯建议将大问题分解成小问题,这是由她的因果性本体论所驱动的:她想增加针对任何特定假设的观察次数,因为她的出发点是主流的"规律性-概然论"的定量规范。在定量研究中,这似乎是一条常识,但问题分解的成败关键还在于研究者的理论构思与分析功力。

关于研究设计策略,格迪斯强调的第二点是:避免由案例选择导致的因果推断偏误。在政治学研究中,理论和证据之间的关系通常被视为科学和非科学之间的关键区别。不同的研究者在选择案例支持理论方面提供的建议各种各样,但他们有一个重要的共同点:增加案例或观察值的数量远不如慎重选择案例重要,因为后者往往依赖于对案例的本质与细节的理解程度。格迪斯的观点与 KKV 基本一致,即根据因变量的结果来选择案例很可能会使得研究者得出与案例总体完全相反的因果特征。她认为部分有影响力的少案例跨国比较研究也"深受其害",并因此大大削弱了理论的内部有效性。②

如何评估与使用经验证据则是《范式与沙堡》着重讨论的第三个研究设计问题。社会科学家几乎一致认为,对某个理论的检验必须与产生该理论的证据分开。格迪斯也不例外。为了更容易地共享数据、检验论证和重复测试,那些模糊不清的概念就需要细细澄清,案例研究的证据需要更仔细的操作化与测量。这不仅仅需要说明论点适用的案例范围,还需要仔细给出衡量的标准,以及案例的类别和归类,并将这些标准的程序化过程与研究结论公之于众,以便于读者能够按照这些标准来重复这项研究。

当然,仅仅做到这些还远远不够,研究者还需要时常面对理论与证据之

① 相关研究也从一致性分析的研究设计对这一著作进行了解析。参见陈超,游宇. 迈向理论导向的个案研究:过程追踪与一致性分析的混合设计[J]. 公共管理评论,2022, 4(4):132-148.

② 这似乎也解释了格迪斯为何强烈地反对基于归纳的理论化。

间不一致的局面。对此,格迪斯的建议是,寻求出现不一致的解释,然后形成一个更一般和更具包容性的理论,即可以得到将"一致"与"异常"均包容其中的理论框架。事实上,理论命题与经验证据的不一致在社会科学研究中是常态,我们的理论建构过程正是在理论和证据之间的不断"拉扯"中完成与完善的。换言之,学者们得出的理论命题正是基于他们与经验世界的互动而构建的。

可供参考的研究设计原则

《范式与沙堡》可以帮助读者更好地理解比较政治学的研究过程,特别是概念的形成和提炼、理论的检验与建构,以及因果复杂性等问题。正如利普哈特所言,"比较政治学"主要考量的并非分析对象,而是"如何"分析。①

显而易见的是,随着各学科研究方法的融合和以问题为导向的跨学科研究的兴起,比较政治学的方法工具箱已经不再局限于所谓的"比较方法"(comparative methods)或少案例比较分析,而是逐渐跨越案例型研究(case studies)迈向社会科学的分析路径。结合格迪斯的观点,我认为在比较政治学的研究设计中,以下三点尤其重要。

其一,确定因果域,即,使某种因果关系得以精确建立的范围。一方面,研究者很难通过个别案例的归纳性分析挖掘出具有普遍适用性的因果关系;另一方面,由于我们难以发现具有普适性的因果关系,故而强调因果关系适用的有限性与条件性就特别重要。因此,约翰·安德森(John Anderson)强调,原因与结果之间明确与稳定的关系更可能在某种"限制"(limits)或某个"域"(field)中存在。② 换言之,确定因果域的本质便是界定案例选择范围,或从理

---

① LIJPHART A. Comparative Politics and the Comparative Method[J]. *American Political Science Review*, 1971, 65(3): 682.

② ANDERSON J. *Studies in empirical philosophy*[M]. Sydney: Sydney University Press, 2014.

论上建构研究总体。这在本书中也多次提及。

其二,将选择案例融入理论分析框架的建构中。在比较研究中,案例选择并非简单地选择那些需要进行统计建模或深入分析的观察对象,其选择过程本身就是在因果层面建构相关的类型学或理论分析框架。因此,在研究设计中,案例选择是因果解释的基础,有偏误的案例选择往往会削弱乃至摧毁整个因果解释的可信度。然而,案例选择通常是比较政治学方法论的"重灾区"。①

进行案例选择首先需要明确:跨案例分析的路径是什么,有多少案例可供我们选择,以及我们选择案例的目的是什么。本书中一再强调不要根据因变量来选择案例;换言之,按照 KKV 的建议,研究者通常应当根据自变量来选择观察值。在多案例比较研究的实际应用中,这一原则也可以理解为根据解释变量的条件组合来选择案例。比如,基于回归分析来选择异常案例,或是基于核心影响因素的类型学来选择正面或负面案例,均属于此。然而,这一原则并非放之四海而皆准。比如,由于定性比较分析方法并未提供关于"变量控制"的方法,所以这往往要求研究者在某个因果域中的总体意义上探索逻辑因果关系。当然,无论采用何种选择策略,研究者都还需要尽可能地保持控制变量差异的最小化,这也是控制性比较的基本准则。

其三,重视运用多元方法的研究设计。比较分析往往涉及不同程度的纵向各级政府间的互动、不同制度与政策在各级政府内的空间扩散,而多国家的比较研究还意味着更为复杂的案例选择与因果机制。而且,多数的社会行动与结果是由一系列因素或条件组合在特定的机制下导致的,这要求社会科学研究者从识别因果关系与厘清因果机制两方面来进行探索。在一项研究设计中借助混合方法研究或多元方法研究来完成核心的因果推断目标,便是值得践行的。如果借助不同的方法和研究路径得出了相似的答案,我们对那

---

① BECK C J. The Comparative Method in Practice: Case Selection and the Social Science of Revolution[J]. *Social Science History*, 2017, 41(3): 533-554.

些发现就会有更大的信心;而对于有分歧的发现,如果我们仔细思考不同的理论和方法何以导致完全不同的结果这样重大的问题,就能对特定问题、理论与方法产生更深刻的理解。

游宇 (厦门大学)

2023 年 2 月 16 日

致　谢

　　我在撰写本书的第一部分时正跟我的小女儿在一起,那时她得了幼儿疝气,不停地在后院哭闹。她现在已经十三岁了。我首先想要感谢她,因为她已经渐渐长大,成了一个既古灵精怪又讨人喜欢的孩子,这终于能使我或多或少重新过上文明的生活。

　　在这项耗时如此之久的研究项目中,我欠下的人情债不可胜记。过去的这些年间,洛杉矶加州大学(UCLA)的许多研究生(其中一个现在已经获得了终身教职)都曾在该项目的不同领域中帮助过我。在此我想感谢下列人士所提供的帮助与专业知识:阿利森·本顿(Allyson Benton)、汉纳·博涅(Hanna Birnir)、金伯利·奈尔斯(Kimberly Niles)、约翰·奎因(John Quinn)、塔蒂阿娜·里佐瓦(Tatiana Rizova)和卡西·斯威特(Cathy Sweet)。我要特别感谢谢丽尔·舍恩哈特-贝利(Cheryl Schonhardt-Bailey),如果不是她坚持在图书馆查阅资料,我根本不可能在女儿得疝气的那个夏天写出本书的第一部分;我还要特别感谢爱德华多·阿莱曼(Eduardo Alemán)、利兹·斯坦(Liz Stein)和马里萨·克拉姆(Marisa Kellam),他们聪明、负责、性格和善,正是他们在本书写作的最后阶段所做出的努力使全书的面貌大为改观。

　　在开始写这本书之前,我一直在用书中的观点教授研究生的研究设计课程。书中很多观点都是在回应学生们的研究项目时想到的。书中所举的例子最初是用来给学生们讲授抽象概念的,正是在回应学生们的问题和困惑的过程中,这些例子不断得到完善。我要感谢我的学生们,感谢他们深思熟虑的问题以及对课程的热情回应。许多年以来,这一直是我最愿意教的一门课。

同事们的评论也令我获益良多,我已记不清有多少位同事曾评论过本书,这当中既有私下的讨论,也有研讨会上的公开点评。我尤其想感谢以下人士:大卫·莱廷(David Laitin),他就本书的大部分手稿给出了富有挑战性和非常有益的评论;大卫·科利尔(David Collier),他对选择偏差一章的早期版本提出了批判;鲍勃·杰克曼(Bob Jackman),他与我讨论了如何检验利普赛特与罗坎的论点,并对整个研究项目给予了鼓励;埃伦·卢斯特-奥卡尔(Ellen Lust-Okar),她与我分享了有关中东的专门知识。圣迭戈加州大学(UC San Diego)、新墨西哥大学(University of New Mexico)和耶鲁大学(Yale)举行的研讨会尤其令人兴味盎然,这几次研讨会在我的心目中占据了重要位置,在此我想感谢这几次研讨会的组织者——迈尔斯·卡勒(Miles Kahler)、卡伦·雷默(Karen Remmer)和伊凡·泽兰尼(Ivan Szelenyi)。

UCLA 的斯科特·沃(Scott Waugh)院长为本项目提供了大部分的资助,在此感谢他对本项目的支持,同时我还想感谢他对提高 UCLA 的学术生活质量所做的许多其他贡献。

最后,我想感谢我最大的粉丝——约翰·佐莱尔(John Zaller),他阅读了本书的全部手稿,并毫不留情地攻击其中存在的逻辑与组织问题,同时他还对本项目保持着一份非凡的热情。感谢他与我分享并增强了我对"以学术为志业"(science as a vocation)这一信条的归属感,正是这种归属感促使我完成了本书。此外,我还想感谢他在与我分享生活的其他方面时所显露出的那份乐观、和善和活力。

目　录

研究设计与知识积累 1

> "我是奥西曼德斯，众王之王。
>
> 强悍者呵，谁能和我的业绩相比！"
>
> 这就是一切了，再也没有其他。
>
> 在这巨大的荒墟四周，无边无际，
>
> 只见一片荒凉而寂寥的平沙。
>
> ——怕西·比希·雪莱，"奥西曼德斯" ❶

    刚刚过去的这三十年，对于发展中国家政治的研究者来说很不友好，这几乎就跟岁月对奥西曼德斯的消磨一样❷。正当走向威权主义（authoritarianism）的冲动已经"得到了各种日益趋同的分析路径（approaches）的充分解释，并因而以其庄严的必然性甚或永恒性得到了充分理解之时"（Hirschman 1979, 98），民主化开始席卷世界上许多

---

❶ 查良铮译：《雪莱抒情诗选》，北京：人民文学出版社，1993 年重印第 1 版，第 37 页。——译者注

❷ 《奥西曼德斯》（*Ozymandias*）是雪莱的一首诗，他用石碑上法老的话和现今的废墟来比照：一方面是石碑上法老傲慢与自大的话语，另一方面是几乎快要被岁月消磨殆尽的废墟，雪莱用这个强烈的对比来讽刺法老的愚蠢。格迪斯在此处借用这个典故来讽刺理论家们雄心勃勃地建立起来的理论，最后都像是奥西曼德斯的功业一样随着时间流逝化为尘土。——译者注

地方。在另一轮更令人意想不到的变化中,每一个区域的政府都开始放弃国家干预主义的经济政策,转而支持更偏向市场导向的政策。更为重要的是,苏联帝国崩溃了。虽然学者们已然以一种愉悦的态度来对待大多数这些事件,但是,几乎没有人预料到这些事件会发生,因为在这些变化开始之时占据支配地位的理论,并没有对这些事件做出预测(参见 Remmer 1995, 103;Kalyvas 1999)①。

面对世界上诸多令人瞩目的事件,学者们很快把他们的注意力转向试图理解这些事件。作为这些调查的一个最初成果,他们认识到,在那些比较发展的研究者所珍视的理论中,几乎没有哪一种理论为解释最近的事件提供了很大的帮助。在针对"从威权主义的转型"的研究中,旧理论有限的有效性早就被注意到了(有时是那些先前的研究者自己注意到的)。不管是在对 1960 年代和 1970 年代期间威权主义迅猛发展的解释中占据重要地位的受依附论影响的观点(dependency-influenced arguments)(例如,O'Donnell 1973;Cardoso 1973a),还是对民主化的历史性解释(例如,Moore 1966),似乎都没有为解释民主制与威权主义之间的突然转变提供太多的帮助②。吉列尔莫·奥唐奈(Guillermo O'Donnell)和菲利普·施米特(Philippe Schmitter)就强有力地指出了标准的利益集团分析路径或是以阶级为基础的分析路径的

---

① 很多学者已经分析过最终在这样那样的威权主义中导致转型的脆弱性和矛盾。例如,参见 O'Donnell(1978, 1979)对在"官僚—威权主义"(bureaucratic-authoritarian)政权内部联盟伙伴之间的、具有潜在削弱性的紧张状态的分析。然而,在我看来,没有人预料(expect)或是预测(predict)到我们所目睹的席卷大部分发展中世界的民主化与经济改革。

② 鲁斯切梅耶、斯蒂芬斯和斯蒂芬斯(Rueschemeyer, Stephens, and Stephens 1992)不同意这种在其他情况下已被广泛接受的结论。他们试图通过对由摩尔(Moore)开创的传统做出一系列实质性修正,以及纳入额外的变量和偶发事件(contingencies),来使这一传统苟延残喘。

不足。

> 在这些转型期间……要**事先**(*ex ante*)确切说明哪些阶级、部门、机构以及其他团体将会扮演什么角色,选择哪些议题,或是支持什么替代选择,几乎是不可能的……对于[这些]选择和过程而言,那些有关社会、经济和制度参数的相对稳定性和可预见性的假定显然不妥,因而有关这些参数的描述力和解释力的假定也是不妥当的。(O'Donnell and Schmitter 1986, 4-5)

克里斯托弗·克拉彭(Christopher Clapham)和乔治·菲利普(George Philip)也强调政权转型明显的不确定性:"军政权(military regime)更迭的模式相当像穿过丛林的小径:有许多不同的足迹,而且所有的小径非常难走……,而且无论如何,大部分小径都不会通向你想去的地方"(Clapham and Philip 1985, 24)。当我们缺乏理论来解释过程的时候,过程就会显得既复杂又难以预测。

论述市场化的文献也面临类似的困难。经验研究发现,用以解释经济政策的主要原因——利益集团的影响——几乎不能解释与经济自由化相关的政策变化(例如,参见 Haggard 1990;Haggard and Kaufman 1992, 1995;Bates and Krueger 1993)。然而还没有人已经发现或是构想出一种比利益集团理论更好的理论路径。结果就是,对经济自由化的分析,就像是那些对民主化的分析一样,多年以来还主要是在描述[①]。

相比之下,苏联帝国的研究者发现解释其崩溃更为容易。他们的

---

① 对经济学家而言,他们的迷惑就在于为什么自由化耗费的时间如此之长,他们已经提出了很多对利益集团理论的微调来解释被延迟的改革。例如,参见 Alesina and Drazen (1991)、Fernández and Rodrik (1991)和 Rodrik (1994)。然而,在提出新的理论或是对旧理论进行系统性修正时,政治学家面临的困难更多,对他们而言,经济改革的政治障碍似乎显而易见,而改革的启动似乎更令人迷惑。

问题不是对崩溃的预测太少,而是太多。至少自 1950 年代以来,很多对苏联等政权的分析就强调了其内在的功能失调和矛盾。当这些政权最终垮台的时候,这些功能失调就被援引为原因。然而,这些政治体系却已经在东欧持续了四十年,在苏联持续了七十年❶。转型文献的一个怪异之处就在于,对于长期存在的共产主义政权的垮台,大部分早期的分析都强调它们的矛盾与脆弱,却几乎没有多少对军政权崩溃的讨论——它们持续的时间平均仅约九年——聚焦于政权脆弱性的内在根源①。

那些长期贯穿于发展中国家研究的文化理论、社会结构理论与经济理论,似乎对解释当代的事件几乎没有提供什么帮助,既然如此,学者们便转向对政治的研究来寻求答案。但是,我们的理论橱柜几乎是空的。由于我们过去未能成功地对发展中国家政治过程的内在运行方式进行理论化,一旦需要建立用政治原因来解释政治结果的理论时,大部分的分析者就会发现他们处在一个全然未知的领域之中。其结果就是,我们会在早期论述民主化的文献中,发现对偶然事件和唯意志论(voluntarism)的强调(例如,O'Donnell, Schmitter, and Whitehead 1986;Diamond, Linz, and Lipsett 1989)。

有一些学者试图解释不同国家对 1980 年代和 1990 年代国际经济危机的反应,与那些研究民主化的学者相比,他们发现传统理论有更多的用武之处,但是,对经济自由化的早期分析仍面临着缺乏理论指导的问题。如同来自国内经济利益的压力一样,国际因素(主要是来自于国际金融机构的压力)继续受到关注。然而,国家的危机状况与

---

❶ 格迪斯此处的批评焦点在于,不能用一个不变的东西去解释变化的东西,即苏联和东欧政权的脆弱性这样一个几十年都没有发生变化的因素,不能被用来解释这些政权垮台这样一个变化的现象。——译者注

① O'Donnell (1978, 1979)是最为有名的例外。

决策者个人的特殊信仰和归属也在分析当中扮演了重要的角色（参见 Stallings and Kaufman 1989；Haggard and Kaufman 1992，1995；Bates and Krueger 1993；Haggard and Webb 1994）。尽管有一些建立理论的努力（例如，Frieden 1989），但弗里登（Frieden）的这篇文献，就像是论述民主化的那篇文献一样，主要还是在描述，而且其关注的焦点仍是不同案例中决策的细节。简而言之，研究民主化与经济改革——在 20 世纪的最后四分之一的时期中这是发展中世界里最引人注目的两个话题——的学者，发现了旧有理论的不足。

这个问题并不是由在我们控制之外的自然行为或是人类行为所引起的。本书的出发点就是，当我们忽略了研究设计的基本问题时，我们已经决定了我们自己的命运。为了取得成功，社会科学必须在斯库拉巨岩与卡律布狄斯漩涡之间的航道上小心翼翼地前行，巨岩这边是可爱的但却未经检验的理论，漩涡那边则是未经理论组织的信息❶。比较政治学领域中的大部分研究都没能坚持这一困难的路线，而是相反，从一个灾难性的极端猛地跳到另一个极端①。其结果就是在该领域的很多分支之中，理论知识积累缓慢。观点、理论甚至范式倾向于在快速的更迭中兴旺衰败，几乎没有留下什么东西表明它们曾经存在过。就像精心搭建沙堡一样，人们已经以巨大的努力和对理论细节的关注而建立起了范式，但这些范式最后却只是被下一代研究生的浪潮冲走，他们的研究不断地冲击现存范式的弱点——他们理应如此

---

❶ 斯库拉（Scylla）与卡律布狄斯（Charybdis）是古希腊神话中的两个妖怪。斯库拉是吞吃水手的女海妖，守护着墨西拿海峡；卡律布狄斯是漩涡怪，每日吞吐海水形成漩涡，将过往船只吞没。而现实中的斯库拉是位于墨西拿海峡一侧一块危险的巨岩，它的对面即是卡律布狄斯大漩涡。——译者注

① 针对这一批评，有很多明显的例外情况，这当中包括大部分对西欧民主政体的研究。尽管如此，这一批评仍适用于该领域的大部分内容，尤其是研究"大"问题的那一部分：如民主化、发展、经济政策改革和革命。

做——直到这些理论大厦崩溃消失。

每一个当前的新事件都需要从头开始研究,这不能归因于比较政治学家理论想象的失败。相反,这不是因为我们周期性地抛弃这些旧理论,而是因为我们没有能力利用、发展并扩展这些理论。这并不是说我们滥用理论,或者说对我们的理论不忠。就像其他的学者对待他们自己的理论一样,我们以同样的热情和韧性坚持我们的理论。问题在于,我们的理论——那些未经与事实进行系统性验证而谱出的"塞壬之歌"❶——最终使我们的梦想破灭。残酷且令人不适的事实,常常在创立理论的时候是可得的,但我们却没有使用这些事实,而这些事实终将引起我们的注意,并迫使我们放弃自己的理论。

结果,在面对世界上新发生的事件时,我们几乎没有什么理论工具来解释它们,注定要从零开始,用非结构化、归纳的方式来探寻潜在的模式。在最好的情况下,这种归纳性的探索,能够引起概括(generalization)与相关(correlation),这又进而导致理论推断(speculation)产生。然而,更为典型的情况往往是,归纳性的事实收集任务产生了大量未经组织的信息。"只有在非常偶然的情况下……没有受先前已建立理论的指导而搜集到的事实,才足以明确地宣告允许第一个范式的出现。"❷(Kuhn 1970, 16)。在实践中尽管不一定如此,但由归纳性研究所产生的理论推断还是容易遭到含糊而未加阐明的基本原理与没有被彻底想通的行为假定(behavioral assumption)的损害。在研究所考察的那个案例集合中,因果之间显而易见的关系可能会被发现,但是,人们几乎没有做出什么努力去查明这种关系是否也

---

❶ 原文为 siren songs,直译为"塞壬之歌"。塞壬(siren)三姐妹是古希腊神话中的海妖,她们用自己的歌喉使过往的水手倾听失神,航船触礁沉没。——译者注

❷ 托马斯·库恩:《科学革命的结构》,金吾伦、胡新合译,北京大学出版社,2003 年,第 15 页。文字略有改动。——译者注

在其他案例中间出现。有时历史细节取代了因果论证（causal argument），对导致结果发生的事件的概述取代了解释（explanation）。作者们可能会告诫读者其探索性的观点需要进一步的检验，以此来小心谨慎地捍卫所提出的观点，但是，大部分读者无视这些告诫，并且把这些观点当作确定性的发现。结果，稳健的、长命的理论通常都不能从归纳性的工作中产生。

本书的主旨就在于，如果特定的研究规范得以改变，那么，在未经检验的理论与非理论性（atheoretical）的数据之间的狭窄航道上，我们就能航行得更为顺利，因而理论知识的积累也会更加迅速。尽管研究规范正在改变，但在很多研究之中，研究设计的基本原则却继续被忽略。常见的问题包括对案例的不恰当选择（从这些案例中可以得到用以检验理论的证据），以及对非定量测量的不认真态度，这两者都削弱了证据的可信度（证据是被收集来用以支持论证的）。我们没能成功地组织和存储证据，以使这些证据对于其他人也是可得的，这提高了重复的成本，而且也减缓了理论进步的速度。这些理论没有经受过系统性的经验检验，而读者又不加批判地接受这些理论，这使问题更加恶化。

的确，由于严重的信息限制，就发展可靠的理论而言，我们工作的环境十分恶劣，但是，恶劣的环境有时也会带来有用的创新。本书的研究将会提出一些创新以及从其他领域借来的一些思想。本书将探讨上文所提到的一些普遍存在的方法论习惯做法（practices），揭示它们所导致的令人遗憾的结果，并且提出一些改进的建议。我们从一个有争议的主题开始：将对"大结构、大过程、大比较"（Tilly 1984）的迷恋，转化为有用的与可重复的研究。随后我们探讨诸如案例选择与概念操作化这样相对好理解的问题。最后，在结尾部分，本书讨论一个好的理论应该具有的特征，并且强调理性选择框架（rational choice framework)作为一种可能的理论创建路径的用途和局限。

范式的兴衰：一个例子

尽管我们已经对发展中国家做了大量出色的研究，但是，在对工业化程度较低的国家所做的研究之中，上文所提到的方法论缺陷仍然十分常见。为了阐明脆弱的研究规范会怎样引发沙堡效应，我将简述一种在比较发展领域内十分引人注目的理论传统的历史。我在此重提的这段知识史与现代化范式和依附范式的兴衰有关，大多数比较政治学家对此都会感到很熟悉。我们当中有不少人都曾为了准备资格考试而复习过这一内容。这些范式的基本论点和概念，也许只有那些年轻人才会觉得新鲜。我会使用一场关于这一例子的重要且广为人知的争论来说明我将在后文中所处理问题的重要性，尽管这个例子现在已经过时了。

经济发展与民主之间关系的研究史可以根据范式的兴衰来划分时期，这与许多发展中国家根据政权的兴衰来划分自身历史时期的做法如出一辙。我对**范式**（paradigms）这个词的用法与托马斯·库恩的用法（Kuhn 1970）稍微有些差别，不同之处就在于，他把范式定义为在特定时期对一类特定现象的支配性理解。马太·杜甘（Dogan 2001）指出，以库恩的定义来看，政治科学处于前科学的阶段。因此，库恩式的主导型范式在该领域从来都没存在过。然而，由理论、假设、应用以及研究者偏爱的方法论所构成的集合——我称之为范式——的确拥有库恩赋予范式的其他大部分特征。它们包含一系列已经被追随者们广泛接受的事实性与解释性知识主张（knowledge claims），换句话说也就是理论。而且它们引导与限定了进一步的研究：确定哪些事实在理论上是最重要的；界定什么是悖论以及哪些问题迫切需要解答；确认哪些案例需要得到考查以及何种证据被认为是有意义的。

就像政权一样，范式有时候会被组织良好、富有凝聚力且被动员起来了的反对派推翻——例如，现代化"理论"被依附"理论"推翻。别的时候，范式之所以衰落是因为其内在矛盾和它们在处理这个世界所产生的、对理论不利的事实时的无能——这就是依附理论在1980年代早期的命运。当这种事情发生的时候，像政权一样，尾随范式的衰落而来的是充满混乱和争议的时期。这样的一个阶段曾随着依附理论的衰落而出现。

为了取得成功，范式需要具备与成功的意识形态相同的特征。意识形态简化了世界，以令人信服的方式来解释我们所看到的事物，并且确认需要做什么。范式的基本观点应当是简单的，但它们应当能被用来解决一大批令人困惑的问题。它们应当具有"啊哈！"的因素——也就是说，它们应当让那些刚接触到它们的人大喊："那一定是对的！为什么我就没想到呢？"最后，范式应当是富于成果的：它们所包含的理论需要解释从前未被解释的规律，并且创造出新的悖论和难题。就像意识形态必然包含必需的政治行动或政策一样，一个成功的范式必然包含一个充满困惑和悖论的研究前沿，学者们需要对这一前沿进行钻研。在那些由理论所导致的值得注意的悖论当中，集体行动理论制造出了大量对投票率的研究，西方学界的马克思主义理论制造出了大量对虚假意识（false consciousness）的研究，这两类研究在其各自的知识性框架内所扮演的角色是相同的。在这两个例子中，原本在人们看来是现实世界里稀松平常的现象——那就是公民投票和工人革命失败——都被置于严格的观察和讨论之下，这是因为在这两种理论各自

9

的理论世界观之内,基本的理论前提使得研究者对那些平常的现象产生了困惑。

以下的简史会说明证据与范式转变(paradigm shift)之间的关系。范式内的理论会提出一些预期,但这些预期不一定与现实世界中发生的事件一致,当有证据显示这种不一致已经大到了令人无法忽视的程度时,这一范式也就丧失了其将研究结构化的力量。这就是科学进步的一般模式:早先的理论理解先是被与之不符的事实所削弱,随后又被能同时包容新旧证据的新理论所取代。因此,这里强调的重点不是说在比较发展这个子领域中,理论或范式是以某种不同寻常的方式被推翻的,而是说研究者在创建理论时就可以得到那些本来会质疑其理论的证据。他们本用不着花几十年的时间才注意到存在过多对理论不利的事实。

第二次世界大战后,当发展中国家开始得到政治科学家的集中关注时,这一新兴领域的中心问题便是(并且现在依然是):什么导致了民主? 什么阻碍了经济发展? 学者们不仅仔细考察了发展中国家自身经历的事件和进程,而且还回过头来研究了工业化程度较高的国家的历史发展,并比较了通向发展的不同政治、经济道路。新出现的范式是一些假定、概括与假设的松散集合,人们慷慨地称之为现代化"理论"。我之所以给现代化理论贴上范式的标签,是因为构成这一理论流派的概括、假设和理论形成了一个多少算是内在一致且逻辑连贯的整体。

现代化范式反映的是它建立时所处的时代,所有的范式都是如此。它的一些中心观点依据的是研究者在1950年代左右对世界所做的观察,那时技术和民主似乎正从北大西洋国家向世界各地迅速传播。观察者们假定,他们可以根据他们所处的时代来推断未来的情况。该范式的另外一些观点源自当时的学术理论,尤其是对政治的多元主义理解和新古典经济学。

政治生活的多元主义图景促使研究者做出这样的预期,即通过各社会利益集团间的互相影响,转变会以和平渐进的方式发生(参看Binder 1986)。新古典经济学则为以下这种观点提供了理论支持:国际经济只是一种媒介,通过这一媒介我们可以进行贸易,从而使资源得到最为有效的利用,并且使所有参与者都可以获得基于比较优势的专门化所带来的收益。

近半个世纪之后,如果我们对现代化理论做一个事后的考察,我们可以看到,现代化理论中那些得到了仔细检验的部分(按照1950年代的标准)很好地经受住了时间的考验,尽管它们曾经在历史的垃圾箱里待了一阵子,但后来人们还是把它们分拣了出来,除去灰尘并放回到了书架上。这些观点中最重要的一个就是民主与经济发展间的相关关系(Lipset 1959;Jackman 1973),当时的研究者认为,这种相关支持了那种认为发展会导致民主的观点①。许多从经济学中推导出来的论点也幸存了下来。然而,现代化理论最基本的观点中有相当一部分从未得到检验。其中一个核心的观点就是,起源于西欧的价值观的传播,会促使传统社会与传统文化迅速向现代社会与现代文化转型(Levy 1966)。对价值观传播效果的预测既是基于西北欧的历史经验,也是基于以下这样一种事实,即发展中社会在战后很短的时间内就迅速接受了某些物质创新,如疫苗和现代运输方式。尽管对那些沉浸于韦伯式观念的人来说,价值传播论是可信的,但是这一观点从未得到过检验。也就是说,没有人曾尝试去测量价值观的传播,并展示价值

---

① 在比较政治学中,经济发展与民主的关系是一种得到了最彻底的检验的观点。然而,对这一关系的阐释依然处于争论之中(参见 Przeworski and Limongi 1997; Przeworski et al. 2000)。

观的转变影响到了发展①。

有关技术创新的扩散效应的观点也尚未得到检验。观察者们认为，技术的快速扩散会促使经济迅速发展，而且，文化与社会的现代化也会随之自动实现，这是因为工业化所需的资源流动性改变了地位、预期与角色（Moore 1963）。他们强调技术创新便是解围之神（deusex machina），它会给社会、政治和文化带来意义深远的改变，这种想法与马克思对欧洲现代化的阐释是一致的。在技术的实际扩散过程中，一些创新的扩散速度远远快于另外一些创新，比如说疫苗的扩散速度比生育控制的扩散速度快，但是，技术创新扩散的后果却没有被测量，而且那种认为技术扩散会导致文化与社会变化的预期也没有得到检验。

早期的现代化理论家们与马克思的不同之处就在于，他们很少关注相互冲突的利益集团之间的斗争，这些利益集团是在不同发展阶段形成的，他们也很少关注是否有可能通过暴力、叛乱和革命的方式来推翻传统秩序下形成的特权集团。他们期待相对和平的渐进式转变，这些期待反映出了英国和北美在十九世纪后期的经验，并且这种期待也与当时占统治地位的多元主义政治图景相一致。他们既没能考虑到在世界其他地区，有许多发展停滞或发展迟缓的例子；也没能考虑到在欧洲其他大部分地方（以及早期的英国与美国）的历史中，暴力更严重且冲突更激烈。与扩散假设（diffusion hypothesis）一样，一些发达国家的经验使得人们认为这些预期是可信的，但是，无论是其基本论点，还是隐含于论点中的因果机制都没有得到检验。研究者所考察的案例不仅数量少，而且还都是从最发达的国家中选取出来的。我将在下文谈到，在我们希望去解释的结果连续统（outcome continuum）上，如

---

① 一些开创性的研究的确表明，发展中国家与工业化国家的公民在价值观上存在差异（例如，McClelland 1961）。

果只从一端选取供研究的案例,我们得出错误结论的可能性就会增大。

　　我们没能将现代化理论的许多基本思想置于严谨的经验检验之下,这就产生了两个后果。第一,理论中与现实不符的那些观点没有被剔除出去,五十年以后,理论中包含这些观点的部分会继续限定我们对于发展的思考。第二,有些反常现象本来会使我们放弃一些理论观点并对其他观点做出细微修正,但是学者们却把这些反常现象视作对整个范式的挑战。由于在匆忙得出上述这一结论之前,学者们无需克服由那些支持范式的经验发现所构成的巨大障碍,所以该领域中的大多数学者会因为其发现的一些反常现象而抛弃掉整个范式。在学术上摒弃该范式也为大多数发展中国家的政策制定者抛弃由新古典经济学理论支持的政策提供了依据。

　　对现代化理论的挑战源于两类学者所做的观察——来自发展中国家的学者和以发展中国家为研究对象的发达国家学者。现代化理论试图去解释的那种"现代化"似乎并没有发生。新的一批繁荣且民主的社会并没有出现,相反,观察者们看到的只是停滞与畸形的社会,他们认为,这种社会是先进与落后国家之间那种冷漠与剥削性关系的产物。

　　创新从先进国家扩散到发展中国家的过程是不均衡的,其产生的大量结果是现代化理论家们没有预料到的。被外国投资者植入飞地❶的现代工业技术没能传播到经济体的其他部分。面向国内市场的农

---

❶ 飞地是一种特殊的人文地理现象,指隶属于某一行政区管辖但不与本区毗连的土地。通俗地讲,如果某一行政主体拥有一块飞地,那么它无法取道自己的行政区域到达该地,只能"飞"过其他行政主体的属地,才能到达自己的飞地。一般把本国境内包含的外国领土称为内飞地(enclave),外国境内的本国领土称为外飞地(exclave)。——译者注

业生产也落后于工业化与城市化的步伐,这使得粮食供应变得紧张,国家也越发依赖于进口粮食。工业从非生产性农业部门中吸收的劳动力太少,因此根本无法改善收入分配状况,农村贫困人口与社会其他人群之间的收入差距也不断增大。经济增长没能带来充足的、可自给的国内投资,结果,发展中国家仍旧依赖国外的资本与技术。对进口的持续依赖使得国际收支危机不断发生,而且危机的状况也愈演愈烈。如果医疗技术创新的扩散没有伴随农业产量补偿性的增长,人们就会陷入对贫困加剧的恐惧中,因为人口增长的速度高于经济增长的速度。当这些事情发生的时候,现代化理论家们正在制造和散播其理论观点,但是,这些令人意想不到的结果并没有被囊括到修正后的理论中,这是因为在早期的现代化理论家当中,几乎没有几个人致力于仔细检验自己的理论观点。

在政治领域,军事干预和一党统治的巩固先于稳定民主政体的创立。在那些传统公私互动模式❶盛行的社会中,引入北方国家的政治形式只会使得政治体系被裙带关系、腐败以及庇护主义(clientelism)侵蚀,尽管在这样的政治体系中软弱的民主政体还在勉力维持。在许多国家,公共资源与私人资源之间的界限似乎极为模糊。

在这些特定的国家做实地研究的学者注意到了这些变化并将它们记录在案例研究之中,这些案例研究至今仍是了解当时当地最为有效的资源。然而,由于当时的研究规范并不强调跨案例检验理论的重要性,所以他们的洞见对那些制造宏大理论的研究者几乎没有产生什么影响。

这些折磨着发展中国家的难题使得现代化理论所做出的乐观预期受到了质疑。北美学术圈里的研究者最终逐渐意识到,与现代化范

---

❶ 传统公私互动模式的特点是公共领域和私人领域界限模糊。——译者注

式相关的许多预测都没有实现,这就使得现代化范式很容易被一种新的路径推翻,就像法国大革命前的旧秩序(ancien régime)被推翻一样。这种新路径逻辑连贯,令人信服,符合其时代潮流,但也未经检验——它就是依附理论。

依附理论与现代化理论截然相反。这种理论认为,融入国际资本主义经济体系所带来的后果与国外经济和政治利益集团的剥削导致了在发展中产生的难题。依附理论秉持者们假设,经济困难有两个宽泛的原因:依附国在国际经济体系中的位置所带来的客观压力;跨国公司及其在依附国国内的政治同盟者损害依附国国家利益的逐利行为(例如,参见 Sunkel 1972, 1973;dos Santos 1970;Frank 1967, 1970;Cardoso 1973b;Brown 1963)。

落后国家在国际经济中所处的地位有许多特点,其中,那些被**依附论者**(dependencistas)假定对发展有害的特点包括:原材料的贸易条件❶对其不利(Prébisch 1950;Cardoso and Faletto 1979, 155);面对其少数几种出口产品的国际价格变动,它们也极为脆弱;几乎没有什么可以依赖的贸易伙伴与援助、投资和贷款的提供者。

依附理论假定,跨国公司的利益与东道国的发展需求之间存在冲突。通常,**依附论者**将跨国公司与其在东道国内的同盟者——一些组织与个体行动者——描绘成国际经济力量影响国内经济结果的媒介。在依附范式中,缓慢增长、经济瓶颈、持续依附以及国际收支危机都被归因于跨国活动所引起的资源流失,这些跨国活动包括利润汇回、转让价格、进口优先于国内投入和保持对新技术及创新发展的垄断,等

---

❶ terms of trade,是指一国出口价格指数与进口价格指数的比值。如果在一定时期内出口一单位商品所能换回的进口商品比基期增加(减少),则被认为是贸易条件改善(恶化)。下文为通顺起见,有的地方会翻译为"进出口交换比价"。——译者注

等(Baran 1957；Evans 1979，19-38；Leys 1974，8-18)。

依附理论通过对新古典经济学做出结构主义的批判来建立起自己的经济理论和阐释。结构主义批判的核心就在于,在发达与不发达经济体之间进行的贸易中,收益分配对不发达的一方不利(Prébisch 1950；Singer 1950)。**依附论者**使用的基本分析模式依据的是马克思的观点。依附理论把阶级看作最重要的社会行动者,把阶级斗争看作政治变革发生的途径。这种理论对国际经济的看法源自早期马克思主义者论述帝国主义的专著(例如 Lenin ［1916］1968)。

支持这些论点的证据大部分都是轶事证据❶。当这些论点得到的是定量证据的支持时,研究者们所推断出的东西比数据实际上所能支持的东西多得多。例如,著名的"普雷维什命题"(Prébisch thesis)就在经验上得到了一个时间序列的支持,这一时间序列展示了数十年当中阿根廷进出口交换比价的变化,在那段时间里,阿根廷的主要出口产品小麦的国际价格一直在下跌。研究者从一个在某段时期出口少量农产品的国家的经验出发,得出结论认为,作为一个大类的初级产品,其进出口交换比价一直在下跌,而且出口这种产品的国家在国际贸易中往往处于不利地位。但分析家们没能注意到驳斥这种观点的经验研究①。

早期持停滞观点的依附理论最终被一些反常现象所削弱,但这些

---

❶ anecdotal evidence,意思是指那些仅仅根据独特的个人经验,而非根据可靠的研究或统计而得出的证据。这种证据通常以故事的形式存在,并不可靠,也不能用来检验论点。——译者注

① 其他研究表明,原材料贸易条件根据所研究时期的不同和所研究商品的不同而有所差异。国际经济并不总是对基础产品的生产者不利(Goncalves and Barros 1982；Brown 1974，242-248；Haberler 1961，275-297)。早期的研究者曾试图用定量方法来检验被归到**依附理论**这个标签之下的理论,麦克高文和史密斯(McGowan and Smith 1978)对大多数的尝试做了回顾。

反常现象并非来自学术研究,而是来自现实世界中发生的事件,那些事件已经大到了令下一代学者无法忽视的地步。早期依附范式的影响力在 1960 年代到 1970 年代初达到顶峰,这恰恰是大部分发展中国家快速增长的时候——这与依附理论的预期相反。从 1960 年到 1979 年,拉丁美洲的人均国民生产总值(Gross National Product,简称 GNP)年增长率平均为 3.3%,而曾经正是该地的经验制造出了依附观点。这一增长率与工业化国家(日本除外)同期平均 2.9% 的人均增长率相比并不逊色①。此外,由于拉美的人口增长率有工业化国家的两到三倍之高,因此两者绝对 GNP 增长率之差要比人均 GNP 增长率之差大得多。

换言之,早期依附理论曾试图解释的经济停滞和缓慢增长,已经毫无疑问地从拉丁美洲消失了,即使这些现象曾经存在过。撒哈拉以南的非洲国家独立后的增长率近乎应验了依附理论/新殖民主义理论的预期。1960 年到 1979 年间,该地区(南非除外)的人均 GNP 年增长率平均只有 1.6%——参照当时的国际标准水平,这一增长率是很低的。尽管如此,即使是在非洲,人均增长率为正这一事实也驳斥了更为极端的"停滞论"的预测。与此同时,一些贸易依赖型的亚洲国家增长速度惊人。那些提出早期依附理论的学者们没能做到最基本的事实核查,而且,很多比较发展领域中的学者也接受了他们的知识主张,尽管这些知识主张缺乏系统性证据的支持。

大多数发展中国家经济得到了增长,其证据是不可否认的,作为回应,相关学者修正了依附理论。尽管正在进行工业化的国家增长速度可观,但它们仍然面临非常严重的经济和政治问题,所以我们也就不难理解,**依附论者**不情愿放弃这一套在直觉上引人入胜的、在演绎

---

① 这些数字是从世界银行的资料(World Bank 1981, 134-135)中推算得出的。

上令人信服的理论。研究者修正了受依附论影响的观点,并利用它们来解释不稳定且危机四伏的增长,以及导致分配不均、政治不稳定与威权主义的二元经济。

致力于研究依附传统的分析家们认为,诱发通货膨胀和国际收支危机的"结构性"原因是依附关系所固有的。在结构主义者看来,通货膨胀在很大程度上是源于两个现象:对出口初级产品的依赖,其目的是为了赚取外汇,再就是发展中国家里存在的二元经济。他们辩称,依赖出口初级产品会把通货膨胀带到国内经济中来,而且,由于贸易条件不断恶化,初级产品又面临着大幅且快速的国际价格波动,所以依赖出口初级产品也会引发国际收支问题。

依附论者把二元经济的发展与外国控制依附国生产与贸易的历史联系了起来。二元经济的本质特征包括:规模庞大的传统农业生产效率低下,再就是收入分配严重扭曲。传统农业部门似乎无视来自市场的激励。其后果就是,粮食生产落后于工业化、城市化和人口增长。因此,二元经济体有必要增加粮食进口,但这却使国际收支问题更加严重。传统农业部门的利润本该有助于资本积累,但其利润仍然处于很低的水平。扭曲的收入分配刺激了对奢侈品的需求,从而使国际收支问题更为严重,这是因为,即便这些奢侈消费品是在国内制造的,它们仍然使用国外的原材料、国外的技术与国外的资本。依附理论把这些问题持续存在的原因归结于在依附国经济中大量存在的外国公司,尽管依附国实现了高速工业增长(Sunkel 1973;Cardoso 1973a,146-148)。

这些论点大多数都只是得到了体现(illustrations)而非检验(tests)的支持。少量的跨国统计研究的确确认了这样一种论调,即经济上的依附会导致扭曲的收入分配和其他问题(Chase-Dunn 1975;Bornschier,Chase-Dunn,and Rubinson 1978),但是,与早先依附理论的情况一样,对修正后的依附范式所做出的推论构成挑战的那些跨国研究被忽略了（例如，Kaufman et al. 1975；McGowan and Smith 1978；Jackman 1982）。事实上，一些著名的依附理论家拒绝承认检验是可能的或必要的（Cardoso 1977）①。

　　当发展中国家沦为独裁政权的受害者时，**依附论者**以及其他受其思想影响的研究者将威权主义归咎于特定的环境，这种特定的环境产生于依附国与国际资本主义经济的互动过程。他们提出了一些论点，并用这些论点把威权主义与依附联系起来。这些论点中最为有名的一个通常被称为"官僚—威权主义"模型，这个模型假设，晚期依附型工业化与早期现代化国家的工业化有所不同，差别之处就在于前者包含两个截然不同的"经济—政治"阶段：第一个阶段是轻松的"进口替代"阶段，这种进口替代的基础就是生产相对简单的消费品，在此期间，工业化所需的资本数量较少；第二个阶段是"深化"阶段，在这一阶段，对简单消费品的需求已经得到了满足，进一步进行进口替代工业化的机遇就在于生产需要更多资本投入的商品。在轻松的工业化阶段，资本需求相对较少，这使得工人能够分享经济增长带来的好处，并参与到由此所产生的具有包容性的政治系统中。然而，这一阶段结束后，资本需求变得越来越迫切，雇主和工人的利益也产生了分歧。于是资本家便支持排他性的威权政权，因为这种政权可以镇压工会并压低工资，以便资本家们更为迅速地积累资本（O'Donnell 1973）。

　　本国资本家在削减工资上的意愿与外国公司在收入分配集中化上的意愿是一致的，这可以为他们那些面向高收入者的消费品创造更

----

① 杜瓦尔（Duval 1978）认为，卡多索和其他做出类似声明的学者的意思就是，依附（一种不平等的交换关系）状况决定了一连串论点的适用范围，但依附本身不应被视为这些论点中的一个变量。然而，以这种方式思考依附理论，并不意味着有望在适用范围内有效的论点不应该被检验。

大的市场(Cardoso 1973a)。对共产主义的恐惧使得军方有意愿镇压工人阶级的政治动员,也有意愿鼓励资本积累以提高增长率。增长是军方更为渴望实现的目标。这是因为,一方面,增长有望削弱共产主义对贫困阶层的吸引力;另一方面,增长也有望使军政府赢得更高的地缘政治地位,并获得更为稳固的军事实力基础(Stepan 1971)。

意愿的趋同为本国资产阶级、国际资产阶级与国家的联合提供了基础,这里所说的国家是被军方和技术专家把持的,它支持官僚威权政权及其政策(Evans 1979)。"官僚—威权主义"对此提出了一种解释,以说明为什么在1960年代和1970年代,几个较为发达的发展中国家会屈从于威权主义,而根据现代化理论的预测,它们本来更有可能走向民主。与在它之前的许多研究相比,在对"官僚—威权主义"进行详尽阐释时(O'Donnell 1973),奥唐奈不是只从结果连续统的一端来选择用于检验的案例:他比较了那些经历过军事干预的国家与那些没有经历过军事干预的国家。他还列举了多种证据,以支撑他对现代化理论的批评。这项更为严谨的研究设计极大地增强了其论点的说服力。尽管这项研究是基于少数拉美国家的经验,但它在方法论上是相当成熟的。很多人把它视为对现代化理论的决定性反驳。

我们只是对受依附范式影响的学术研究做了一个很不全面的概述,但我们可以看到,即使是在这样的概述中,这一连串理论观点的成果也颇为丰富。然而,截止到1980年代初,研究者的注意力已经被迫转向一系列对其观点不利的事实。对新**依附论者**而言,对其观点最为不利的事实来自亚洲的新兴工业化国家(newly industrializing countries,简称NICs),尽管这些国家处于世界上最具依附性的国家之列,但是它们却经历了大约二十年的高速且相对稳定的增长,并且这种增长也没有受到恶性通货膨胀与国际收支危机的损害,而这些问题一直折磨着其他的发展中国家。此外,这些国家提高了农业产量,并在这个过程中保持了收入分配的相对公平。

与此同时,"官僚—威权主义"论点还面临着一个挑战:官僚威权主义本身正在消亡。资本紧缺曾被认为是官僚威权主义政权出现的根本原因,但是在八十年代早期,尽管资本紧缺的情况愈加恶化,原来的官僚威权主义政权却开始迅速民主化。

理论与范式脆弱性的原因

这些富有吸引力的理论和范式在如此之快的更迭中被抛弃,我认为其主要原因首先在于,很多研究发展中地区的比较政治学家没能在理论形成的过程中利用全部的可得信息,再就是,理论的受众也乐意接受没有强有力证据支持的理论。让我再重申一遍,问题不在于,研究者获得新的信息之后,新的理论与范式就会取代旧的理论与范式。那是知识积累取得进展的正常方式。问题也不在于,在过去的几十年之中,研究者没能利用那些直到最近才得到广泛应用的分析工具。恰恰相反,问题在于,如果我们能在传播理论之前多做一点简单的事实核查工作,理论观点的受众能在接受这些观点之前多持一点怀疑态度的话,我们本来有可能更为审慎地决定需要摒弃哪些理论,并因此取得更快的知识进步。或许,我们本来只需几年的时间来仔细检查这些观点,用不着花几十年的功夫来做这件事。现代化理论中那些如今看起来强有力的部分没准能挺过依附理论的鼎盛期——依附理论中的某些部分说不定还可以重新引起我们的关注。

分析家们没有忽视证据,但他们是在有选择地利用证据来发展、支持或者检验理论。例如，现代化范式中的许多论点，就仅仅使用了来自一些北大西洋国家的证据。早期的依附理论试图解释发展中国家的发展停滞现象，但它们却轻易忽略了可得的快速增长证据。后期得到拓展的依附理论承认增长正在发生，但是它们却忽略了来自东亚的增长证据，与拉美和非洲不同，大部分与发展有关的危机和混乱在东亚的增长中都不存在。很多研究这些问题的学者既不去收集国家在不同情况下的实际表现的系统性证据，也不去利用已经由别人收集好的这类证据。

研究者们普遍忽视证据，这使得我们难以更好地理解经济发展，而这种理解本可以有效地影响政策选择。由于忽视了证据，我们没能注意到，那些通常是作为政府推动工业化战略的一部分而被执行的政策，实际上引发了很多后发展经济体（late developing economies）所特有的经济问题。被高估的汇率是被用来将资源从农业部门转移到工业部门的，它导致了经常性收支平衡危机，并且降低了出口商品的产量。高关税推动了不具国际竞争力的制造业的发展。偏向城市的政策旨在促进工业化，但这却使收入分配的情况恶化。到 1960 年代末，一些发展经济学家已经弄清了进口替代发展战略（import-substitution development strategies）与那些令人始料不及的后果之间的联系，政治科学家们也能很容易地在出版物上找到这些人的论点（例如，Hirschman 1968；Fishlow 1971；Leff 1968，77-88；Kuczynski 1977），尽管这些论点也没有得到检验。然而依附理论的传统中的论点却继续把这些问题归因于后发展国家与国际资本主义经济之间关系的结构性特征，现代化理论的传统中的论点则继续把发展的困境归因于文化。因为在这两种传统之中，政府都被假定是反映社会利益的，所以政府行为及其后果很少成为研究的焦点。

根据罗伯特·默顿（Robert Merton 1957，16）的观察，人们可以把

22

一个范式"从一架社会学的望远镜变成社会学的闪光警戒信号"(参看Kuhn 1970)。观察者们可能会指出某种特点或现象的存在并对其进行描述,他们或许会以即兴的方式对其进行详尽讨论,但是他们从来都不会把它或它的推论纳入到理论中去,因为在主流范式的背景下,这种特点或现象被认为是附带现象(epiphenomenal)或是不重要的。

现代化理论家与依附理论家的情况就是这样,他们没能系统性地探讨政府政策对经济表现的影响,即使每个人都认识到几乎所有的第三世界政府都对其经济进行了强力干预。学者们详尽地描述了政府推动发展的努力。在对发展中国家所做的大量案例研究中,对政策及其效果的描述显得十分突出。观察者们也认识到,国家领导人的利益与意识形态影响了这些政策的内容,并进而影响了增长成果在不同集团之间的分配。然而,这两种范式——它们分别借鉴了多元主义与马克思主义的世界观——都假定这些国家利益与意识形态反映了社会的利益。因而,很多观察都沦为非理论化的描述。

例如,这两个学派的分析家们都认为,当工人阶级和中产阶级的数量已经达到了十分庞大的规模,但还未能威胁到有产者最根本的经济利益时,民粹主义政策(populist policies)反映的是社会利益在这一发展阶段的分配状况(例如,di Tella 1965;Weffort 1965;Ianni 1968;Cardoso and Faletto 1979)。有几项研究描述了政党与领导者个人在塑造并动员民众部门(popular sector)的利益表达上所扮演的角色(例如,Powell 1971;Skidmore 1967;Collier and Collier 1979)。但是,这些描述并没有在支配性的理论中占据一席之地。相反,这些理论继续强调结构性原因——尤其是与工业化相关的民众部门的增长——或多或少会自动促使政府做出采纳特定发展战略的决定。

有些政策的目的明显就是迎合那些使民粹主义联盟得以维系的利益,但这些政策所导致的经济结果有时却没能带来所有预期的收益，研究者们认为，之所以出现这种情况，要么是因为文化特质不推崇经济努力，要么就是因为外国人与本国那些规模小但实力强的利益集团所筹划的阴谋，他们能够通过非正式或不正当的手段来实现其目的。经济困难有可能是由政策无心所犯下的过错引起的，但这种可能性并没有得到认真的考虑。政治领域有其自身的系统理性，它是部分独立于社会经济利益的，这种可能性也没有得到认真的考虑。结果，尽管在很多受依附论影响的论点中，"国家"（the state）要么扮演"统治协议"（pact of domination）的执行者的角色（Cardoso 1973a），要么扮演威权主义统治时期支配性利益集团的联盟伙伴的角色（Evans 1979；O'Donnell 1979），但是，几乎没有哪个政治科学家曾做出过任何努力去评估国家政策对经济结果的独立作用。相反，大部分分析家似乎已经不加批判地接受了政府的论调，即在发展中采取进口替代型工业化战略符合国家利益。

当然，理论的目的之一就是要简化这个世界，并且在把研究者的注意力转移到某些现象上的同时忽略其他现象。没有这样的简化，理解是不可能的，而且在提供对世界的简化这一点上，现代化范式和依附范式中所包含的理论与其他理论相比并没有什么区别。然而，当理论得到了检验并被发现有缺陷的时候，分析家们就会感到迫切需要寻找对结果的其他解释，尽管该理论似乎已经解释了这些结果。在这一寻找替代性解释的过程中，他们会尝试已受注意的对其他现象的解释潜力。如果研究发展中国家的学者能够更为充分地遵从常规科学（normal science）的惯例，即提出假设，用证据检验假设，修改或替换最初的假设，再次检验，再次修改或替换等，那么他们本可以在更早的时候就严肃地对待政府政策与经济结果之间的关系。所以，真正的问题就是，如果分析家们遵守那些标准的研究设计惯例，那么范式只能临时性地充当闪光警戒信号的角色。

　　本书中我所关注的是研究规范，但是，意识形态、偏见及美学当然也会使我们忽视可得的信息。很多愤怒的观察者已经指出，当学者们确定在他们看来哪些理论在本质上可信时，他们的意识形态取向起到了作用。在很多北美的社会科学家看来，现代化理论有着相当大的直觉上的吸引力，但是，对于很多第三世界的学者而言，这一理论似乎带有种族中心主义色彩，态度上显得故意屈尊俯就而且不真诚，他们认为，这一理论是在为剥削性的国际分工做合理化辩护。依附理论把欠发达归咎于剥削性的外部力量，与现代化理论相比，这一理论对很多第三世界的学者有着更大的吸引力。正如罗伯特·塔克（Robert Tucker 1969）指出，马克思关于社会在少数有产者和深陷贫困化的大众之间形成两极分化的有力剖析更能在第三世界的观察者们当中而非在先进工业社会的公民当中引起共鸣。因为第三世界的观察者们生活在与这一观点的描述相似的社会中，而先进工业社会的公民则更为熟悉更加复杂的阶级结构。

　　简言之，不同理论在直觉上、情感上和意识形态上的吸引力一定会增强它们在不同群体中的说服力。当理论与个人的经验、偏见和意识形态相一致时，理论看起来是高度可信的。学者们没有什么动力去不辞劳苦地发掘事实，以确认与自己观点一致的理论，因此，他们没能挖掘出那些会否定理论的事实。然而，在政治科学界，更强的研究规范可以减少意识形态对学术研究的影响。迪克·斯克拉（Dick Sklar）已经指出，尽管理论是在意识形态的罪恶而非科学的美德中被构想出来的①，但是，规范对检验与重复（replication）的要求会使我们迅速放弃与证据不符的理论观点。

　　如果研究共同体不仅奖励理论创造，而且还具有要用最佳可得信

---

① 个人交流。如果想看到对其观点的概述，参见 Sklar(2002)。

息来检验论断,以及系统性地收集这么做所需要的证据的强大传统,那么它就不那么容易被那些优雅且有意识形态吸引力却不幸又是错误的理论引入歧途。这样的共同体更容易在证据出现时接受证据,不管证据的来源是什么。简言之,尽管意识形态和偏好将一直在学术研究中发挥重要的作用,但是强有力的研究规范可以把它们的影响限定在合理范围之内。

这一领域不确定的未来

近几十年以来,还没有哪一种在本书意义上所使用的"范式"在比较发展这一子领域中取得了主导地位。相反,多种"路径"互相争夺追随者。我所说的范式与路径之间的差别,完全取决于解释性假设在这两者中各自所起到的作用。范式,按照我在上文中对这个术语的用法,是一系列观点上或多或少相一致的理论与假设,这些理论与假设解释现实的不同方面,当它们被整合在一起时,就会形成一种连贯一致的世界观。

与范式相比,第一,路径是一种论断,这种论断认为某些因素——如国家、阶级或者政治领导人——值得关注,但却没有清晰说明与这些因素有关的确切假设;第二,路径是这样一种信念,即某些研究方法是最为有用且最为恰当的达成理解的手段。例如,我会把历史制度主义(historical institutionalism)(有时也被称为新制度主义)称作一种路径而非一种范式,这一路径强调国家及其他制度的重要性,并且弘扬比较历史方法。它找出要考察的实体,并在研究中优先使用某些技巧,然而,有关现实的不同方面的假设不需要形成一个连贯一致的整体。理性选择也是一种路径。它强调个体行动者的中心地位,并且假定在给定的政治与制度环境下,个体行动者会理性地追求他们的目标。理性选择的研究风格是,首先概述有望决定个体行为的演绎逻辑,然后对个人进行经验调查,观察他们是否会按照预期行事。按照范式这个术语在本书中的用法,理性选择不是一种范式,当然它也不是一种理论,因为它包含不计其数的假设与理论,其中有很多假设与理论的观点都是不一致的①。

当前研究路径数量的增加可以追溯到两个原因上来:研究者否定了早期范式的许多中心论点;世界上出现了一些紧迫问题,到目前为止似乎还没有哪种简单优雅的理论可以解释这些问题,而这种理论正是成功范式的基础。

随着事实性知识的积累,提出简单的理论来解释那种比较政治学传统上所关注的大规模、长时段的结果,变得越来越困难。比较历史社会学(comparative historical sociology)的鼓吹者承认这一点,并因此为那些既复杂又极具偶然性,而且还不优雅的解释辩护,认为只有它们才有可能准确地反映世界的因果复杂性。在我看来,这一立场就等同于放弃我们赋予自己的那个野心勃勃的名号("政治科学家")中的"科学"一词,我不认为我们应当接受这样一种妥协。

然而,除非我们愿意改变自己的一些传统做法,否则我们无法避免这一妥协。只要我们忽略了研究设计的基本原则,积累理论知识的困难将会继续困扰我们。尽管本书中的大部分内容所关注的都是经

---

① 格林与夏皮罗对理性选择的批判(Green and Shapiro 1994)中的一个怪异之处就在于,他们有时会按照字面意思把理性选择当成一个单一的理论,因此认为,如果一个特定的理性选择假设被否定了,那么分析家们应该摒弃所有可能的理性选择假设。

验研究的具体细节,但是它主要的目标还是要为理论构建提供帮助。

　　一个新理论就像是春天里的一条河。它从高地上奔流而下,在复杂性的荒野之中冲刷出一条窄窄的河道。当它遇到大的无法卷走的事实性障碍时,研究者们应当让它改道流入一条全新的、同样快且狭窄的河道中。然而,在我们这个子领域中,通过与对理论不利的事实发生多次碰撞而得到修正之后的旧理论,就像是穿过宽阔平坦的平原之后到达三角洲的河流。它们分散成大量的小河沟,在沼泽之中缓慢蜿蜒地流动,直到在不知不觉中渐渐汇入由"深度描述"(thick description)所构成的广阔的马尾藻海。更好的研究习惯将为我们提供了一种突出沼泽的方式。

本书计划

　　传统上,比较政治学家们一直着迷于那些有着极为重要现实意义的大问题(big questions),例如,是什么导致民主化、经济发展或是种族冲突。正是这些问题吸引我们当中大部分人进入到比较政治学这一领域。然而,选择大问题进行研究并不会自动产生可行的研究设计。第2章探讨的就是研究者所感兴趣的问题、研究策略与理论建构之间的关系。许多方法论惯例都严重阻碍了比较政治学理论体系的发展,我认为我们用于解释这些宏大复杂结果的标准路径就位列其中。我提倡一种替代性的路径。当试图为解释复合结果(compound outcomes)(就是通常所说的大问题)提供一些理论上的帮助时,通常更为有用的做法是将这个大问题分解为导致它产生的多重过程

(multiple processes)，并对各个过程分别提出解释，而不是将复合结果作为一个整体来解释。这样，从我们提出的解释中推导出来的推论(implications)就能够得到检验了。上述这种想法换句话说就是：虽然多元回归是检验假设(hypotheses)的优秀工具，但是当试图解释一些复杂的事物时，多元回归并不总是一个值得惦记的好办法，因为这种方法关注的焦点是对原因的识别，而不是原因如何发挥作用。第 2 章所清晰阐述的是一种分析大问题的策略，这种策略聚焦于多重过程的理论化，而正是这些过程结合起来产生了复杂的、能带来世界性改变的事件。随后，这一章利用一个引申的范例来告诉我们如何从这样的理论化之中推导出推论，并对推论进行检验。

另一种阻碍知识积累的方法论惯例，就是根据因变量选择案例以供研究，即选择那些全都产生了研究者感兴趣的结果的案例，或是那些聚集在可能结果的连续统某一端的案例，而不是在可能结果的全域之内去选择案例，以便这些具有不同结果的案例能够得到比较。如果是根据因变量选择案例，那么从这些案例当中收集到的证据即使再多，也无法确认大多数的假设(King, Keohane, and Verba 1994)。第 3 章探讨的就是案例选择及其相关问题。这一章揭示了选择偏差(selection bias)如何对几个著名研究的结论构成了影响。这一章还讨论了与选择偏差有关的一些问题，这些问题有可能会在时间序列(time series)和追踪案例研究(longitudinal case study)之中出现。这一章的最后一节揭示了趋均数回归(regression to the mean)——在研究者感兴趣的某个连续统上，只有处于某个极端的案例产生某种事件，在这种时候，趋均数回归这种无意中发生的选择偏差就会出现——能怎样影响比较政治学中的研究结论。

第 3 章和其他章节中的大部分例子都用定量证据来论证我所做出的论断。我使用定量证据是因为这种证据通常会使一个观点格外清晰,而不是因为我认为这种形式的证据总是优于非定量形式的证据。在提倡更多地关注研究设计以及假设检验时,我不是在暗示所有的比较政治学家都能成为或应该成为"数字狂人"。事实上,第4章就明确地关注非定量的假设检验。

第4章揭示了怎样使用那种从案例研究中得到的证据来检验论点。另外,它还讨论了如何从论点本身推导出设定它能适用的案例总体边界的标准。这一章深入研究了对被检验的论点中仅用文字表述的复杂概念进行操作化的繁复细节。除此之外,这一章还认真考虑了选择恰当时间段的标准,而论点中被用作变量的概念正是在这些时间段之中得到评估。在很多比较历史论证中,要决定哪几个时间段处在理论的有效范围之内,跟要决定采取何种方式对关键概念进行操作化一样,都同样艰难,且充满争议。

第4章通篇的重点就在于,要对相关问题的具体标准提出考虑周到的详尽阐述,这些问题包括,决定论点适用的案例和时间段,概念的具体操作化,以及非定量变量归类的精确界定。见多识广的学者可能并不认可这样的标准,在很多情况下,"正确"的选择并非显而易见。在研究中,作为所有这些选择的基础的标准应当被写下来并且与研究结论一起公之于众,以便读者一方面能够判定这个标准是否恰当,另一方面也能够按照这些标准来重复这项研究。研究结论的读者们应该能够明白,在何时何地,这些结论会依赖于特定的操作化以及其他选择,而且他们应该也能够估计到,对操作化与分类选择做出修正之后,结论会发生怎样的变化。这一章还利用一个政党建设(party development)的扩展例子来阐明如何能做到这一点。

第5章的主题从理论检验转向了理论创造。如果我们接受这样的论点,即对过程以及基本行动单位的关注——在大部分案例中,这个单位是个人(individuals)——将会提高积累起坚实理论体的可能性,那么在那些正在争取支持者的主要分析路径之中,理性选择就能给我们以很大的希望。我不认为理性选择是一种理想的或是唯一可能的路径,但它既简单又非常成熟。因而它所提供的就不仅仅是可供站立的巨人肩膀(或者至少是高人的肩膀),而且还是可用来登上肩膀的梯凳。当然,就像其他分析路径一样,理性选择的论证也有其特有的局限性。理性选择可能会跨越简单(simple)与过分简化(simplistic),"创造性同义反复"(creative tautology)——语出布莱恩·巴利(Brian Barry 1970)——与纯粹同义反复(mere tautology)之间的界线。然而,理性选择的论证确实关注个体行动者(individual actors)。这种分析路径确实会引发对过程(process)而非对相关性(correlations)的关注。而且,这种分析路径通常确实能产生可供检验的命题,即使研究者有时未能从事那些费力的检验工作,这一点已经由唐纳德·格林和伊恩·夏皮罗指出(Donald Green and Ian Shapiro 1994)。基于这些原因,理性选择路径在促进理论发展方面有着相当大的潜力①。第5章检视整个理性选择路径,界定并区分了这种路径有望提供最大帮助以及最小帮助的相关研究领域。

这一章的主要目的在于,把理性选择路径的基本特征介绍给那些过去可能对这种路径没有太多经验,或是可能对这种路径有误解的比较政治学家。这一章还回顾了很多已经在应用理性选择路径进行论证的实质性领域,以便那些对理性选择感兴趣的人知道哪里可以找到更多的东西。我并不试图劝诱他人改变态度,去信奉理性选择路径。

---

① 前景理论(prospect theory)很可能会在适当时候取代理性选择,因为这种理论会像理性选择一样,以演绎逻辑与对个人和过程的关注,综合那些描述更为准确的人类动机假定。然而,现今在政治科学中,将预期理论应用于经验情形的大部分努力,仍处在非正式的早期阶段。而且,这种情况还有可能持续一段时间,因为要想以一种严苛的方式使用这种理论,的确需要令人生畏的、高超的建模技巧。

相反,我只是把它当作一种可以作为榜样的路径来使用,这种路径具有很多可以提高理论丰富性的特征。当我们在寻找能比理性选择更适用于特定主题的路径时,我们应当谨记这些特征。

对路径的选择在逻辑上先于假设的提出和检验,当然,尽管我们也有可能去检验那些从多种路径中推导出来的假设。如果本书的章节顺序遵从这个逻辑的话,那么论述路径的那一章就应该放在开头来写。然而,我把这一章放在了末尾,因为我不想用理性选择限定整本书的框架。我认为,在这里所提出的方法论建议,对于任何试图解释政治结果的人来说,都是有意义并且有用的,无论他们所采用的是哪种路径。

本书所讨论的主题涉及的领域比较狭窄,也许有些不同寻常。当然,在研究设计上还有其他方面值得注意。我并不认为,如果我们遵从这本书中的建议,其他学科的学者就不会再取笑**政治科学**这个术语。在"政治科学"这一标签之中所包含的痴心妄想实现之前,我们还有很长的路要走,而且,有些人认为,"政治科学"这个名称中所体现出来的野心不仅是不现实的,而且是有害的。然而,对那些将"以学术为志业"①当作迫切目标的人来说,本书的建议旨在阻止随意的、无知的或是无意的冒险行为,这些冒险行为可能会让他们偏离实现这一目标的漫长道路。本书的目的不在于提供一系列明确和机械的研究设计规则,而是要鼓动我们以具有思想性和创造性的方式去使用我们实际拥有的那些不充分的且令人迷惑的证据,并据此建立起理论。

---

① "以学术为志业"(Science as a Vocation)是马克斯·韦伯(Max Weber)一篇激励性论文的题目,这篇论文的内容是论知识的获得。(Weber 1958, 129)

你选择的问题
如何影响你的答案：2
大问题，小答案

    对于那些想要促进知识积累的学者来说，第一步要做的就是选择一个有待研究的问题。本章将给出一些建议，告诉研究者如何塑造研究问题，以提高得出可信且健全的理论的可能性。本章前半部分试图阐明一些在我看来可以用来激励优秀学者的价值观和情感。这些价值观和情感支撑着多数研究，但它们却很少被表达出来。相反，学术研究新手所得到的建议常常暗含着相反的价值观。在本章，我会讨论好奇心、愤怒以及激情在选择和构思研究题材时所起的作用。

    比较政治学家们经常选择那种能改变世界的重大主题进行研究，在本章的第二部分及其后的内容中，我建议转变我们通常思考这些问题的方式。规模庞大的现象，如民主崩溃、经济发展、民主化、经济自由化以及革命，都是由大量不同的过程汇聚起来而引发的，其中有些过程独立于另外一些过程发生。任何简单的理论都无法解释这样的复合结果。理论上讲，一个涉及多方面的复杂理论也许能成功地做到这一点，但在实践中，建构这种理论的任务却令大多数分析者望而却步。我建议改变处理这些问题的方式：把注意力集中在导致最终结果的各种过程上，以便将这些过程——理论化，并形成有关这些过程的可检验命题，而不是试图去"解释"这种作为整体的复合结果。与书中提出的大部分方法论建议不同，本章的建议并非源自定量研究的逻辑。我不能断言这一研究策略比其他任何策略都更为"正确"。毋宁说，我的论点基于这样一个判断，即这一研究策略是一种更为有效的理论知识积累途径。然而，布丁好坏，一尝便知，而在没有布丁之前，我们是没法品尝的。因此，本章最后一部分会通过一个引申的实例来展示如何将一个大问题分解为多重过程，如何对其中的某个过程进行理论化，如何检验通过这种方式构想出来的理论的某个推论。

"以学术为志业"，而不只是一份工作：选择一个研究主题

学者们经常会得到这样的建议：通过寻找文献中的漏洞来选择研究主题，或是去阅读美国政治科学学会（American Political Science Association）《人事通讯》（*Personnel Newsletter*）上的公告，寻找热门话题并据此选择研究主题。这种建议给人的感觉是，寻找研究主题可以是而且或许应该是有方法可循且有工具可用的。但这种感觉是错误的，如果研究者采纳这种建议，他们会做出许多有违常理的事：细究全部文献而不管这样做是否值得；选择一个在论文完成之前就会过时的主题；陷入厌倦之中。

好奇、着迷以及愤怒应该引领研究主题的选择。研究计划中的大部分环节都不允许有情感介入，这么做是恰当的。但是，在选择研究主题时，情感应该被保留下来。在如何选择研究主题这一点上，规范

化的建议忽略了像是信念、烦恼和着迷这样的情感作用。

加里·金、罗伯特·基欧汉和悉尼·维尔巴(Gary King, Robert Keohane and Sidney Verba 1994, 15-17)对规范化建议做了特别周全的阐述,他们建议学者挑选那些具有世界性意义的、能对受到承认的学术文献做出贡献的主题。以下几点是他们给学术研究新手的建议:

1.从文献中选取这样一个假设:它在研究者看来很重要,但还没有谁对其完成过一项系统性研究……

2.从文献中选择一个我们怀疑是错误的(或者在我们看来还没有得到充分确认的)假设,并调查该假设是否的确是错误的……

3.尝试解决文献中的某个论争,或为论争的某一方提供进一步的证据——或许可以表明该论争从一开始就不能成立。

4.设计一个研究来阐明或评估文献中未经质疑的假定。

5.指出文献忽略了某个重要的主题,然后进一步对该领域进行系统性的研究。(King, Keohane, and Verba 1994, 16-17)

我们很难反对以上任何一条建议,对于研究社会科学中类似科学(sciencelike)部分的学者来说,这些建议可能会非常有用。然而,上述建议假定,相关文献中确实包含相当数量的理论和程式化了的事实。如此,这些建议没能考虑到比较政治学领域中大量文献的真实情况:论述某些主题的文献只包含几个被普遍接受为真的论点;在很多论争中,双方的假设既缺乏清晰的思路,也缺乏有力的经验支持;尽管大量的观点和猜想没有系统证据的支持,但它们却经常被称为理论。这样的文献使得研究前沿含混不清。读者在文献中发现的不是界定清晰的漏洞,而是沼泽般的困境。涉足这些文献的学者经常会发现,自己在不知不觉中就陷入了有争议的定义所形成的流沙,不停地追逐着模糊不清的因变量——它们就像"鬼火"一样在身边绕来绕去。

因此,比起那些知识积累更为丰富且研究前沿更为清晰的领域来,这一领域中的优秀研究更多是受对世界的好奇心以及对因果关系的直觉所驱动。在比较政治学领域,大多数最终令人兴奋的研究要么是提出了现有文献没有涵盖的主题,要么是以非常新颖的方式讨论旧的主题,而非拓展现存文献。

与寻找文献中的漏洞这条建议不同,在比较政治学领域,优秀的研究往往要么始于一种强烈却没有焦点的好奇心,即为什么某一事件或过程会发生,要么始于一种由文献中某些特定论点明显的愚蠢所引发的愤怒之情。有时,政治信仰或一种被唤起的不公平感会激发这种好奇心或愤怒。在对社会世界以及与之相关的已发表论点进行回应的时候,如果潜在的研究者们几乎没有感觉到好奇心、直觉或愤怒,那么,他们应该考虑一下自己是否选错了工作。

文献对于研究主题的选择的确具有作用,但它的作用不是通过规范化建议所提出的机械方法而发挥出来的。

文献会刺激学者产生愤怒、厌烦和懊恼的情绪,正是这些情绪常常刺激学者做出优秀的研究。如果我们看完一个论点后发现它完全不可信,而且觉得可以找到证据说明这一论点错得无可辩驳,那么我们就的确已经在文献中找到了一个漏洞。然而,一般而言,这些漏洞都不是通过冷静的搜索找到的。相反,当我们正在为一些其他的目的而阅读时,我们本能的愤怒反应会让自己停下来并注意到这些漏洞。并且,除非读者们具备充分的有关事实的背景性知识,能够注意到文献中的论点似乎与现实不符,否则他们无法找到这样的漏洞。

文献中的论点也会创造预期,预测迄今尚未被检验的案例中事件将如何演变。如果有关案例的信息使我们认为这些案例可能不符合预期,我们的好奇心就会被激发起来。如果某些案例和结果与其他案例或理论引导我们做出的预期不同，我们就会对它们产生兴趣。研究者需要对这样的结果做出解释，因为与其他已知或明显能被理解的实例相比，它们是反常（anomalous）的。此时，这种比较可能完全是一种隐含的比较，分析者可能只会聚焦于反常案例；但若没有这种隐含的比较，使反常案例显得有趣或令人困惑的基础就不复存在。

我要强调情感对研究主题选择的作用，因为情感会促使学者产生一种强烈的使命感——找到事情发生的真正原因，正是这种使命感催生了优秀的研究。正如马克斯·韦伯所宣称的那样："如果没有这种圈外人嗤之以鼻的奇特的'陶醉感'；没有这份热情……你就**不适合**学术这项志业，你应该去做其他的事。"❶（Weber 1958, 135）

培养创造性

在同一篇短文中，韦伯还强调了思考中无方法可循的方面——直觉和灵感——的重要性。他强调了有想法（也即有创造性）的重要性：

> 当然，对于具有决定性作用的"灵感"来说，热情乃是先决条件。现今……流传着一种说法，即学术不过是数学计算上的问题，在实验室或统计档案系统中即可被生产出来，与"在工厂里"制造产品没有两样，而从事这种计算，只需要冷静的头脑，可以不要"心和灵魂"……［然而］某种想法总得产生于某些人的头脑中……如果想要达成任何有价值的成就的话。这种灵感不能强

---

❶ 《韦伯作品集（I）学术与政治》（钱永祥等译，广西师范大学出版社，2004年，第162页。文字有改动。）——译者注

求。它和冷冰冰的计算毫无关系。❶（Weber 1958, 135）

与其他每件事物一样，创造性在我们之间的分布是不均匀的，而且我们对它的了解很少。尽管如此，我认为，我们在研究生期间及随后的生涯中训练自己的方式决定了我们的创意火花能够找到并点燃多少可燃物。韦伯强调，思想赖以生长的土壤通常是由非常辛勤的工作培育出来的。本文将进一步表明，某些种类的辛勤工作要比其他的更有成效。

研究者最初的想法来自他们对世界独特而自主的反应。只有基于自己对世界是如何运转的这一问题的内在感觉，我们才能拥有这样的反应。因此，学术新手的任务就是培养这种内在感觉。一种多少是自觉而系统的方式能促进这一过程。优秀的学术研究源于观察和推测的互动。我们可以有意增加我们必须依赖的观察的数量，从而提高我们做出有效猜测（speculations）的能力；我们可以通过接触大量的信息而实现这一点，不管是广泛阅读有关很多国家的、漫长历史时期的资料，还是仔细查看大量的定量数据。无论用什么办法，学者都是在用信息填充他/她的存储，他/她在这些信息中寻找模式，利用这些信息探讨假设的可信性。我会力劝所有学者养成创建正式或非正式"数据集"（data sets）的习惯，即把大量的事实性信息收集并存储在某个地方——自己易犯错的大脑除外。（对于某些种类的信息，Excel 电子表格是完美的存储介质，但在其他情况下可能没有什么东西能够代替旧式索引卡。）

当然，应当收集何种信息取决于学者的兴趣。不过，不管其研究

❶ 《韦伯作品集（I）学术与政治》（钱永祥等译，广西师范大学出版社，2004 年，第 162 页。文字有改动。）——译者注

主题是什么,学者们都应对处于其主要研究领域之外的国家与时代进行研究,并从中找出与其研究主题相关的信息——这么做总是有益的。例如,如果某学者对中东国家的石油财富如何影响政府这一问题感兴趣,她还应当积累其他区域的国家当中政府形式与石油收入用途的一些相关信息。如果某学者的兴趣集中于新兴民主国家的政治制度对政党体系发展的影响,她就应该抵制住这样的诱惑,即把文献中研究得最为透彻的国家——例如,智利、阿根廷以及巴西——的经验作为猜测的基础,并应确保自己了解拉美一些规模较小且较少被研究的国家中选举制度和政党体系的基本事实,如有可能,她还应当了解世界其他区域中新兴民主国家的相关事实。

　　这种事实性知识的基础有助于避免学者对特定事件、过程或国家的独特性做出没有事实依据的论断,同时,这也能避免学者把那些文献中经常出现的、对事件的简化描绘误认作真实的描述。在比较政治学领域,许多研究主题下的大部分文献都是在描述经常被研究的国家里发生的事件。例如,大多数研究拉美转型的文献都聚焦于巴西、阿根廷和智利(连同西班牙)。研究世界其他地区转型的学者假定,这些文献准确地描述了拉美转型的普遍经验,但事实却并非如此。玻利维亚、厄瓜多尔、巴拉圭、秘鲁以及中美洲大部分地区也发生过转型。在某种意义上,后一类国家中的多数在转型问题上更像非洲国家,而不是被研究得更多、工业化程度更高的南美锥体国家❶。如果学者对拉美转型的了解完全来自有关转型的最著名文献,那么,对于拉美转型与其他区域转型的差异,他所得出的结论将是不准确的。然而,事实性信息的增加会提高学者发现真实存在的模式的可能性。

---

❶　Southern Cone countries。此处指的就是巴西、阿根廷和智利这些经常被研究的国家。——译者注

　　第二种有助于培养创造性的方法是熟练地使用各种模型。当模型——哪怕是像囚徒困境这样简单的模型——进入我们的想象力储备时,它们使我们对信息的阐释成为可能,要是没有这些模型,我们根本就不会想到如何阐释信息。

　　模型是对过程的简单化重现。其目的是阐明隐含于过程中的基本逻辑,而研究者也许不会因观察整个复杂现实而注意到这一逻辑,因为与所有的现实一样,复杂现实被众多无关的细节所覆盖。好的模型——有用的、富有成效的或令人兴奋的模型——会向其创造者和那些接触到它的人展示一些与他们之前尚未意识到的过程有关的内容[1]。当模型似乎与某一情境的本质特征相符时,它可以使分析者对那一情境的理解比之前更加清楚与深刻。它还有助于将这一理解传达给其他人。

　　有的模型完全改变了我们理解世界的方式,集体行动问题——通常是用纯粹的自然语言表达出来的——可能就是这种模型最为有名的范例。作为群体一员的个人会认为,花费自己的资源来为群体获取公共物品是不理性的,而在这种观念传播开来之前,各类弱势群体在政治上无法组织起来的情况是令人迷惑不解的。大量的笔墨都被挥洒在解释种种虚假意识上。自从曼库尔·奥尔森(Mancur Olson)对集体行动问题做了令人非常震撼的阐述(Olson 1965)之后,我们对政治动员(political mobilization)的基本预期就被逆转了。现在,当某些大型群体为了争取某种公共物品而真的设法组织起来的时候,我们反而会感到费解,并且会感到值得对此做出解释。

　　另一种广泛使用的模型是进化选择论(evolutionary selection)。其

---

[1]　对于模型在社会科学中的作用,研究者们曾进行过一场广泛且极为有益的讨论,参见 Lave and March (1975)。

中心观点是，即使没有有意识的决策，结果也可能会发生，这是因为，若不能以特定方式行事，行动者、组织、国家、政党或其他实体就会丧失权力或消亡。因此，唯一能够幸存的就是那些按要求行事的人，即使他们可能并不理解自己的处境，或未针对其处境做出有意识的决定。理查德·尼尔森和西蒂尼·温特（Richard Nelson and Sidney Winter 1982）对这一逻辑的运用或许是最为有名的范例，他们发现，企业管理人员并不会真的在利润最大化这一问题上想太多。然而，他们认为，企业会表现得好像其管理人员在争取使利润最大化一样，这是因为，如果企业管理人员的行为与为使利润最大化而采取的行为偏离很远，那么企业就会破产。我们可以用同样的逻辑来解释，为什么在当今世界，领土连续的国家会成为主要的大规模治理形式。在过去，有许多统治者都曾对不连续的土地提出过领土要求，而且他们并没有为了全力巩固自己在连续地区的统治而决定放弃偏僻的零星土地。可是，战争、起义以及民族主义的传播使得那些相对较大（与之前的国家相比）的领土连续国家得到巩固，而以牺牲那些规模更小且更分散的国家为代价。换言之，即使统治者可能并未有意设法将其领土限定在连续地区内，他们之间的竞争也会消除掉那些军事上很难防御的不连续地区，并可以使那些面积广大的连续地区的统治者以他人的领土为代价来强化自己的领土要求。

研究者可以只通过文字来对这里介绍的两个模型加以应用。很多其他模型通常需要以数学或图表的形式表达出来，因为它们要考查的过程太过复杂，单用文字不易把握。广泛使用的模型包括分钱博弈（divide-the-dollar games），它阐明了不同的规则和时间跨度如何影响对分配讨价还价（bargaining）的结果；信号传递模型（signaling models），它描述了成本高昂的象征性行为对他人认知的影响；信息流模型(information cascades),它描述了信息变化或风险感知变化的传播;偏好的空间模型(spatial models of preferences),通常它被用来思考投票行为、立法者的政策选择以及其他很多问题;前景理论,它模拟了先前的收益和损失对风险规避的影响;传染模型(contagion models),它可以被用来思考任何事情——从技术创新的传播到宗教原教旨主义的蔓延。这些模型的内在逻辑太过复杂,以至于无法用语言充分而简练地表达出来。在这些论证中,除了文字描述,研究者们还会使用方程式和图表,从而使内在逻辑的所有方面都变得明确且清晰。

即使学者对精通这些模型不感兴趣,接触它们也会丰富学者的理论想象力。它会提升我们猜测的质量,而用查尔斯·莱夫和詹姆斯·马奇的话来说(Charles Lave and James March 1975,2),猜测就是"社会科学的灵魂"。

在我看来,有一种形式的辛勤劳动似乎不太可能培肥想象力生长的土壤,它就是那种常常为了准备资格考试而做的阅读。能够阅读"名著"的序言和结论并用几句话总结出其主要论点本身也是一项技能,一项经常会在研究生院得到奖励的技能。但它似乎与做出富有想象力的研究的能力无关。

在阅读时,不论是否是在为资格考试做准备,我们都应该仔细思考甚至冥思苦想这样的讨论,即**为什么一件事会引发另一件事**。这才是学术工作的关键所在,而简单的因果识别则不是,而且读者需要考虑这是否真实,是否与他自认为已经了解的有关世界的知识相一致。如果论证中的分析单位不是个体,那么全面思考以下问题是非常有用的:哪些个体必定受到了激励,以何种方式被激励,应做些什么以使论点成立。如果个体是论点中的主要行为者,那么自问这样一个问题也是非常有用的:论点中隐含的动机是否符合对人们在一般情况下的行为方式的合理解释。

读者们也应该详细审查作者为支持论点所提供的证据。在没有查看和思考证据的情况下,他们绝不应该接受作者的说法——证据会支持他提出的主张。在没有阅读图书中间部分的情况下,读者无法评估支持论点的证据。如果读者没有时间去阅读应该读的一切——人们从来都没时间这么做,那么仔细地阅读他所能读的那部分证据要比为了总结论点而只读序言和结论部分更好。

理解有关世界的信息与理解组织和阐释这些信息的模型都非常重要,但这些还不够。学者们还必须不断地,尽管经常是暗自地,问自己这样的问题:我是怎么想的? 我相信这一点吗? 研究者不能靠不断担忧别人在想什么而发展出对世界的自主反应。他们应当担忧自己在想什么,并确保自己总是在想些什么。学术这项志业不适合那些受制于他人的人。在回应信息和模型的过程中,研究者会逐步积累起想法,而这些想法将成为他们自己的创造性观点和具有科学价值的发现的基础。

导师的作用

我现在转向讨论导师这个微妙的主题。与一位资深学者有一段师徒关系会是一种非常有用的训练经验。学生可以向一位经验丰富的学者学习如何处理学术难题,如何在实践中运用课堂上习得的统计和建模工具。通常来说,在经过多年研究之后,有经验的研究者已经琢磨出或在无意中发现并借用了大量的技巧和提高效率的方法,他们可以把这些技巧和方法传授给学生。通过与导师共同发表作品,学生可以在本专业的学界获取广泛的社会联系,有时还可以在就业市场上将自己提高一个档次。这些都是紧密的指导关系所具有的优势,而且这些优势非常可观。

然而,师徒关系可能会对学生形成思想诱导。在一个不可预知的世界中,研究生们会感到软弱无力,就像詹姆斯·斯科特(James Scott 1976)所描述的农民一样。在其他的生存策略当中,学生们经常试图与教员建立起一种"保护—委托"(patron-client)的关系,他们希望教员们可以保护自己,使自己免受其面临的各种危险的自然力量的伤害①。在这种由情势所引发的依赖环境中,学生的内心可能充满了导师的世界观与研究项目,以至于他们忽略了与导师的论点有冲突的证据。学生们甚至会遇到类似人质综合征(hostage syndrome)的情况,在这种情况下,他们会完全认同导师的观点,觉得其导师的所有反对者以及其他所有的思考方式都是执迷不悟的甚或是可鄙的。这种狭隘的派系偏见是由师徒关系所引发的,这种情况虽然普遍,但并不正当。学生们应防范这种偏见,导师们则应尽一切努力限制学生形成派系偏见的自然冲动。如果学生严重地依赖其导师,那么除了导师的研究子领域,他们可能无法构想出其他的研究项目。

通过惯性或不经意的方式,导师们可能看起来是希望学生遵从他们的所有观点,但是,优秀的导师真正想看到的是他们的学生敢于挑战他们,以一种成熟且广博的方式来挑战他们。最好的学者并不是研究生院里那些最好的研究助理,而是那些挑战、超越其导师并拓展其导师研究领域的学者。优秀的导师都明白这一点。

到了学术论文阶段,学生应该站在其导师的肩膀上,那时他已经

---

① 学生们也会利用斯科特所说的"弱者的武器"——流言、诽谤、排斥和逃避——"惩罚""村庄里"那些没能在院系道义经济(departmental moral economy)中履行指定责任的知名人士。

吸收了导师所教授的内容，并做好了独立飞行的起飞准备。他不应蜷缩在导师的庇荫下，而在必要时将不愿离巢的雏鸟推出巢穴也是导师工作的一部分。

正如西方的年轻人不肯让父母为其选择伴侣一样，学生们也不应让导师为自己选择论文题材。他们应该像听取父母意见那样仔细听取导师的意见，但最终，学者必须要有一种强烈的着迷之感，其目的就是为了维系竭尽全力做研究时所必需的信念。从开始考虑论文题材到论文成书出版，再到可能的续本和拓展研究，一般的比较政治学家要付出八至二十年的时间。这与很多婚姻持续的时间差不多长。有许多比较政治学家在其后的职业生涯中会继续研究其论文的主题。除了那些愿意付出这么多时间和努力的人，没有人真正具备选择主题的资格。

浪漫的问题，可靠的答案

在激情、着迷或愤怒的影响下选择了研究主题后，研究者会面临一项非常不同的任务：设计研究策略。在比较政治学领域，许多经典作品都聚焦于宏大而浪漫的问题，正是同样的问题将很多研究者引入了这一领域。研究这类主题的策略既要有浪漫的吸引力，又要讲求方法。像民主化、帝国崩溃以及革命这样的结果都是由许多不同的过程汇聚起来而引发的，在这当中有一些过程可能独立于另外一些过程发生。在处理这样的大问题时，之所以出现不少沙堡，原因就在于对研究策略的关注不足。

由于复杂结果比较罕见且尚未被理论化,所以归纳性研究策略十分流行。研究者要么是沉浸于少数结果令人感兴趣的案例的历史阶段和社会结构中,并提出一连串先于结果而存在的事件和特征,要么是从大型公共数据集中挑选代表潜在原因的指标,并将其纳入统计模型。因此,这种隐含或明确的解释模型,即使对于那些拒绝定量研究的学者而言,最终也不过是"厨房水槽回归"❶而已。然而,相关关系并不是因果关系,即使在非定量研究中也是如此。

在最好的情况下,这种研究复杂社会结果的非结构化归纳路径也不过与医学研究者试图理解癌症发病原因的方法相类似——收集与癌症发病率上升有关的所有饮食数据和环境因素数据。这些研究是有用的。它们可以积累起假设,其中有些假设最终得到了确证,有些则没有。"但是,尽管这种事实收集对许多重大科学成果的出现非常重要",托马斯·库恩指出,任何考查理论出现前的著作(pretheoretic work)中著名例子的人"都会发现这种事实收集会制造出一种困境"(Kuhn 1970, 16)。收集事实本身不会使人理解癌症发病的过程。为此,研究者不得不从整体的结果,即患者当中跳出来,转而集中研究基本的机制——如控制细胞分裂与死亡的因素。他们必须专注于那个发生该过程的单位(细胞和基因),而不是结果(患病的生物体)。

同样地,比较政治学领域的学者需要设法了解隐含的政治过程,

---

❶ kitchen-sink regression。厨房水槽回归是一种非正式的贬称,指的是在回归分析中研究者试图使用一长串可能的自变量解释因变量的变化。在经济学、心理学和其他社会科学当中,研究者通常是以演绎的方式运用回归分析,检验假设,但厨房水槽回归并不遵循这一规范。相反,研究者把"一切事物连同厨房水槽"都投入回归之中,希望能发现某种有趣的统计模式。研究者有可能会以归纳的方式阐释这种回归的结果,并由此得出结论认为,自变量与因变量之间的关系模式在其他数据中也会出现,而这会导致轻率的普遍化。——译者注

而非试图"解释"复杂结果——这里的"解释"指的是辨认与复杂结果相关的因素。在此，我的建议与罗伯特·贝茨（Robert Bates）等人称作分析性叙述（analytic narratives）的研究策略相似。我同意他们的看法，即我们需要

> 力图确认和探讨那些塑造战略行动者之间的互动并由此产生结果的特定机制。［我们需要］聚焦于使这些宏观历史力量转变为具体政治结果的机制。通过分离并分解这些机制，分析性叙述由此促成了结构性解释。（Bates et al. 1998, 12-13）

为了打开这些机制，我们需要聚焦于政治的基本单位，大部分情况下就是个人。我们需要把传统的大问题分解成界定得更为精确的问题，即个人在特定情形——其反复出现的频率足以支持对其普遍化——下做了什么。然而，我与贝茨等人的看法又有所不同，因为我是把"分析性叙述"看作研究计划的一个重要部分，而非其最终产物。一个以基本原理为基础精心建构起来的解释性论点通常会有多重推论，其中至少有一些推论是可检验的。直到经验检验已经表明，由论点推导出的推论是符合现实的，研究工作才算最终完成。

研究者在琢磨一个论点的推论时需要反复问自己："如果这个论点是正确的，我在现实世界中会看到什么？"有些学者似乎是在直觉的驱使之下来进行这种论证，但任何人都可以训练自己把这种论证当作常规工作的一部分来做。为了替代或补充直接检验论点这种方法，研究者可以先想出该论点的一些可观察推论，然后再对其进行检验。任何论点都会有一些推论与不止一个理论相符，但如果研究者能够得出足够的推论，那么这些推论就不会都既与研究者提出的论点相一致，又与这些论点的对立假设相一致。虽然研究者们无法检验所有论点，也不能总是拒斥对给定结果所做的替代性阐释，但他们可以通过检验

多重推论来为特定的因果解释逐步建立支持。

如果检验的不是对相关关系所做的论断，而是一个展示出了因果机制的论点，就像贝茨等人所鼓吹的那些论点那样，那么推论的数量会成倍增加。推论可以从逻辑链条的每个环节，而不仅仅是初始原因与最终结果之间的假设关系中得出。研究者首先可以把大而浪漫且无法检验的想法分解成一个个组成该想法的过程，然后再把这些过程一一理论化，使这些想法能够经得起严格调查的检验。在下面的例子中，我会向读者展示如何从因果机制中得出推论。

如果研究者把比较政治学领域中传统的大问题分解为导致这些大问题的一个个过程，那么建构和检验理论将成为可能。我不会把这种分析重心上的转变称为从宏大理论向中程理论（mid-range theory）的转移。如果一个有确凿证据支持的、有说服力的理论论述的是若干过程——这些过程结合起来会引发具有变革性的结果——中的某一个，那么这个理论会让我觉得它的确很宏大。

把大问题分解为多重过程的例子

抽象的方法论规则很难令人信服，甚至很难被充分理解。为了让方法论规则由抽象转为具体，从而使研究策略的转变显得更有说服力，本章剩余的部分聚焦于威权主义的转型，详细说明大问题引起的困难和将大问题分解为多重过程这一研究策略的益处。这一部分还会展示非常简单的模型在处理问题时所带来的优势，并说明大量收集与某一主题相关的信息意义何在。

在阅读书籍和期刊上的研究成果时，我们通常看到的只是记录论点与证据相交（encounter）的最终产品。然而，通常情况下，收集证据之前的那个阶段才是研究中最为困难的部分，在这个阶段，分析者必须弄清楚如何以一种富有成效的方法思考问题。转型这个例子会相当详细地讨论这些初始步骤。

我选择转型作为例子是因为它具有规范和学术上的重要性。近几十年以来，资本主义欧洲最后一批顽固坚持威权主义的国家、几乎所有的拉美和东欧国家，以及一些亚洲和非洲国家都已经实现了民主化。1974 年被塞缪尔·亨廷顿（Samuel Huntington 1991）看作民主化"第三波"的起点，该年年初，形形色色的独裁政权统治着 80 个国家①。而到 2000 年底，这些独裁政权中只有 15 个政权仍然存在。在这些年中有 93 个威权政权崩溃了（一些国家在此期间遭受了不止一个独裁政权的统治）。转型的结果是：到 2000 年底，有 40 个民主政权幸存了下来，尽管其中某些政权存在严重的缺陷，但许多政权都很稳定而且大体上都具有竞争力；有 9 个民主政权在被推翻之前只维持了很短的时间；在 35 个新兴威权政权中，有 15 个延续到了新千年②。没有人知道这是否将是这些国家的最后一次转型，但迄今为止，与最初的预期相反，新兴民主政权已经被证明相当具有弹性。对这些转型的研究已成为学术界关注的一个主要焦点。

比较政治学领域中一些最优秀的学者致力于研究这个主题。目

---

① 此处以及本章其他地方出现的数字都来自我收集的一个数据集，这一数据集包括所有符合以下三个条件的威权政权（君主政权除外）：持续时间达三年或三年以上；1946 之后出现；所在国居民人数达到或超过一百万。如果这一数据集还包括君主政权和居民人数不足一百万的国家的政权，那么威权政权的数目会更大。有关该数据集的更多细节，参见 Geddes（1999a）。

② 此处所列举的这些数字排除了那些因转型期间的边界变动而建立的国家的政权，因此这些数字加起来总数不是 93。

前,研究转型的文献包括:对特定转型所做的几百项,也可能是几千项案例研究;对少量案例所做的几十项比较研究;至少六项具有理论依据、旨在普遍化的重大努力。许多普遍性描述已被相当广泛地接受。其中一个例子就是如下这一评论:"没有哪次转型不是由威权政权自身内部的重大分裂——直接或间接地——引发的"(O'Donnell and Schmitter 1986, 19);另一个例子是这样一种观点,即相互竞争的精英之间的协议会推动政权成功地向民主转型(Karl 1986, 1990; Higley and Gunther 1992)。

上述通过归纳获得的普遍性以及我们在研究特定国家群体时得出的相似普遍性增加了我们的事实性知识,迫使我们放弃了一些根深蒂固的成见。这些都是重要的进步。然而,尽管当前这一波民主化浪潮持续的时间已经超过了 25 年,而且我们已经为生产论述这一主题的文献而牺牲了整片的森林,但我们几乎没有创造出新的民主化理论。当优秀的学者们——其中有些人在过去曾建构了非常优雅和令人信服的理论——似乎已经放弃对这一主题进行理论化时,我们应当思考这是为什么。

我认为,产生这一困难的原因部分源于对研究设计的某些共同选择。从 1985 年到 1995 年,《美国政治科学评论》(American Political Science Review)评论了 56 本论述转型的著作,其中有 31 本研究的是单个国家,其余的著作有很多都是编辑卷(edited volumes)——由对几个国家所做的个案研究组成,但这些编辑卷缺乏对不同经验的理论整合。几乎所有这些书籍中的案例都是根据因变量选出来的,这也就意味着,在试图解释一个或更多的政治自由化或民主化案例时,作者们并没有把它们与那些没有发生转型的案例进行比较。这些研究有很多都为读者提供了有价值的事实性信息,但作者们选择的研究设计会阻碍他们检验其理论主张。

此外,在大部分研究中,当研究者将自己的研究付诸笔端时,他们感兴趣的结果(自由化、转型或政权巩固)仍在发展变化之中。作者们希望写下当前最重要的政治事件,出版商则希望在人们对某些事物的兴趣达到顶峰时出版相关书籍,这些都是可以理解的。然而,急于出版研究结果对理论知识积累的影响却是毁灭性的。如果被解释的结果在研究完成时还尚未发生,我们就无法检验因果论点。争论尚未发生的事件为何发生,就像是在没有先确定针尖上至少真有一个天使跳舞的情况下,争论天使的表演是什么样子的。

如果分析者在结果逐渐清晰之后继续研究相同的问题,如果读者对非常初步的结论保持恰当的怀疑,那么上面所说的都不过是一些短期问题,理论也会随着时间的推移而逐渐形成,但是,大多数分析者和读者并没有这样做。当很多国家真的发生了向民主的转型时,许多学者的注意力已经转向了试图解释民主的巩固,而这一情况当然还尚未出现。恰恰就在研究者积累了足够的经验,从而可以建构理论的时候,研究者对转型的兴趣下降了。

当然,急于出版研究结果并不是政权更迭研究所特有的现象,因此我们不能说这一领域理论产出较少完全是急于出版之故。我认为,一个更深层次的原因在于,研究者一方面选择复合结果——即多重因果过程汇聚起来产生的结果——作为研究对象,另一方面却又继续运用那种更适于简单结果的研究路径。

为了准确表达我的意思,在下文中我会提出一种具体的研究策略:第一步是将大问题——为什么会发生民主化——分解为一系列更适于研究的、有关机制的问题。第二步是对被选出供研究的具体过程——在这一案例中就是威权政权内部的政治,它有时会导致转型——进行理论化。第三步是阐明从理论化当中得到的可检验推论。第四步是确定不同可检验推论的适用范围。第五步是实际发现或收集用于检验推论的证据。第六步是检验本身。第七步则是阐释和回应检验结果。

我在此处所阐述的例子以及本书中其他的例子都有一个共同的目的，那就是有意识地阐述研究过程中的各个步骤。就像上文所讨论的价值观一样，这些步骤会在实施优秀研究的过程中出现，但几乎没有得到过详细描述。在阐述的不同阶段，我都会从对步骤（与设定研究问题有关）的描述中解脱出来，说明我为什么会做出某些决定，陈述想法从何而来，或是重申方法论要点。本章的例子强调的是我在上一段中概述的第一至第三步，与检验有关的问题则留待后文章节再详细讨论。

基于理论的分解

如果研究者打算采用此处提出的研究策略，那么他面临的首要问题就是设法分解那些导致复合结果的过程。分解的方法总是有很多，而有些方法要比其他方法更加富有成效。我所能给出的唯一一条普遍性建议是，分解应基于理论直觉，而且研究者应当尝试不止一种分解方法。在下文中，我会根据我的理论直觉以及对转型问题相当广泛的阅读来概述一个有关过程的例子。其他观察者的直觉可能与我的不同，但至少同样有用。

直　觉

政权转型是基本制度上的变化，而基本制度决定了由谁来统治、如何选择统治者，以及如何做出基本的分配决策。如果这种制度变化是由革命或暴力夺权引发的，那么出于构建理论的目的，简化现实的标准方法就是把注意力集中于权力斗争中的胜负集团,并隐含地假定:选定的制度会反映获胜方的利益,任何围绕制度的讨价还价都是获胜者们对细节的讨价还价。为了解释这样的政权更迭,我们试图去理解为什么一些集团会得出结论认为旧政权已经让人无法容忍,以及它们又是如何发展组织力量和获取民众支持的——这两者是推翻旧政权所必需的。

我们对政权更迭的直觉一般似乎是源自对暴力夺权的观察,但凑巧的是,这种直觉对于理解大多数向民主的转型都不是很有用。威权政权的垮台不一定会导致民主化,但如果垮台真的导致了民主化,那么转型就会涉及讨价还价和谈判。与革命胜利和威权性质的夺权不同,向更具参与性的政府形式转型不可能完全通过暴力实现,而且在这种转型中形成的制度反映的是各集团间的妥协,而非单一集团的统治。即使威权政权是被军队推翻的,为了完成向民主的转型,讨价还价也是必要的。没有哪个集团能够单独获胜并将其制度选择强加给其他所有集团。此外,讨价还价需要时间,而在这段时间里,特定谈判者的立场可能会发生变化。制度变迁可能是以渐进方式完成的。只有在这一过程的结尾观察者才能看到制度变迁的全景,并判断出民主化是否已经发生。简而言之,围绕制度的讨价还价是政权更迭的一个核心特征。

几个不同的过程会影响到这种讨价还价。吉列尔莫·奥唐奈和菲利普·施米特(O'Donnell and Schmitter 1986)已经指出,政治竞争与威权精英内部的对抗行为会导致分裂,这种分裂可能会增强各派讨价还价的意愿。最初从政权政策中获益的上层阶级成员可能会批评政权后来的政策或表现,并可能会撤回对政权的支持与投入,从而破坏经济与政权的稳定。经济危机或其他某种灾难可能会激起普通公民的强烈反对,不管这种反对要冒多大风险。这些社会变化会增强反派讨价还价的力量,削弱精英的力量。国际经济的变化或强大邻国的影响力可能会改变双方领导人的成本—收益计算,从而使政权更迭成为可能。这些过程并非在每一次转型中都很突出,但通常有几个过程会很显著。它们可能相互影响,但也可能彼此独立。

理论分解拉开了研究策略的序幕,在进行理论分解时,我们应该聚焦于研究者辨识出的那些可能相互独立的过程。我所提倡的分解方法把围绕着制度的讨价还价置于分析的中心地位,试图解释这些过程在转型的不同时期如何影响不同行动者之间的讨价还价。

主　题

脑海中有了上述想法之后,研究者可能会想到下列可能的主题:

1. 威权政府内部的政治,也就是说,政治对抗、政策分歧和不同种类的威权政权内部的讨价还价,如何影响到威权统治者推动自由化的动机[1]。

2. 上层阶级对威权统治的支持由什么因素决定,失去这种支持对政府与反对派之间讨价还价的影响以及由此对政权维持所产生的影响[2]。

---

[1] 除了对强硬派与温和派——我们无法先验地辨别这两者——的讨论(例如,Przeworski 1992),在早期对政权更迭的分析中,这一主题几乎没有受到什么关注。普热沃尔斯基(Przeworski 1991)甚至断言,旧政权的特点不会影响新政权中的结果。不过,雷默(Remmer 1989)、布拉顿和范·德·瓦勒(Bratton and van de Walle 1994, 1997)认为,不同种类的威权政权崩溃的方式存在很大差别,这既会影响转型的可能性,也会影响由此可能产生的政权种类。参见斯奈德与马奥尼(Snyder and Mahoney 1999)对这些议题所做的评论。

[2] 许多案例研究都指出,资产阶级与其他支持威权政权的上层阶级变化无常且忘恩负义,同时这些研究还指出了这些集团在反对威权政府时所扮演的角色。卡多索(Cardoso 1986)对民主化期间巴西资产阶级的研究是最早和最深刻的研究之一。

3.群众表达不满的原因及其风险,群众动员对政府与反对派之间
   讨价还价的影响①。

4.反对派精英与群众的关系对政府与反对派之间讨价还价的
   影响②。

5.以下三者间的关系:(a)制度选择的时机,(b)讨价还价者在特
   定时期的利益,(c)民主化的程度③。

6.经济现代化与公民对政权选择的影响力之间的关系④。

7.国际经济和地缘政治冲击对政权领导人、政权支持者以及普通
   公民的决策和行动产生的影响。

　　虽然不同研究者会用不同的方法分解这个大问题,但任何一种把
大问题分解为其组成过程的方法都应具备以上所列主题的某些特点。
每个主题都是作为一个普遍的比较政治学问题而被提出的。对于其

----

① 许多案例研究都描述了游行示威及其他群众运动对威权统治者决策的影响。除此
   之外,一些作者还强调大众的反抗对引发转型具有重要意义(例如,Bratton and van
   de Walle 1997;Casper and Taylor 1996;Collier 1999;Collier and Mahoney 1997;
   Bermeo 1997)。不过,这些研究主要还是在描述。至于为什么大批人,在遭受长时
   间的压迫和贫困之后,会突然起义以表达他们的愤慨之情(Przeworski 1986;Geddes
   and Zaller 1989;Lohmann 1994)这一问题,尽管研究者们已经从几个不同方向采取
   了初始的理论步骤来解释,但他们还有更多的工作要做。而且,据我所知,还没有人
   能够令人信服地解释,为什么有时候威权政权会弹压民众的抗议,而在其他时候却
   又急忙向民众妥协。
② 研究者应该可以通过拓展对嵌套博弈(nested games)(Tsebelis 1990)的研究来处理
   这一主题,尽管为了适应转型所特有的制度流动性,研究者需要对博弈模型做出调
   整。
③ 论述这一主题的大部分著作都集中研究协议(例如,Higley and Gunther 1992;Karl
   1986,1990)。研究者们才刚刚开始对这个主题进行更为全面和系统的探讨(例如,
   Przeworski 1991;Geddes 1995,1996;Mainwaring 1994)。
④ 经济发展与民主间的相关关系是比较政治学领域中研究得最多的一个问题(Bollen
   1979;Bollen and Jackman 1985;Przeworski et al. 2000;Burkhart and Lewis-Beck
   1994;Barro 1999)。然而,研究者们仍在继续争论这种关系的原因是什么。

中的任何一个主题,我们都会犹豫是否应仅仅依据一个国家的经验而提出论点,因为研究这些主题似乎需要进行跨案例比较。这些主题没有一个包含选择偏差,也就是说,没有一个主题暗示要把研究限定在那些已完成转型的国家。所有政府都会面对反对派,研究者需要解释为什么在特定时间和特定地点没有出现讨价还价的情况——这不是将案例从考查中排除的理由。在后文的章节中,我会回来讨论与恰当选择案例有关的问题。就目前而言,我们要注意的很重要的一点是,这里所列的每个主题本身都值得研究者去做一个项目。以这种方式分别描述过程,我们就会逐渐清楚为什么将转型问题作为整体进行理论化会很困难。

在案例研究文献中,有些主题受到了相当多的关注,尤其是第二个和第三个主题。在发展用于调查这些主题的研究策略时,下一步的工作就是要建立理论,用理论来归类、解释案例研究中的观察结果。在下文的引申例子中,我会考查第一个主题,这一主题在某种程度上受到的关注较少。我会提出一个论点,这个论点与各种不同的威权政权中领导人所面临的激励有关,它有助于解释:第一,为什么有些威权政府会在几乎没有什么社会压力的情况下开始自由化改革;第二,一直存于独裁政权内的派系为何与何时会推动民主化。这一论点由此为政权更迭过程中的两个要素提供了一个解释(尽管很多研究都注意到了这两个要素,但它们并未提供解释),不过,我并没有尝试解释民主化的最终结果本身。

对一个过程的理论化:威权政权中的政治

我在上文提到了奥唐奈与施米特对威权政府内部分裂的重要性所做的评论(O'Donnell and Schmitter 1986),这一评论提醒我们注意到,在转型过程中处于权力中心附近的个体非常重要。尽管我们在任何威权政府中都可以发现政治派系和分歧①,但实际上并非**每次**转型都是"威权政权自身内部的重大分裂"(O'Donnell and Schmitter 1986,19)的**结果**。葡萄牙的萨拉查-卡埃塔诺(Salazar-Caetano)独裁政权就不是因内部分裂而倒台的(当然,尽管这种分裂存在),除非这个政权被界定为包括军人生涯的大部分时间都是在非洲度过、后以武力推翻独裁政权的中层军官。可以说,其他很多独裁者[如尼加拉瓜的索摩查(Somoza)家族和伊朗国王(Shah)]之所以下台,不是因为其政权自身内部产生了分歧——意思就是那些拥有决策权的人之间产生了分裂,而是因为原先支持他们的社会和军事联盟抛弃了他们。而且像保加利亚和东德这些国家的政权也不是因政权内部的分裂而崩溃的(尽管奥唐奈和施米特在写作的时候还无法获知这一情况)。按照迈克尔·布拉顿和尼古拉斯·范·德·瓦勒的观点(Michael Bratton and Nicolas van de Walle 1992,1997),许多非洲国家自由化的起因也不是政权内部分裂。

不过,在近期大量威权主义转型的案例中,走向民主化的最初步伐是由那些当权者迈出的,这是出于统治精英内部的原因,而不是为了回应更大的社会中其支持者或反对者的压力。在大量的案例中都存在这种模式,这一观察结果令某些研究者感到惊讶,因为他们已经习惯于把制度变化视为权力转移的结果而非原因。

政权转型之所以在理论上是如此难以处理,原因之一就在于不同种类的威权政权会以不同的方式垮台。有些政权垮台的开端可以追溯到政权内部的分裂,但其他的政权则是以别的方式开始垮台的。不

---

① 研究者们对世界上各个区域的威权政权内部的派系斗争做了大量的描述,例如,Stepan (1971);Fontana (1987);Sandbrook (1986);Waterbury (1973)。

同的独裁政权之间的差异之大堪比它们与民主政权之间的差异,而且这些差异会影响到其崩溃的方式。不同独裁政权会吸引不同的集团进入政府机关供职,并从不同的社会部门那里获得支持。这些独裁政权决策程序不同,精英内部派系斗争与竞争的典型形式不同,选择领导人和处理继任问题的方式不同,回应社会利益集团与反对力量的方式也不同。由于分析者还没有系统地研究过这些差异,对威权政权的理论化现在还处于高度抽象的水平,而且几乎没有哪个作者考虑过独裁政权的特征是如何影响转型的。然而,这些差异会导致威权政权以完全不同的方式垮台,我会在下文说明这一点。

为了解释最初的渐进式制度变化——正是这些变化将一些国家推上了民主化之路,我们需要一套有关威权政权内部政治的理论。应该从哪里获得这样一套理论呢?有关民主政权内部政治的标准化理论是从以下两个简化假定出发的:第一,官员们希望留任;第二,能留任的最佳策略就是让选民得偿所愿。大部分研究民主政治的文献都关注不同的政治制度如何影响政治家的生存策略。对转型的分析需要做类似的研究,即研究不同种类的威权制度间的差异所产生的影响。

要着手研究威权制度的影响,我们首先需要评估标准假定的合理性,随后,可能的话,修正这些假定。最为明显的是,在公民没法通过常规方式废黜威权领导人的情况下,研究者需要进行经验调查以回答下列问题:独裁者的拥戴者(constituents)究竟是谁;这些拥戴者满意程度的高低;除了对政权表现的满意程度之外,还有什么因素会影响拥戴者的默许程度(acquiescence)。就像对民主政治的研究一样,研究者不能抽象地回答这些问题,也不能对它们的答案做出假定。上文概述的主题2,3,6,7处理的就是这些问题。

不那么明显的一点是,研究者不应假定军官、政党以及支持威权领导人的小集团总是希望继续执政。与一党制政权和个人独裁政权中的干部(cadre)相比,军官可能不愿继续执政。如果存在这样的情况,即军官在下台后能够更好地实现他们的目标(我认为这种情况确实存在),我们就可以预期他们会自愿返回军营。此外,不同种类的威权政权其领导人离职的代价不同。军官可以重操旧业,而且通常不会因其执政时的行为而受到惩罚。一党制政权中的干部会丧失其对职务优势的垄断,但在转型之后,他们通常仍然能自由参与职位竞争,并由此继续从事其选定的职业。然而,个人独裁领导人的盟友一般会感到难以维持他们已经习惯了的生活。与其他种类的威权主义者相比,在转型之后他们更有可能失去任职的机会,而且还有可能失去财产和生命。

为了着手理解威权政治,我会集中研究威权政府赖以产生的实体之内的对立与联系,这些实体是:军官团(officer corps),单一政党(single party),统治者身边的小集团(clique),或这些实体的某种联合体。在大多数情况下,对领导人执政的最大威胁——虽然并不一定会威胁到政权的生存——来自统治集团的内部,而非外部的反对派。在正常情况下,大多数我们可以称为政治的现象,即争夺职位、政治利益以及决策权,都会在统治集团内部出现。

统治集团内部的政治只能说明政权更迭的一个方面,但这是我们几乎不了解的一个方面。来自统治联盟外部的反抗与外部冲击,如苏联崩溃、1980年代的国际经济危机以及由危机引发的经济改革,已经影响到了政权的生存,有时其作用甚至是决定性的。然而,通过聚焦于不同种类的威权政权内的政治动态,我旨在说明为什么在面临外部冲击和民众反抗时,某些形式的威权主义要比其他形式的更为脆弱。

对威权政权的分类

我们需要制订一个简化的政权分类方案，并开发出案例归类的清晰标准，这样我们就可以利用威权政权间的差异来详细说明有关这些差异所造成后果的理论观点。没有这种对现实的简化，我们就会被复杂性所淹没，无法看到隐含于其中的模式。此处的目的就是要"庖丁解牛"，即在复杂的整体中找到要素看起来自然分开的位置。就像切开一只鸡一样，为了找到准确的下刀位置，我们必须对禽类的基本结构有相当的了解。由于我认为威权政权间最重要的差异是定性的，所以我创造了一种"测量"政权的分类法（typology），而非一个量表（scale）或指标（index）。分类是变量只能在名义上被测量时所使用的理论概念。与其他理论概念一样，分类只存在有用与否之别而没有真假之分。要想有用的话，分类这一理论概念必须把握住对人们所提的论点极为重要的那些差异①。

在这一部分，我会讨论将政权划入某一范畴的依据②。最开始我把政权划分为个人独裁政权（personalist regimes）、军人政权（military regimes）和一党制政权（single-party regimes）。在军人政权中，一群军官决定统治者的人选并对政策施加某种影响。在一党制政权中，一个政党支配获得政治职位的途径和对政策的控制权，尽管在选举中可能存在其他政党作为少数派参与竞争。与军人政权和一党制政权这两者相比，个人独裁政权的不同之处在于，获取职位的途径与职位所带

---

① 在比较政治学领域，分类受到了大量的且有充分根据的批判，因为过去曾有人认为，创建分类本身就是分类的目的，学者们过去常把时间浪费在比较和争论分类上。然而，分类的确具有有益的作用——归类那些不能用数字加以测量的原因与结果。

② 对单个案例进行分类是一个"测量"问题。我会在本章稍后部分以及第 4 章讨论测量问题。此处我所关心的是创制一个全面的"编码方案"。

来的好处在很大程度上都取决于领导人个人的决断。领导人可能是一名军官,可能已经创建了一个支持自己的政党,但无论是军队还是政党都不可能在不受统治者兴致影响的情况下独立行使决策权(参看 Bratton and van de Walle 1997, 61-96; Chehabi and Linz 1998, 4-45; Snyder 1998)。但是后来我不得不在分类方案中增加中间范畴,因为我发现有很多案例无论如何都不能被塞入某一初始范畴。

哪种分类方法能最好地把握威权政权间的重要差异? 对于这个问题,我最初的猜测来自我对很多这类政权的资料所做的阅读。我要再强调一遍从大量案例中收集信息的重要性。尽管在研究过程中,我必须以一种更加系统的方式去进一步搜寻信息,但推动这项研究的最初想法是我在阅读以下这两类资料时产生的:军事社会学以及文献中对很多国家在转型期间所发生事件的描述。而阅读这些资料仅仅是因为我很好奇。

在这种分类方案中,与由一名军官领导的个人独裁政权相比,军人政权是由一群军官来决定谁领导国家,而且这群军官对政策具有一定的影响力。在制度化的军人政权中,高级军官们已经就共享或轮流行使权力的某种规则达成了共识,而且磋商会议在某种程度上已经成为一种惯例。军人政权的范例包括:巴西的军人政权(1964—1985),在该政权中,高级军官通过与少数民间盟友协商来挑选每个继任的总统,而且其挑选方式合乎威权政权制度的确定规则;阿根廷的军人政权(1976—1983),尽管在该政权中存在激烈的派系斗争,而且一些军人总统试图违背政变前签署的协议——这些协议为磋商会议和可预测的轮流掌权做了细致安排,但是高级军官们并没有永久性地失去对继任权和政策的控制。

然而,很多由军官所领导的政权并非真的是由一群高级军官控制的。通常情况下,军事干预会导致这样一种结果:在经历了短期的共同军事统治之后,某一个军官会加强自身的权力,而军官团中的大多数其他军官则会在政治上被边缘化。这种政权是个人独裁政权,即使其领导人身着制服。像多米尼加共和国的拉斐尔·特鲁希略(Rafael Trujillo)政权(1930—1961)和乌干达的伊迪·阿明(Idi Amin)政权(1971—1979),在某种程度上都是从军事干预转向个人专制的极端实例。其他的政权,像智利的奥古斯托·皮诺切特(Augusto Pinochet)政权(1973—1989)和尼日利亚的萨尼·阿巴查(Sani Abacha)政权(1993—1999),我们较难分类:它们的军事机构保留了一些自主权和影响力,但由于权力集中在一个人的手里,我们不能把它们简单地归入军人政权这一范畴①。我把处于这两种范畴边缘上的政权归类为军事—个人独裁混合政权(military-personalist hybrids)。

如上一段所述,我们在区分军人政权和由军官所领导的个人独裁政权时会遇到困难,而在区分"真正的"和名义上的一党制政权时,我们还会遇到同样的困难,因为大多数独裁者都会成立政党来支持自己。在真正的一党制政权中,政党组织至少在有些时候会对领导人行使某种权力,它会控制官员的选拔,组织将利益分配给支持者,动员公民用投票和其他方式来表示对政党领导人的支持。一党制政权的范例包括墨西哥的革命制度党(Institutional Revolutionary Party,简称 PRI)政权、坦桑尼亚的革命党(Revolutionary Party,简称 CCM)政权。如果政权中存在一个支持领导人的政党,但领导人自身却近乎垄断了政策和人事决策的权力——如秘鲁的曼努埃尔·奥德里亚(Manuel Odría)政权和多哥的艾蒂安·埃亚德马(Etienne Eyadema)政权,那么

---

① 雷默的分析(Remmer 1989)和亨廷顿的著作(Huntington 1991)都支持以这种方式对皮诺切特进行分类。对阿巴查的这种分类则得到了奥巴桑乔(Obasanjo 1998)的支持。

这样的政权就是个人独裁政权。

个人独裁者涵盖了从恶性精神病患者到仁慈的民粹主义者的类型。他们在制度上的共同点是,尽管他们经常得到政党和军队的支持,但这些组织并没有得到充分发展,也没有充分的自主权去阻止领导人个人操控政策决定及政权的人事选拔。对潜在对手的恐惧会使得这些统治者削弱各种可能充当潜在挑战之权力基础的制度和机构。他们会转而依赖非正式的、有时相当不稳定的私人关系网——这种关系网有时是以血缘关系、种族渊源或区域归属为基础的,在这些关系网中,统治者会利用特殊利益❶来换取支持。通常情况下,统治者会经常轮换政权人员,防止这些人发展独立的支持基础,同时对于那些昔日曾支持自己,但现在却成了对手或不同政见者的人,统治者会迅速且毫不客气地剥夺其职务,消除其影响,有时甚至会要了他们的性命(参看 Bratton and van de Walle 1994)。

领导人的利益与政权内部的政治

为了构建一套有关特定行为者的理论,研究者首先必须对行为者的目标有一定了解。在前文中我已经提出,在不同种类的威权政权中,领导人的目标一般会有所不同。在这一部分,我会讨论他们不同的利益并展示支持我的论断的证据。

如果某个独裁政权的领导人是在斗争——政权内部人员间激烈且常常是你死我活的那种斗争——中一路厮杀到权力顶峰的,那么我们可以合理地假定:他有着强烈且持久的决心继续执政。然而,对于

---

❶ 原文为 particularistic favors。这里指的是个人独裁统治者为了得到政治支持而强调少数人的特殊利益而非民众的普遍利益。在这样的政权中,决定一个人能否获得这些收益的因素是其宗教和民族特性,再就是这个人是否属于根据这些特性而形成的利益共同体。这类政权充斥着徇恩、裙带关系、结党营私和腐败现象。——译者注

军人政权的大多数官员,我们不能做出类似的假定。有一些领导人,尤其是那些在军事接管初期的混乱状态下设法取得最高权力的人,无疑会与其他任何领导人一样强烈地希望能继续执政,但许多军官却不这样想。在下面的讨论中,我会描述每一类政权中主要的支持性机构或非正式集团的成员利益,从军人政权开始。

通过研究很多不同社会的军官的态度与偏好,学者们发现,不同国家的军官其社会经济背景、种族背景和教育背景都存在差异。他们有着不同的意识形态,同情不同的社会利益集团。对于他们可能支持的社会利益集团或政策,我们不能一概而论。然而,根据学界的共识,大多数职业军人最为重视军队本身的生存和效能(Janowitz 1960,1977;Finer 1975;Bienen 1978;Decalo 1976;Kennedy 1974;Van Doom 1968,1969)。

这种团体利益意味着:军人会关心如何维持军队的等级制度、纪律与凝聚力;军队在任命和升迁问题上不受文官政府干预;军队的预算足以吸引到高质量的新兵和购买尖端武器。军官们也重视其国家的领土完整性和内部秩序,但这些目标的有效实现需要以团结、纪律和充足的补给为前提(Stepan 1971;Nordlinger 1977;Barros 1978)。这样的偏好可能是军官在军校中社会化的结果(Stepan 1971;Barros 1978),也可能是军官理性计算的结果——计算军事机构的运作状况对其自身职业前途的影响。对于这项研究的目的来说,这些偏好的来源并不重要。

在某些国家,参军已经成为个人致富的一种标准途径(例如,像在玻利维亚、尼加拉瓜、尼日利亚、泰国、印度尼西亚和刚果这些国家的某些时期),我们可以假定,在这些国家大多数军官的偏好中,利欲动机所占的位置很靠前。这种动机在某些军官的偏好中会占据首位,而如果这种动机在另一些军官的偏好中占据的是第二或第三位,那么这仅仅是因为对于这些军官而言,有利可图的机会能否继续存在取决于军队能否作为一个有效的组织生存下来。然而,如果利欲动机已经使军官丧失了对共同生存和效率的关心,那么军队的职业化水平就会下降,军官团也就不太可能成功地与雄心勃勃的政治领导人相抗衡。

如果团体利益在军官的利益结构中占主导地位,那么大部分军官只有在认为文官政府会阻止他们实现其主要目标时才会同意参与政变阴谋。实际上,许多军官只有在认为军事机构本身受到威胁时才会参与政变阴谋。这些偏好符合阿尔弗雷德·斯杰潘(Alfred Stepan 1971)及埃里克·诺德林格(Eric Nordlinger 1977)的观点,即军队作为一个机构所面临的威胁对于军官决定参与政变阴谋具有重要影响。这些偏好与以下这一观点也是一致的:在高级军官达成共识之前,在全职业化的军队中通常不会发生政变(Stepan 1971;Valenzuela 1978),因为对于军队这一机构来说,最坏的可能结果就是爆发一场各派互相残杀的内战。

因此,对很多军官而言,在决定是否要参加一场政变阴谋时,最重要的考量就是评估其他军官有多少会参与政变。诺德林格、斯杰潘和其他人所描述的内容类似于典型的性别战博弈(battle-of-the-sexes game)。这一博弈背后的洞见来自以下这种情形:一对夫妇中的一方更喜欢去看电影,而另一方则更喜欢去听交响乐,但他们两个都更喜欢一起做事而不是单独做事。一起去参加任何一个项目都是一个潜在的均衡(equilibrium),但占优策略(dominant strategy)并不存在,因为对于每一个局中人(player)而言,最佳结果总是取决于另一个局中人的选择。

在决定是要夺取政权还是返回军营时,军官们所遵循的逻辑与性别战博弈的逻辑是一样的。有些军官总想干预政治,而除了那些最极端的情况以外,其他军官所秉持的守法主义价值观会阻止军队干预政治。大部分军官的态度则介于上述两种态度之间,但几乎所有的军官都最关心军队的生存和效能,因此他们希望军队能作为一个有凝聚力的整体来夺取或放弃权力。图2.1描述了这一系列偏好所构成的博弈。

		少数派	
		进行干预	留在军营
多数派	进行干预	4, 5	2, -10
	留在军营	3, -10	5, 4

图2.1 军队派系之间的博弈

在图中,每个单元格内的两个数字代表两派各自的收益(payoffs),第一个数字代表多数派的收益,第二个数字代表少数派的收益①。在我所描述的博弈中,多数派更倾向于让一支团结的军队留在军营里。两派都留在军营里的收益如右下角单元格所示。一支团结的军队干预成功的收益如图2.1左上角单元格所示。与留在军营里相比,少数派的境况会变得更好,而多数派的境况则会变得稍微差一些,因为多数派本来不愿去干预。

少数派倾向于进行干预,但是,如果它发动了一场没有多数派支持的失败政变,那么比起不快地待在军营中,它的境况会糟糕得多(这一结果的收益如左下角单元格所示)②。如果政变企图没有成功,其参与者可能会面临降级、解职、军事法庭审判等处罚,或是以叛国罪被处死,因而他们得到的收益是负的。反对政变的多数派也会因政变企图而受损,因为武装力量会被削弱,政府也可能会做出回应——加强监

---

① 我在这个矩阵及其他矩阵中都用到了数字,因为我认为数字更容易理解。然而,此处所使用的具体数字没有具体含义。只要矩阵中数字间的关系保持不变,博弈的逻辑就都是相同的。

② 我在此处使用"多数派"和"少数派"这两个词并不是想暗示,政变企图的成功取决于能否拥有最广泛支持的那一方。支持会影响政变成功的可能性,但其作用绝对不是决定性的。不过,为了论述方便,我是这样描述的:如果是多数派试图发动政变,那么它会成功,而少数派若发动政变则会失败。更为现实的博弈会为政变成功的可能性增添变数,但对双方来说,对角线外单元格内的收益仍然要比左上角和右下角单元格内的收益更低,无论政变企图的结果是什么。

督、整顿军队、干预晋升和任职——设法确保军队将来保持更高的忠诚度,所有这些举措都会减少军队的自主权。

最后一种可能的结果是(尽管这种结果出现的可能性比较小),尽管少数派反对,政变还是成功了(收益如右上角单元格所示)①。在这种情况下,仍忠于被推翻的文官政府的少数派可能会付出与失败的叛变者一样的代价:降级、解职、流放、监禁与死亡。胜利者会获得权力,但由于军事机构被削弱了,所以他们保住权力的可能性会降低。未来发生叛变的可能性会增大,因为叛变会得到那些政变后被降级或解职的军官的支持。一旦军队中的各派拿起武器互相攻击,军队就得用几年乃至几十年的时间来恢复团结和信任。

这是一个协调博弈(coordination game):无论军队是掌握权力(左上角单元格)还是丧失权力(右下角单元格),两个派系都无法单方面提高其地位。为了确保实现其偏好的选项,每个派系都必须得到其他派系的合作。当军队丧失权力时,即使多数派认识到它应该干预,它也没法在没有少数派合作的情况下改变均衡。

有两种方法可以解决协调问题:一种是谈判,直至双方达成共识;另一种是一方采取可靠的先发行动(credible first move),这会使第二行动者面临两种选择,要么加入第一行动者的行列,要么接受做出不同选择的收益。有些谋划夺权的军事决策会进行长达数月之久的详细谈判,直到敲定权力分享规则,迫使最后一批顽固守法的军人让步或退役为止。这种通过谈判实现的干预曾在 1964 年的巴西和 1973 年的智利、1976 年的阿根廷发生过(Fontana 1987; Stepan 1971;

---

① 由于多数派倾向于不干预,因此除了信息完全错误这一情况,我们很难想到其他任何可以导致这一结果的原因。然而,即使多数派倾向于进行干预,对于他们来说,在没有得到充分支持的情况下进行干预所得的收益也会低于留在军营里所能得到的收益。

Valenzuela 1978)。然而,由于长时间谈判被发现的可能性相当大,大多数军事干预都采用先发行动策略(first-mover strategy),即由一小群叛变者占领总统府、机场、电视台、广播电台、首都的军事设施(或许还有其他一些关键建筑物)。然后叛变者会宣布自己已经掌权,并期待其余的武装力量与自己合作(Nordlinger 1977)。其余的武装力量一般会这样做,但情况并非总是如此。

为了让先发行动策略起作用,先发行动必须是可靠的,这就意味着必须要让其他军官相信,夺取政权这一事实是不可逆转的。1981年西班牙的那场未遂政变就是先发行动策略失败的一个范例。政变策划者占领了马德里足够数量的设施,他们有理由相信,本国其他地区驻军的指挥官会支持他们的行动。然而,国王胡安·卡洛斯(Juan Carlos)立即开始给驻军指挥官们打电话,告诉他们自己反对干预,如果他们参加干预的话就会犯下叛国罪。他还上电视召集公民反对此次政变。一旦国王采取了如此强硬的立场,先发行动就失去了可靠性,大多数军队都会拒绝支持政变。何塞普·科洛梅尔(Josep Colomer)报告说,一个政变阴谋者后来在接受采访时说到:"下一次,要剪断国王的电话线。"(Colomer 1995, 121)科洛梅尔提出,如果国王未能通过电视和电话争取支持,先发行动策略可能会起作用,因为军官团中的许多人都赞同叛变者的目标(Colomer 1995, 110-123)。

当军队控制着政府时,逻辑是一样的。大部分军官会支持某一派重返军营的可靠行动。如果领头的军官们围绕如何应对经济困难或他们中下一步由谁来接任总统这些问题产生了严重分歧,军队就会出现激烈的派系分化。在这种情况下,一派可能更愿意重返军营,从而避免发生损害军方的冲突。观察者们发现,在采取走向民主的先发行动时,军官团内部存在分裂,这是因为对军队内部分化的担心使得一些派系更愿意重返军营。不过,强硬派与温和派都可能会利用先发行动策略。军人总统可以采取相当可靠的先发行动返回军营,大多数军官都会遵从。强硬派也可能会冒险采取先发行动策略,推翻更为温和的军人总统。同样地,如果此举是可靠的,那么军官团中的大多数人也都会遵从。

对于政变后最终成为军人集团最高领导人的军官来说,在成功夺权后博弈可能会发生变化,皮诺切特以及其他国家中与其相像的人所面临的境况就是如此——他们都设法把权力集中到自己手中。但其他军官一般会认为自己的处境类似于性别战博弈,即使在政治化程度和派系分化程度最高的军队中也是如此。在军队中大多数人都不支持先发行动者的情况下,不同派系所发动的一次次政变不太可能成功,如1970年以前的叙利亚和1972年以前的贝宁[当时称达荷美(Dahomey)]发生的政变,不论政变的目的是夺权还是将权力交还给文官政府。

上述分析表明,研究者的理论工具箱里有一些简单的模型是非常有用的。很多学者已经用语言描述过军方对他们之间团结的关切,但是,通过使用博弈模型来展现这一情形下的逻辑,我们可以用一种非常清晰和鲜明的方式来显示这一关切的结果。与单纯用语言比较不同,通过比较这一博弈模型与下文中将要提出的那些模型,我们可以更清晰地观察不同种类的政权中干部利益的差别所带来的影响。当然,这些模型不是分析的终点。在研究者描述过后,模型还需要得到经验验证。

政党干部们的偏好要比军官们的偏好简单得多。与民主政治家一样,政党干部只是想保住职位。

有些干部重视职位是因为他们想控制政策,有些则纯粹只是为了享受影响力与权力,还有一些是为了追求职位带来的非法物质利益。一党制政权派系间的博弈如图2.2所示。这个博弈模型背后的洞见是,要想实现期望的目标,需要每个人的合作。在这个博弈中,除了合作以继续掌权,没有人有做其他任何事的动机。

		多数派(领导人所在派系)	
		保住职位	丧失职位
对立派系	保住职位	8, 10	5, 1
	丧失职位	3, 9	0, 0

图2.2 一党制政权派系间的博弈

在这个博弈中,对每个人来说,最好的结果是多数派和对立派系都保住职位(收益如左上角单元格所示)。最坏的结果是双方都丧失权力(收益如右下角单元格所示)。右上角单元格显示的是以下情况发生时的收益:政党已经失去了对政府的控制,但少数派作为新政府的反对派仍然占据着议会中的一些席位或掌握其他一些职位。少数派作为反对派时的收益比其政党执政时的收益要少,因为反对派发挥影响力或中饱私囊的机会更少。在左下角单元格中,少数派没能担任职务,但其政党的主导派系仍然在统治。在这种情况下,少数派可以继续得到一些好处,因为其政策偏好得到了贯彻,而且党派联系可能会带来各种机会,但被排斥的少数派成员得不到职位所带来的特定的特权。多数派的情况也更为糟糕,因为少数派在受到排斥时会设法推翻多数派。对于多数派来说,打压少数派既有风险又要付出高昂的代价。

与其他政权一样,在一党制政权中,围绕着政策分歧和对领导职位的竞争会形成派系,但如果所有各派都保持团结且执政,那么每一派的境遇都会更好。这就是为什么成熟一党制政权的特征是合作而非排斥。没有哪个派系在单独统治时境况会更好,没有哪个派系会自愿放弃权力,除非外部事件改变了相互合作的成本与收益(从而也改变了博弈本身)①。

与军人政权和一党制政权不同,个人独裁统治者那些亲密盟友的政治命运与独裁者自身的命运是联系在一起的。"世袭执政联盟的内部成员不太可能去推动改革……他们会因物质利诱而被吸收到现政府中并由政府供养起来,他们缺乏独立的政治基础,彻底向腐败妥协,他们依赖于现任统治者的继续执政而生存"(Bratton and van de Walle 1997, 86)。个人独裁政权在独裁者死亡或下台后存活不了多久,或许这是因为独裁者很勤勉地消灭掉了那些表现出高超能力和勃勃野心的追随者,而其目的就是努力保护自己不受潜在对手的伤害。

在个人独裁政权中,一名领导人统治着军队、国家机构以及执政党,如果存在执政党的话。由于如此多的权力集中在这一个人的手中,他一般会控制建立联盟的议程。因此,为了理解领导人对先发行动的控制,个人独裁政权内部派系间的博弈必须被描绘成一棵博弈树(game tree),而不是一个二阶矩阵(two-by-two matrix)②。如图 2.3 所示,领导人所在的派系拥有主动权,它可以选择是否与对立派系分享政治利益和特权。被我贴上"独吞"(hoard)标签的选择既可被理解为限制对立派系可以得到的机会与"租金",也可被理解为完全排斥对立派系中的某些成员。在图示的例子中,独吞的量很小(对立派系的成

---

① 1980 年代和 1990 年代的经济冲击改变了许多国家的这种成本和收益,减少了潜在对手与执政党领导人进行合作所能得到的激励,从而破坏了政权的稳定。此处使用的博弈展示的是派系在好年景时进行合作的激励。如果想掌握一党制政权的干部在严重外部冲击之后所面临的选择,我们需要使用另一种不同的博弈模型。

② 二阶矩阵通常被用来描述简单的囚徒困境、性别战博弈、胆小鬼博弈(chicken games)等。这种矩阵假定,两个局中人需要同时做出决定,或一个局中人不知道另一个会如何选择。研究者应当使用博弈树或方程来描述更为复杂的博弈,包括这样一种博弈:一个局中人先做出选择,另一个局中人在已知第一个局中人如何选择的情况下再做出选择。

员继续合作的收益是6,尽管统治者所在的派系有独吞行为)。可能对立派系中的成员得不到最好的机会,也有可能其部分成员被囚但其余成员仍然很成功。如果整个对立派系都不能得到任何收益,那么他们继续合作的收益会低很多,但几乎不会低于拒绝合作的收益。

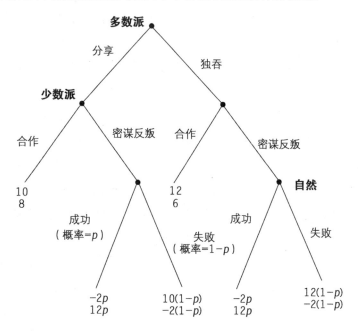

图2.3　个人独裁小集团内部派系间的博弈

在领导人所在的派系选定其策略之后,对立派系必须决定是否继续支持该政权。在正常情况下,它有很强的理由继续这样做。因为其成员"会面临这样的前景,即在政治转型中失去所有明确的生活来源,除了紧附政权、与之共沉浮以外,他们几乎没有选择"(Bratton and van de Walle 1997, 86)。

与一党制政权不同,在个人独裁政权中,通过阻止对立派系参与政治,领导人所在的派系可能确实会增加自身的利益。当参加政府的主要收益是来自租金和非法获利机会时,如果这些利益无需被过于广泛地分享,那么统治集团中个体成员的收益会更高。如果掠夺性集团的规模相对较小,那么它可以更容易地把对经济的损害控制在使经济崩溃的临界线以下,并由此提高政权生存的可能性。领导人所在派系的独吞行为也因此成为可能。如果独吞行为不是太过分,如图 2.3 所示,那么对立派系继续合作时的境况就会更好,而且大部分时候他们都是这样做的。

如果对立派系撤回对政权的支持并开始密谋推翻领导人,那么其成员就会面临失去生命、自由和财产的风险。成功推翻领导人所能得到的收益的确很高,但行动被察觉、暴露或失败的代价也同样高昂。在这个博弈中,密谋结果的不确定性就像是"自然"(Nature)导演的一幕戏剧。密谋成功的概率为 p,通常这个数值很小,失败的概率则是 $1-p$。通过比较支持政权的收益与预期中密谋的收益,对立派系会决定是否继续支持领导人所在的派系。因此,有两种考量会影响对立派系的选择:从现状中所能得到的利益以及潜在密谋者对密谋风险的评估。只要个人独裁统治者看起来强大到足以察觉出密谋并击败政变企图,对立派系就会在能从政权中获得一些收益的情况下继续与之合作。领导人所在的派系会有这样一种动机,即把对立派系所能得到的收益恰好保持在阻止密谋所需的收益水平之上。只要统治者能够分配阻止密谋行动所需的最低水平的利益,并且能够维持对有效率的安全机构以及忠诚的军队的控制,这个体制就会非常稳定。我在下文会讨论在哪些情况下这些条件会变得不太可能。

通过运用某种基本的博弈论,我已经开始对以下问题形成见解:在不同种类的威权政权中,干部利益在不同情境下可能会如何演变;在强调干部对政权领导人的忠诚时,其弹性可能有多大。这些见解驱动着我在下一节的分析。

利益差异的后果

上文所描述的利益为我们弄清下面这一问题提供了一个起点：各种政权内部都存在的分裂和对立是否会导致政权垮台。由于大多数军官认为自己的利益遵循与性别战博弈相似的逻辑，所以他们对持续的干预会采取默许态度，不管军事统治是否变得制度化，领导人是否将权力集中在自己手里，或者对立势力是否会推翻原领导人。然而，军官团不会同意军队分裂为公开竞争的派系。如果精英分裂威胁到了军队的团结和效能，一些派系就会选择返回军营。如果温和派能够采取可靠的先发行动返回军营，那么其他大多数军官都将会跟随他们。

因此，军人政权含有自我毁灭的种子。当精英对立或政策分歧加剧且派系分裂变得具有威胁性时，返回军营对于大部分军官来说就变得很有吸引力。对于军官来说，实行民主制之后他们的生活还能够继续，因为除了政权的最高官员以外的所有军官，通常都能重返军营，而且他们的地位和职业也不会受到损害，紧张不安的过渡政府经常还会增加他们的薪水与军队的预算（Nordlinger 1977；Huntington 1991）。

一党制政权的领导人也面临对手的竞争，但与个人独裁政权一样，大多数时候合作所能带来的收益足以确保各派系继续支持政权。政权内会出现领导层的斗争和政策分歧，但不会影响大多数干部继续执政的愿望。对他们来说，实行民主制之后的生活会令他们在生活方式上做出一些不愉快的改变。他们将不得不去争取他们已经惯于垄断的收益。在领导层斗争的过程中，大多数普通干部只是一味低着头并等着看谁会获胜。因此，一党制政权内领导层的斗争通常不会引发转型。

　　在正常情况下，个人独裁统治者的亲密盟友更没有理由抛弃政权这条船。如果这条船下沉，他们很可能会随之下沉。只要独裁政权能够提供一些收益，并且有足够胜任的镇压机器把密谋反叛成功的概率控制在相当低的水平上，这些人就会继续忠于独裁政权。

　　各种政权之间的差异可以解释为什么早期的转型文献——其中的洞见主要来自拉美从军事统治的转型——会强调政权内部分裂是启动民主化的原因，但后来的研究没有强调这一点。在世界其他地区，军队作为一个机构来统治的情形不太常见，虽然观察者们可以辨识出威权政权内部的派系与分裂，但这些派系与分裂并不会引发转型。相反，观察者强调其他因素对于推翻长期存在的独裁统治的重要性：经济危机（Haggard and Kaufman 1995）、外国压力（Huntington 1991），以及民众抗议（Bratton and van de Walle 1992, 1997; Casper and Taylor 1996）。简而言之，威权政权内部政治的理论化使得研究者可以对很多以不同区域为研究重点的研究结果进行归类。在那些由军队领导的威权政权大多已垮台的区域，走向民主化的第一步可以追溯到军队领导层的分裂，但在那些由单一政党或个人独裁统治者统治的区域，执政党或执政小集团所面临的各种外部压力扮演了更为重要的角色。

　　有关转型的大量研究——其中大部分主要是从世界的某一地区得出重要理解的——与五个盲人摸象的寓言有一些相似之处。对于自己所摸到的那一部分，每个盲人都会提供有益且深入的描述，但他们无法描述整体。早期的研究也不能描述整体，因为这些研究试图去解释的过程才刚刚开始，尽管研究者肯定没法知道民主化最终会影响多少国家。在后来的研究中，研究者要么是没有试图研究所有案例，要么是在尝试将自己研究的区域放到更广泛的情境中时，误以为特定区域中一些最常被考查的案例代表了这一区域的普遍经验。我要重申本书中两条最基本的建议:大量的事实性信息总是有益的;解释一个尚未完全结束的结果很困难。

从论点中得出可检验的推论

在这一部分,我会详述如何从上述分析性论点中推导出可检验推论。在比较政治学领域中,以一种严格的方式检验此处提出的干部利益论(cadre interests argument)通常并不可行。在研究大量威权政权的内部政治时,为了收集必要的详细资料,研究者需要学习多门语言并到许多地方旅行。虽然有大量的书籍和文章都论述过那些规模更大、更发达且出于其他原因更"有趣"的国家的威权政府,但对于那些规模更小、较不发达的国家——如布基纳法索、尼日尔和老挝——尤其是那些尚未发生民主化的国家当中发生的事件,我们很难找到更为详细的描述。在这种情况下,研究者必须依赖于检验论点的**推论**,比起检验论点本身所需要的资料,用来检验推论的资料有时可以不那么详细。在这种情境下检验推论,研究者可以避免选择偏差,而如果研究者试图检验论点本身的话,那么选择偏差几乎不可避免。

上文概述的论点主张,由于军官是从类似性别战博弈的角度看待自己的利益,所以在应对内部分裂时,军人政权比其他类型的威权政权更容易垮台,不管分裂的原因是什么。如果这一论点为真,那么我们应该预期军人政权持续的时间平均而言比其他形式的威权政权要短。

我们还应该预期经济危机——它会削弱所有政府所能得到的支持——对于军政府有着更强的瓦解效应,因为这种政府具有潜在的脆弱性。这种提法最初看起来可能令人出乎意料,因为大多数军政府并没有举行选举,而且与其他类型的独裁政府相比,它们更加超脱于社会利益集团。因此,我们之前会假定,在面对公民因不满政权的经济表现而产生的压力时,军人政权不是那么脆弱。

然而,干部利益论却暗示,即便没有公开的公众压力刺激,军官们也可能会决定下台。军官和干部们清楚其政府的经济表现,而且会通过其家人和朋友与社会产生联系。通常情况下,当军官们察觉到其政府的表现不成功时,其中一些人会主张强化正在推行的经济战略,而其他人则主张改变它。每项政策法规的支持者都会选择一名不同的军官去支持他实现当总统的野心,他们之间的竞争也随之加剧,有时这会导致政变和反政变。经济战略上的分歧所产生的效应与其他任何种类的分歧都一样:如果它有难以控制之势,那么大多数军官宁愿返回军营。

像布拉顿与范·德·瓦勒(Bratton and van de Walle 1997)这样的研究者指出了物质诱惑对于个人独裁政权中忠诚度的重要性。我们可能会怀疑,如果忠诚度取决于领导人提供个体利益的能力,那么经济危机将会导致政权垮台,但这可能是一个不够吹毛求疵的看法。一般的不良经济表现会损害普通公民的利益,但它不会阻碍政权的支持者获得回报。一次真正的经济灾难才能达到这种效果。因此,我们应该预期个人独裁政权会因经济灾难而不稳,但是与军人政权相比,它受平常不良经济表现的影响较小。近来非洲的经验表明,如果改革降低了国家干预经济的程度,并由此减少了租金和腐败机会——独裁者经常用这些奖励政权的支持者,那么改革可能会像经济危机本身一样使个人独裁政权变得不稳定。

由于军官们倾向于决定返回军营——出于内部军事方面的考虑,而不是因群众抗议或外部事件而被迫下台,所以我们可以预期他们会针对离职一事展开谈判。当军官们决定退出权力时,他们会与文官政治领导人进行谈判,安排一场秩序井然的转型,如有可能,还会保护其自身在转型之后的利益。因此我们可以预期,与其他种类的威权政权相比,军人政权更有可能以谈判告终。

由于军人政权**内部**的脆弱性根源,我们可以预期,只有在很罕见的情况下它们才是被武装叛乱分子推翻或被人民起义罢黜的。反对军人政权的游行会发生,但大多数时候这些游行都是为了说服军队派系在民众抗议演变为叛乱之前启动转型。政变在军人政权中很常见,但政变很少会终结政权。这些政变通常都是领导层的变化,这与议会制度中的不信任票相似。在转型之前,军人政权经常会发生自由派军人总统掌权的政变;这样的政变可以被看作先发行动策略。这些政变表明,军官们的看法已经发生了转变,军队中的大部分人更愿意返回军营。

与军官们形成强烈对比的是,个人独裁政权的领导人一般会拼命保住权力。用布拉顿和范·德·瓦勒的话来说就是,"他们会尽可能长时间地抵制政治开放,并且只有在被强加转型之后才设法应付转型的过程"(Bratton and van de Walle 1997, 83)。如果他们是被迫与反对者谈判的,例如受到外国的压力,那么一有机会他们就会违背协议①。军人政府很少违背其签署的协议,这不是因为它们不能违背,而是因为协议是在大多数军官想重返军营时签订的。

干部利益论主张:在正常情况下,执政的个人独裁小集团的成员没有理由抛弃其领导人或反对政权。我们可以预期,只有在两种情况下精英才会抛弃政权,这要么是由于租金和机会无法再分配给政权支持者,要么是由于领导人对安全机构和武装力量失去了控制,从而降

---

① 例如,扎伊尔(现在的刚果)的蒙博托(Mobutu)、多哥的埃亚德马以及其他各个长期执政的非洲领导人迫于国际援助捐助者的压力而同意开启多党选举,但随后他们却操纵选举规则并恐吓竞争对手。

低了阴谋推翻独裁者的风险。领导人可能会因各种原因失去对安全机构的控制,但一个明显且通常难以克服的原因则是领导人死亡或丧失工作能力。在所有的政治体制中,死亡或丧失工作能力的领导人都会被取代,但更替领导人通常不会使其他形式的威权政权终结。然而,在个人独裁政权中,由于武装力量和安全部队通常集中在独裁者的手中,所以独裁者死亡或患上严重疾病常常会降低反抗该政权的风险。这一论点的一个可检验推论是,与其他类型的威权政权相比,领导人的死亡更有可能导致个人独裁政权垮台。

根据干部利益论,在某些情况下,大多数军官更愿意返回军营。即使对于那些更愿意留在政府中的军官来说,他们中的大多数人为恢复一段更为平常的军人生涯所付出的代价也很小。主导政党的干部丧失权力的代价较高,但一般来说也不是毁灭性的。在转型后的民主政权中,有许多著名的政治家都曾是先前主导政党的干部。虽然我们不能预期一党制政权的干部会在时机恰当时遗弃政权,但如果党的霸权看起来将迅速终结,那么我们可以做出这样的预期:那些认为自己具备建立成功的民主政治所需技能的人以及那些执政党内郁郁不得志的人可能会组建或加入反对党，[_____]政党主导奋战到底的人在民主化之后也不必[_____]之前占据主导地位的政党在民主化之后继续作[_____]者发挥作用(参看 van de Walle and Butler 199[___]产主义国家和非洲国家,这些政党已经在民主[___]由公正的选举中掌控了行政部门。

然而,个人独裁小集团的成员选择较少。在转型之前加入反对派的代价可能非常高,许多遗弃政权的人为了保护自己的生命和自由必须得流亡。在流亡期间,他们可能会秘密谋划并组织公众反抗,但留在国内的人几乎没有谁愿意冒这个风险。与一党制政权和军人政权的紧密支持者相比,那些陪个人独裁政权奋战到底的人不太可能在转型后的政治世界获得受人尊敬的地位。出于这些原因,比起一党制政权和军人政权的终结方式,个人独裁政权更有可能以这样或那样的暴力形式终结。因此,干部利益论的另一个可检验的推论就是,与其他形式的威权政权相比,个人独裁政权应当更有可能以下列方式终结——暗杀领导人、民众起义、武装叛乱、内战、革命或武装侵略(参看 Skocpol and Goodwin 1994)。

暴力和动乱不会自然演变成民主选举。因此,与其他形式的威权政权的转型相比,自个人独裁统治的转型应该更有可能终结于新一轮威权政权。通过起义、侵略或暗杀完成的转型常常会让那些推翻旧政权的力量得到巩固。相比之下,转型期间的谈判通常会设定选举时间并敲定选举规则。因此,与其他形式的威权政权相比,军人政权更有可能被竞争性政权所取代。

与个人独裁小集团中的成员一样,在正常情况下,一党制政权中的干部没有理由遗弃政权。此外,由于一党制政权中权力没有个人独裁政权那么集中,所以一党制政权不太容易受到领导人死亡或生病的影响。因此,我们应该预期一党制政权持续的时间要比军人政权或个人独裁政权更长。

由于一党制政权中统治联盟的占优策略是与潜在的反对派进行合作,所以这种政权在应对危机时倾向于适度扩大政治参与,增加立法机构中反对派的代表人数,并同意反对派就制度变革提出的一些要求。它们试图给予反对派足够的利益以阻止他们冒险密谋起义,但同时继续紧紧掌握着权力。

在努力应对那种最常见的政权危机——由不良经济表现所导致,会引发反政权的示威游行——时,任何一种威权政权中的统治精英都倾向于分化为保守派和温和派。在军人政权中,分化本身容易让许多军官相信,返回军营的时候已经到了。在个人独裁政权中,由于保守派严阵以待,阻止温和派获取日渐稀少的政治利益,统治联盟的规模会缩小。先前的温和派可能会加入反对派,因为他们已经不能参与政治利益的分配(参看 Bratton and van de Walle 1997)。然而,执政党却会试图通过给予公民适度的政治权利来转移其对经济表现的不满。这种策略只在某些时候奏效,但它发挥作用的频率足以延长一党制政权的平均寿命。

由论点的推论得出的假设

总之,如果有关精英政治在不同种类的威权政权中如何起作用的基本逻辑是正确的,那么我们会在现实世界中看到什么? 对此,我们可以列出若干条预期:与其他种类的威权政权相比,

- 军人政权生存的时间更短;
- 在面临不良经济表现时,军人政权更容易变得不稳定;
- 军人政权更有可能以谈判而告终结;
- 军人政权更有可能被竞争性的政府形式取代;
- 个人独裁政权更有可能在独裁者死亡时终结;
- 个人独裁政权更有可能在民众起义、造反、武装叛乱、侵略或其他种类的暴力中终结;
- 个人独裁政权更有可能被新的威权主义形式取代;
- 一党制政权平均持续时间最长。

检验推论:"测量"

因为这是一本论述研究方法的书,所以我在此处加入了很多有关

案例选择和案例分类的细节,而这些细节一般都是在文章或书的附录中才出现的。为了检验上文所讨论的推论,我收集了所有符合以下三个条件的威权政权(君主制除外)的基本信息:持续时间达三年或三年以上,于1946年至1996年间存在或建立,所在国人口超过一百万且于1990年之前独立。1946年时就已经存在的威权政权也包括在内,如苏联、墨西哥和土耳其的政权,它们执政的时间自它们实际掌权时开始算起。1945年以后独立的国家自其独立之日起进入数据集(如果是威权政权的话)。1990年以来因苏联和其他共产主义国家解体而独立(并仍属威权性质)的国家并没有被纳入数据集,因为这些政权的执政时间被严重截短了,把它们纳入数据集有可能会使结论产生偏差。

之所以设置三年的下限是为了把政权与暂时的威权干预时期,还有混乱时期区分开来。我把政权界定为用于选择国家领导人与政策的成套规则和程序——既有正式的,也有非正式的。根据这一定义,不稳定时期和暂时的"缓和性"(moderating)军事干预时期(Stepan 1971)只是过渡时期,而非政权。在过渡时期,惯常的规则暂时无效,存在针对规则的斗争或是从一套规则向另一套规则的转换。设定下限就是为了把过渡时期排除在数据集之外。而我之所以把下限设定为三年,是因为在对短暂的威权主义间歇期做了大量经验调查之后,发现这样导入到数据中的错误分类最少。如果下限设置得更低,以下两者就会被引入数据集——部分缓和的干预时期与从未建立起一套新规则的干预时期。过渡时期的大部分时候都是由军方在统治。如果把过渡时期纳入数据集,那么我在下文中所报告的结论就会更有力。更高的下限则会排除掉其他论述转型的文献中所涉及的一些威权政府。

我用一种对政权类型的两分测量法(威权主义与非威权主义)来辨别案例是否可以被纳入研究,因为我想要检验的那些假设要求我能够确定政权的终结点。扎卡里·埃尔金斯(Zachary Elkins 2000)认为,对政权类型进行连续性测量更好，对于某些目的而言的确是这样。然而，在本研究中，这么做并没有什么帮助。因为论点并没有预测政权是否会逐渐给予民众更多的出版自由并允许少数党在立法机构中占据少量席位。它只是预测了导致政权终结的条件。为了检验论点所做的预测，我必须得能够毫不含糊地确认威权政权是何时终结的。我本可以对现成的连续指标进行二分，而不必亲自"测量"案例。但由于我把政权界定为选择领导人与政策的成套规则，惯用的民主测量方法并不是在测量我设想的那个概念，所以我没用。

在决定如何测量时，研究者应当考虑以下两个因素：正在被考查的理论中的概念定义；对假设进行特定检验的需要。不同指标的有效性取决于它们的目的，我们不能以抽象的方式对其做出判定。

在这个数据集中，大部分情况下我们都能很容易地确定政府的威权程度是否足以使其被纳入数据集，但在少数情况下却并非如此。一个巨大的困难就是，界定国家是否民主的规范因地区而异。1997年以前，几乎没有哪个拉丁美洲专家把墨西哥划为民主国家，某些专家直到革命制度党在2000年最终丧失总统职位之后才将其视为民主国家。然而，非洲研究专家们却总是把博茨瓦纳看作民主国家，尽管该国的执政党从未丧失对行政权的控制，而且至少占据着三分之二的议会席位。因为我需要适用于不同区域的单一标准，所以，如果在一个政权中，反对党已被取缔或屈从于严酷的迫害或制度缺陷，或者执政党在1985年以前从未丧失对行政权的控制且在所有选举中都掌握了至少三分之二的立法机构席位，那么我就把这一政权划为威权政权。一旦一个政权被贴上了威权主义的标签，我就不会在行政权发生颠覆之前将该政权看作充分民主化的。如果结论看起来可能是因这些标准过分严苛而受到了影响，那么我也会展示使用较为宽松的规则所得出的结论①。

在研究中,使用定义有争议的概念(比如威权主义)需要注意的一个基本要点就是,用来划分案例或观察的具体标准必须要清晰。研究者必须要小心谨慎地对所有案例应用相同的标准。如果编码(coding)方案非常复杂或需要谨慎判断,我建议使用书面的编码方案,并在报告研究成果的同时报告对所有案例所做的分类②。如果有人怀疑案例分类的具体标准存在争议,或分类决定会左右研究结果,那么他还应当展示使用替代性分类标准所得到的研究结果。

此处所使用的严苛分类规则包含的基本原理是,一个多年来手中集聚了巨大权力的政党(或小集团),如现在的马来西亚政府,在受到威胁时可以非常迅速、非常轻易地恢复对反对派的严格限制。这样的政权对统治者的权力几乎没有制度化的限制,即使统治者之前并未感到有必要采取镇压措施,也并没有依赖于这些措施。这一规则的后果就是,一些有时被认为是民主的案例——特别是博茨瓦纳、坦桑尼亚、马来西亚——因此被划分为一党制政权。把这些国家(地区)归类为民主政权会使一党制政权的平均寿命减少约一年。

我利用以下标准来把威权政权划分为军人政权、一党制政权、个人独裁政权和混合型政权。军人政权被界定为那些由一名军官或退役军官统治的政权,这种政权受到军事组织和某种日常机制的支持,高级军官可以通过这种机制影响政策选择和人事任命。一党制政权

---

① 上述政权类型划分标准与亨廷顿(Huntington 1991)的标准相类似,我的"编码"判断与他的非常接近。至于如何确定政治制度是否民主这个问题,我使用的规则本质上与普热沃尔斯基和利蒙吉(Przeworski and Limongi 1997)的相同。我的分类表与林茨和斯杰潘(Linz and Stepan 1996)的最大不同是,我把他们所说的"苏丹型"(sultanistic)政权和"平民化"(civilianized)政权统一划入一个范畴——个人独裁政权。

② 第4章对设计编码表进行了更为详细的讨论。

被界定为这样一种政权:某个政党对政策具有某种影响力,该政党控制了获得政治权力和政府工作的大部分途径,并且具备有效的基层组织。界定个人独裁政权的标准如下:掌权的领导人通常是军事政变中的军官或一党制政府的领导人,他们把控制政策和征兵的权力集中到自己手中,在这个过程中边缘化其他军官的影响并/或削弱政党的影响和功能。在现实世界中,很多政权具有不止一种政权类型的特征。如果某些政权具有不止一种纯政权类型的重要特征,特别是如果专门研究这些政权的文献在军事机构与政党机构的重要性这个问题上存在分歧,我就把这些政权归入混合型政权的范畴。

在所有的案例中,我试图依赖的是政权选择领导人与做出分配决策时的实际规则,而不是对政权类型的形式划分。在实践中,很多政权具有不止一种政权范畴的特点,而且很多政权会随着时间推移从一种范畴转向另一种范畴,即使是同一个人担任最高职务。

独裁者有时会成功将其领导的政权转换为另一种类型。正如上文所展示的那样,从军人政权向个人独裁政权的转型会经常发生。我没有把这种转变当作政权更迭,因为那会人为缩短政权——我们在日常语言中所说的政权——持续的时间,而我想要检验的一个推论论述的正是政权的生存时长。如果某个政权在早先的不确定期或转型期之后巩固为另一种不同的政权类型,那么我就将该政权划入它看起来稳定下来的那一类政权中。然而,有些案例必须被划入中间范畴。

在判定由单一政党的单一领导人领导的政权应划为个人独裁政权还是一党制政权时,如果具备以下条件,我会更加倾向于一党制政权:政党在领导人掌权之前就存在,而非在领导人掌权后由其一手组建,尤其是该政党曾组织过争取独立的斗争、革命或某种同等的大规模运动;第一任领导人的当然继承人(heir apparent)或后继者已经在党内占据高位,他们既不是领导人的亲属,也不是领导人所属阵营或派系的成员;该政党具备有效的基层组织,这些组织有时可以做一些重要的事情,比如发放农业贷款或组织地方选举;该政党要么面临来自其他政党的竞争,要么针对某些职务举行党内竞争性选举;政府部门的职位或多或少要求具有党员资格。如果具备的是以下条件,我就不会那么倾向于一党制政权:该政党的成员几乎都是城市居民(只有很少的基层组织或根本没有);该政党的政治局(或同等的机构)只是领导人的橡皮图章;政治局和议会中的所有成员实际上都是由领导人选择的;(在异质化的社会中)其成员主要来自某一区域、阵营、派系或宗教;独裁者的亲属占据高位。

在区分由军官领导的政权是军人政权还是个人独裁政权时,如果具备以下条件,我就更倾向于军人政权:小集团或军事委员会相对而言似乎是共同掌权的;统治者具有陆军上将军衔或同等军衔;该政权具备某种机制来决定继任问题,这种机制可以使领导人与军官团中其他成员间的协商成为惯例;军队中的等级制度仍然保持完整;安全机构仍然在军队而非领导人个人的控制之下;如果领导人死亡,军队会根据等级秩序挑选继任者;(在异质化的国家中)军官团代表了不止一个种族、宗教或部落集团;法治得到维持(可能在改写了法律之后)。我把以下条件视为个人独裁色彩更强的证据:掌控行政权的官员不是已退役或现役的陆军上将(或者空军或海军内同等级别的人物);军队的等级制度瓦解;军事委员会和其他军事咨询机构被解散;与领导人同属一个时代的官员或其他阵营与派系中的官员被强制退休或遭杀害;持异见的军官及忠于他们的士兵遭到杀害或监禁;领导人创建了由自己领导的政党,并将其作为自己获得支持的替代性基础;举行旨在将领导人角色合法化的公民投票。参见附录 A 对政权分类标准的总结。

附录 A 请扫码查看。

在大多数情况下,区分军人政权和一党制政权并不困难,尽管仍

有少量案例存在问题,尤其是中东的案例。这个数据集中最难确定的
可能就是现在的埃及政权和 1963 年以后的叙利亚政权。埃及之所以
成为问题是因为 1952 年掌权的那个政权发生了一系列变化。根据我
的判断,它始于纳吉布(Naguib)和自由军官(Free Officer)治下的军人
政权,但在 1954 年当纳赛尔(Nasser)开始巩固自己的个人权力时,该
政权发生了转变。尽管军队仍然继续支持政权,但纳赛尔日益将军队
边缘化——萨达特(Sadat)则更甚(Springborg 1989)。在纳赛尔治下,
有人开始致力于建立一个单一政党;1960 年代中期,这个政党产生了
某些现实影响,但随即就被纳赛尔削弱(Waterbury 1983;Richards and
Waterbury 1990)。因此纳赛尔时期看起来主要是个人独裁政权。在
萨达特治下,这个政党变得更为重要,尽管萨达特政府仍然保留着大
量个人独裁政权的要素(Hinnebusch 1985)。在政权经历了温和的自
由化改革之后,主导政党扮演了更为重要的角色。在叙利亚这个案例
中,有些专家把 1963 年以后的时期称为阿拉伯复兴社会党(Ba'athist)
政权(Ben-Dor 1975;Perlmutter 1969;Richards and Waterbury 1990),而
其他专家则强调哈菲兹·阿萨德(Hafez al-Asad)的个人权力(直至其
去世)(Hopwood 1988;Ma'oz 1986,1988;Rabinovich 1972)。正如埃
及这个案例中,军队是政权的重要支柱,但军队似乎被排除出了大部
分决策制定过程。在处理这些困难案例时,最好的办法似乎是将它
们——连同印度尼西亚的苏哈托(Suharto)政权、巴拉圭的斯特罗斯纳
(Stroessner)政权和缅甸的奈温(Ne Win)政权——归入"军人/个人独
裁/一党制"这样一个三重混合政权的范畴。附录 A 的第二部分列出
了数据分析中使用的所有政权以及对这些政权所做的分类。

　　威权政权持续时间的长短并不总是很明显。其开端通常是清楚
的,因为独裁统治要么始于非法夺权,要么始于规则的改变——比如
取缔反对党,改变规则实际上会消除威权统治者在夺取最高权力时所

面临的有力竞争,尽管他们也可能会允许反对党拥有少数席位。但是,威权政权的终点可能不是那么清楚。如果出现了以下情况,我就认为威权政权已经终结:要么是独裁者及其支持者被赶下了台;要么是谈判促成的转型带来了相当公平且具有竞争性的选举,并改变了掌握行政权的政党或个人。如果独裁者被赶下台,我就将其下台之日视为威权政权的终结点。如果举行了选举,我就以选举之日为终结点,不过,除非允许胜选者就职,否则我不会把案例纳入数据集。选举不必是直选,但选举行政人员的团体其成员必须主要是由选举产生的。如果某些案例中的选举在外部观察家看来是自由而公正的,但却没有导致人事大幅变动,那么我就会认为这些案例没有转型,因为除非长期执政的政党——比如马来民族统一机构(United Malay National Organization,简称 UMNO)或坦桑尼亚革命党(Revolutionary Party of Tanzania,简称 CCM)——真正下台,否则我们无法知道它们是否真的会在失败之后放弃权力①。1992 年的安哥拉选举在外部观察家看来是自由而公正的,但在随后的几年中,几乎没有人把安哥拉称为民主国家。然而,有几个国家可能已经开始不可逆转地走向民主,因为在这些国家,长期执政的政党已经在自由而公正的选举中正式获胜。由于观察家对这些"自由而公正"的国家所做的分类并不一致,所以在检验时应当首先把它们划为持续的威权政权,然后再把它们划为在"自由而公正"的选举中终结的威权政权。在这个数据集中,这样重新分类对结果没有实质性的影响。

在分类时,最困难的就是要判断前后相继的威权政府是否应被看

---

① 在对非洲转型的一项研究中,范·德·瓦勒和巴特勒(van de Walle and Butler 1999)指出,行政人员轮替与民主两者间存在很强的关系。这一发现进一步提醒我们,除非发生权力轮替,否则就不要认为民主化已经完成。

作同一个政权（政权是指用于选择领导人和政策的成套规则和程序——既有正式的，也有非正式的）。一个威权政权通常会被另一个威权政权所取代，例如，在尼加拉瓜，桑地诺（Sandinista）政权就取代了索摩查政权。那些仅仅将政权区分为威权或民主政权的数据集制造了这样一种印象，即威权政权要比实际上更为稳固、更为长久，这是因为这些数据集没能注意到，在一个威权政权垮台后，另一个威权政权随即就取代了其位置。这个错误可能会削弱亚当·普热沃尔斯基及其合作者所做的一系列研究（有关政权类型与经济增长间的关系）中的一些结论（例如，Przeworski and Limongi 1993；Przeworski et al. 2000）。在整合数据集时，他们仅仅是根据每个国家在每年十二月份的状况而将其编码为民主或不民主的。如果一个国家连续两年都被编码为威权的，他们就认为威权政权已经幸存了下来，不管在这两次编码之间发生了什么：是一个威权政权取代了另一个威权政权，还是某个民主政权形成之后旋即又被推翻①。

　　为了避免这一问题，我采用了一系列判定规则。如果一段民主时期介于两段威权时期之间，我就把这两段威权时期看作两个不同的政权。如果某种威权政权取代了另一种威权政权，就像桑地诺—索摩查政权一样，我就把它们视为两个不同的政权。有些划分决定要比上面的这些困难得多。有很多案例都出现了这样一种情况，即在军队共同统治了一段时间之后，某个军官开始巩固其个人权力。我认为，这些案例中的不同时期都属于同一个得到了巩固的政权，除非有可信的证据指出支持该政权的基础已经发生了变化。如果政变——尤其是占

---

① 这样编码不会影响到他们的主要研究结果——高发展水平下民主的稳健性，但是它的确削弱了有关经济表现对威权稳定性的影响的结论，这是因为：在两次编码之间的那一年中，旧独裁政权被废黜后又建立起了新的威权统治，但这两个不同的政权却被编码为持续的政权。

统治地位的阵营或派系在政变中发生了变化，或者政变军人的等级出现了实质性下降（例如，军士们发动政变，反对最高指挥部所领导的政府）——导致领导层出现了重大变动，我就将其视为政权更迭。如果在某个政权中，已经是统治集团一员的某个人推翻了另一个人的统治，但其他大部分人仍然留任，那么政变之后的时期与之前的时期仍属同一个政权。

在任何研究当中，完成类似于统计学中灵敏度分析（sensitivity analysis）的工作都是很重要的，在研究项目包含复杂或充满争议的案例划分决定时尤为如此。也就是说，研究者应当重新划分案例并查看结论是否受到影响。这样做可能会把某些案例纳入或排除出数据集，如研究者有时需要确定，独裁统治应持续多长时间才能算作政权。如果按照惯例，把每段持续时间达一年或一年以上的威权时期都划为政权，那么军人政权看起来就会比下文结论中所表现出来的更为脆弱，因为那些非常短暂的干预时期大部分都是由军人统治的。在我看来，三年这一下限在理论上似乎是正确的，因为这一下限是从上文提到的政权定义——成套的规则——中推导出来的，但从方法论上讲，这也是一个很保守的决定。如果经验考察的结果支持立论（即使最为短暂的军事干预也被排除在数据集之外），我们就会对立论更有信心，因为改变分类规则只会强化研究结论。

此外，对案例进行重新分类可能会涉及这样一个问题：根据某个变量把案例从一个范畴移入另一个范畴。对于本项目而言，我把很多经常被描述成军人的统治者——例如，玻利维亚的巴里恩托斯（Barrientos）和孟加拉的艾尔沙德（Ershad）——划为个人独裁者，这是因为尽管他们是军官并且通过政变掌权，但军队并不是他们最主要的支持者。他们组织平民来支持自己，举行普选从而使其统治合法化。如果我排除掉这条区分个人独裁统治与军人统治的标准，相当数量的案例就会从个人独裁政权的范畴转入军人政权的范畴。这种变化不会影响到有关军事统治持续时长的结论，因为大部分能够影响结论的政权其持续时间都很短。然而，重新分类会增加以暴力告终的军人政权的数量，这会影响到干部利益论的另一个推论——本文中并没有检验这一推论——的结论，这个推论就是：个人独裁政权比其他类型的政权更有可能被暴力推翻。

检验其中的一个推论

此处我会描述如何检验上文中的第一个推论——军人政权的生存时间可能没有其他种类的威权政权那么长①。初步的证据会支持这样的预期，即军人政权内在的脆弱性根源使该类政权的寿命平均比其他形式的独裁统治更短。表 2.1 显示了单纯型和混合型政权的平均寿命。2000 年 12 月之前终结的那些政权中，军人政权平均持续时间为 9.5 年②，个人独裁政权平均为 15.5 年，一党制政权（不包括那些靠外国占领或干预威胁而得以维系的政权）平均为 29 年③。

我们也可以用另一种方法来评估不同类型的政权持续的时间，即

---

① 对干部利益论其他一些推论的检验在格迪斯的文章（Geddes 1999a）中有记录。

② 提示：持续时间不足 3 年的威权的过渡期已被排除在数据集之外。这些威权的过渡期大部分时候都是由军队在统治。如果把它们列入数据集，军事统治的平均时长会缩短。诺德林格就没有把这些过渡期从他的计算中排除出去，他发现，军人政权平均持续时间为 5 年（Nordlinger 1977, 139）。

③ 此处在计算政权平均寿命以及下文中做统计分析时，我排除了那些因外国直接占领或军事干预威胁而得以执政的政权，因为它们的寿命长短取决于外部事件。被排除的包括以下各地区的政权：1979—1992 年的阿富汗；1947—1990 年的保加利亚；1979—1990 年的柬埔寨；1948—1990 年的捷克斯洛伐克；1945—1990 年的德意志民主共和国；1949—1990 年的匈牙利；1947—1989 年的波兰。这些政权的平均寿命为 34 年。

比较各类政权当前的存活率。如表 2.1 中第 3 列所示,军人政权的存活比例相当低。只有 5.7% 的军人政权仍然幸存。相比之下,有 20.7% 的个人独裁政权仍然存在,而且如果根据严格的转型标准来确定政权的终点,那么 2000 年有 38.2% 的一党制政权仍然幸存(如果使用不那么严格的标准,存活率就是 27.3%)①。截至 2000 年,在 1997 年之前就已经掌权并且仍然幸存的军人政权持续的时间平均为 10 年。另一方面,仍在执政的一党制政权平均持续时间为 34 年(如果使用不那么严格的转型标准,这一时间就是 35.4 年)。

尽管不同类型的政权其平均寿命的长短差异相当大,但我们不能确定这些差异真的是由政权类型所造成的。军人政权在拉丁美洲更为常见,那里的经济发展水平相对较高,而个人独裁政权在非洲最为常见,那里的国家往往更为贫困。可能正是由于较发达国家的公民对民主的需求更为强烈,所以军人政权持续的时间更短。除此之外还有一种可能:与其他种类的威权政权相比,军人政权治下的经济表现要更差,所以军人政权持续的时间更短。为了检验这些可能性,在控制了经济发展水平、经济增长速度以及区域这些变量后,我利用统计方法检验了政权类型对政权垮台概率的影响。

我利用风险模型(hazard model)来评估这些对立的论点。医学研究和其他领域会利用风险模型来预测患有特定疾病的个人在接受不同治疗方法后的生存状况。

----

① 严格的标准规定,只有满足以下要求,威权政权才算终结:不仅要举行竞争性选举,而且行政权还要易手。而不那么严格的标准则认为,只要满足以下条件,威权政权就算终结了:举行了竞争性的选举,而且外部观察员认为这一选举是自由而公正的,无论谁在选举中获胜。

表 2.1 不同类型的威权政权持续的时间

政权类型	平均统治时长(年)[a]	政权平均生存时间[b]	2000 年仍幸存的政权的百分比
军人政权	9.5(33)	10.0(2)	5.7
军人/个人独裁政权	11.3(12)	12.7(3)	20.0
个人独裁政权[c]	15.5(46)	18.0(12)	20.7
一党制混合政权[d]	19.6(14)	25.2(6)	30.0
一党制政权 (严格的转型标准)[e]	29.0(21)	34.0(13)	38.2
一党制政权 (不太严格的转型标准)	27.9(24)	35.4(9)	27.3
三重混合政权	33.0(3)	43.5(2)	40.0

注:靠外国占领或军事威胁而得以维系的政权被排除在外。平均值所依据的观察数如括号中所示。

a 仅包括 2000 年 12 月之前终结的政权。

b 包括 1946 年时就已存在的政权,或自那时以来掌权、到 2000 年底仍然存在的政权。

c 加纳的罗林斯(Rawlings)政府于 1996 年举行了在国际观察员看来是自由而公正的选举(1992 年举行的选举遭到了反对派的抵制),选民重新选举了罗林斯。当时有很多人认为加纳是民主国家,但是依据本研究所使用的标准,加纳的转型是在 2000 年完成的。如果加纳被划分到 1996 年就发生了转型的国家之列,个人独裁政权的平均寿命也不会受到影响。

d 这一范畴包括军人/一党制混合型政权和个人独裁/一党制混合型政权。

e 这一范畴中的 6 个国家曾举行过在外部观察家看来是自由而公正的选举,但先前的执政党仍然掌握权力。如果这些国家被归入在第一次自由而公正的选举中就已经实现民主化的范畴,那么相应结果如下一行所示。

这类模型似乎也比较适合用来解释一种不同实体的生存状况。使用 Logit 模型也能得到相同的实质性结果，因此这些结果并不取决于特定的规范。

政权类型与执政时间长短之间的表面关系实际上可能是由发展水平所造成的，为了排除这种可能性，我把经济发展的一个指标——人均 GDP 的自然对数——纳入统计分析。由于大量的研究都已发现，政权当前的经济表现会影响其垮台的可能性，所以我把一个衡量增长的指标作为控制变量也纳入模型之中。此处我用前一年人均 GDP 的变化来衡量增长。我使用前一年的数据是因为前一年经济表现得失的原因非常明确。在转型的年份，即将垮台的政权可能只需对当年的经济表现负部分责任。此外，在转型的年份中，经济表现常常是不稳定的。它可能会因政府不稳定而大幅滑坡，但有时也可能会因转型所带来的愉悦感而迅速改善。因此，对于政权近来的经济表现而言，前一年的经济增长似乎是一个更好的衡量指标。在尝试过很多可能性因素和时滞之后，亚当·普热沃尔斯基和费尔南多·利蒙吉（Adam Przeworski and Fernando Limongi 1997）也发现，上一年的经济增长是政权更迭的最佳预测因素。

统计分析所使用的经济数据来自宾夕法尼亚大学世界表格（Penn World Tables），在我所能找到的数据中，这组表格包含的时间序列最长，涵盖的国家数目也最多。宾大世界表格涵盖了大部分国家从 1950 年到 1992 年的数据，这意味着 1951 年之前和 1992 年之后的"政权年份"（regime years）被排除出了统计分析。此外，我们无法得到阿尔巴尼亚、柬埔寨、古巴、朝鲜、利比亚、越南以及南也门这些国家的经济数据，而且其他少数国家在某些年份的数据是缺失的。由于宾大世界表格所涵盖的时期相当长，而且我没能想到任何理由去认为，世界表格涵盖的年份中发生的转型与那些恰恰在其之前或紧随其后发生的转型有何不同,所以我认为这些年份被排除后结果不会出现偏差。

然而,未计入数据集的国家与数据集之内的国家的确有所不同。大多数未计入数据集的国家都曾出现过或现在就存在一党制政权或个人独裁/一党制政权。这些国家的政权已经持续存在了很长时间(除柬埔寨以外,平均是 32.1 年)。七分之五的国家仍由独裁者统治,而且几乎所有的国家都很贫穷。如果把这些国家纳入数据分析,它们可能会进一步提高一党制政权的影响系数,削弱经济发展水平对政权稳定概率的影响。不过,由于数据集的规模很大,而且必须要被排除的案例不是很多,所以我认为排除这些案例对结论影响不大。

我把区域这一变量作为一个准固定效应估计值(quasi-fixed effects estimator)来使用①。我们可以用固定效应估计值来使某些历史和文化要素——这些要素可能会影响研究者感兴趣的结果,但不能被直接测量——保持恒定。利用区域变量,我可以使殖民地历史和文化遗产这两个因素的一些可能效应保持恒定。

由于政权类型是名义范畴(nominal categories,定名类型),我把它们作为虚拟变量(dummy variables)纳入模型:例如,如果政权是军人政权,就将其编码为“1”;否则就将其编码为“0”。未编码的政权类型就是个人独裁政权,在寿命长短方面它属于中间范畴。因此,我们可以

---

① 通常情况下是把国家用作固定效应估计值,但国家这一虚拟变量不能被用来分析这一数据集,因为这会使得那些只存在一个政权的国家无法被纳入分析。在这个数据集中,有一半的国家只存在过一个威权政权,这要么是因为一个稳定的政权持续掌权几十年,要么是因为这些国家通常是民主的并且战后只有过一段的威权主义插曲。比损失案例本身更为严重的问题是,在那些只有一个政权的案例中,政权平均而言都是异乎寻常地长寿的,而且极有可能是一党制政权。如果把国家这一虚拟变量当作固定效应估计值,那么60%的一党制政权就不能被纳入分析。把国家作为固定效应估计值来进行分析会人为增大军人政权的影响系数(因为寿命最长的政权被排除在外),而且会大大削弱一党制政权的影响(因为这种政权大多数都被排除在外,剩下的只是一系列不具代表性的案例——其中大部分都是非洲国家)。

认为,报告中的风险比率(hazard ratio)指的是以下两者间的差异:有着特定比率的政权类型的效应与个人独裁政权的效应。

我对风险比率做了一个简单直观的说明。比率大于1意味着与其相关的变量会提高政权崩溃的概率。在表2.2的第1列中,军人政权的风险比率为2.81,这意味着在其他所有条件相同的情况下,军人政权垮台的概率几乎是个人独裁政权的3倍。风险比率在0到1之间意味着与其相关的变量会降低政权垮台的概率。在第1列中,一党制政权的风险比率为0.39,这意味着在其他所有条件相同的情况下,一党制政权崩溃的概率大约是个人独裁政权的40%。

正如在第1列中所能看到的那样,军人政权比其他所有类型的政权都更容易垮台。军人政权这一变量的风险比率相当高且具有统计显著性。毫不奇怪的是,两种处于中间位置的政权类型——军人/个人独裁政权和一党混合政权(其中个人独裁/一党制政权占主导地位,因为军人/一党制政权数量极少)——与个人独裁政权并没有太大的不同。然而,一党制政权比个人独裁政权的弹性更大,个人独裁政权又比军人政权的弹性更大,这两对政权在弹性上的差异几乎相同,而且这种差异也具有统计显著性。最后,三重混合政权是弹性最强的政权,它结合了一党制政权、个人独裁政权及军人政权这三者的特征。如果不对这一范畴做实质性的解释,那么也可以把它理解为仅仅是用来对五个非常长寿的、不同寻常的政权进行变量控制,以免它们造成一党制政权看似长寿的假象。

回归中使用的控制变量也显示出了一些有趣的效应。随着发展水平的提高,威权政权会像民主政权一样变得更加稳定。这一发现与约翰·龙得甘和基思·普尔(John Londregan and Keith Poole 1990, 1996)的研究结果一致,他们发现,不论是在民主政权还是威权政权中,政变的最佳预测性因素都是贫困。对于发展与民主之间的关系,传统上是采用以需求为中心的解释,然而,这一发现对这种解释提出了质疑。其观点与较富裕国家的公民更有可能要求民主化这一观点不一致。相反,这一发现表明,如果威权政府在长期内能把经济管理得很好,政权联盟就会对政府保持忠诚,公民也会继续支持政府,或者至少会默默服从政府。由于短期经济增长对政权垮台的概率有着极强的负效应,这种阐释变得更加有说服力。换句话说,长期和短期的经济表现都会影响威权政权的稳定性。

表 2.2　政权类型对威权生存的影响

[威布尔回归(Weibull regression),以相对风险的对数表示]

因变量:政权崩溃(风险比率)	模型 1	模型 2	模型 3
军人政权	2.81**	2.83**	10.26**
军人/个人独裁混合政权	1.31	1.15	2.07
一党制混合政权	1.24	1.47	3.44*
一党制政权	0.39**	0.38*	0.59
三重混合政权	0.04**	0.00	0.00
人均 GDP 的对数	0.53*	0.54*	0.40
人均 GDP 增长	0.02*	0.02*	0.004**
亚洲	1.22	0.97	0.19
中美洲,加勒比海	0.99	0.98	0.23
东欧[a]	0.18*	0.16	0.00
中东	7.46	3.29	0.40
北非	0.42*	0.15	0.01**
南美	3.44	3.95	0.35

续表

因变量:政权崩溃(风险比率)	模型 1	模型 2	模型 3
撒哈拉以南的非洲	0.61	0.41	0.05 **
穆斯林人口比例		1.01 *	1.02 **
对石油的依赖			1.02
对矿产的依赖			1.00
观察数	1 694	1 627	861

注:未编码的政权范畴是个人独裁政权;未计入数据集的区域是南欧。

a 排除因外国干预而得以维系的政权。

* 在 0.05 至 0.01 的显著性水平下达到显著;** 在 0.01 或 0.01 以下的显著性水平下达到显著。

考虑到不同的论点都认为宗教、文化以及殖民遗产会对民主价值观的发展产生影响,我们有些惊讶地发现,大多数区域变量几乎都没有产生什么影响。在研究中,我排除了南欧这一区域(葡萄牙、西班牙和希腊),在政权转型的可能性这个问题上,我们会预期那些与欧洲文化差异最大的区域会与欧洲有所不同。然而,在模型 1 中,风险比率具有统计显著性的区域只有两个——东欧和北非。由于我已经把那些靠苏联干预的威胁而保住权力的政府排除出了检验,东欧区域就只剩下苏联、罗马尼亚和南斯拉夫(由于缺失经济数据,阿尔巴尼亚必须被排除在外)。在控制了发展水平、增长以及政权类型这些变量之后,这些国家的政权显得异乎寻常地有弹性。这种弹性有其内在原因,但就全部数据集而言,这一区域虚拟变量实际上控制了苏联政权极不寻常的长寿,并阻止其夸大一党制政权类型对政权寿命的表面影响。

北非的威权政权异乎寻常的弹性引起了人们的猜测:威权政权的

稳定性存在其他的可能原因,而这些原因并未被纳入检验。有几项研究显示,拥有大量穆斯林人口的国家不太可能是民主国家,而且迈克尔·罗斯(Michael Ross 2001)认为,石油财富与威权主义相关。北非之所以是个例外,原因可能在于伊斯兰教或石油财富,尽管我们应当指出,中东的风险比率不仅不具有统计显著性,而且还显示出了相反的效应。

我对这些可能性进行了检验,结果如表 2.2 的第 2 列和第 3 列所示。在第 2 列所使用的风险模型中,我把穆斯林人口所占百分比作为额外的控制变量纳入模型。首先要注意的是,纳入这个控制变量对于政权类型与政权垮台之间的关系几乎没有影响。这些关系看起来跟以前一样牢固,而且增长与发展水平的风险比率也没有受到影响。变化的缺失使我们对自己所感兴趣的变量的重要性更加有信心。

就其本身而言,穆斯林人口所占百分比对政权垮台概率的影响可能会相当有趣,如果我们相信这一点的话。它具有统计显著性,尽管其效应与预期的相反。随着穆斯林人口的增加,政权崩溃的概率会增大。当然,这一结论并不意味着伊斯兰国家更有可能发生民主化。威权政权崩溃之后继之而起的还是威权政权。如果我们在额外的检验中重复这一结论,那么它会说明以下观点是不成立的:伊斯兰国家的威权主义更为稳定,因为穆斯林文化与威权主义价值观之间有着密切联系。然而,迄今为止,我们必须把上述研究结果视为相当具有试探性的,因为君主政权没有被纳入数据集。由于大多数现存的君主政权不仅寿命很长,而且主要存在于伊斯兰国家,所以如果它们被纳入数据集,上述研究结果可能会消失。

在把对石油和矿产的依赖这一变量纳入模型(第 3 列)之后,观察数大约减少了一半,而且风险比率的波动相当大。在较小的数据集中,风险比率更难以达到统计显著性。由于这一案例集(我们可以得到其石油出口的数据)的一些特性,我们不必太在乎第三个模型的结论①。然而,不论这些研究结论的价值如何,军人政权的风险比率仍然具有统计显著性,而且其数值也相当大,经济增长也仍会降低政权垮台的可能性,而且穆斯林人口所占百分比的影响也基本与之前相同。一党制政权和经济发展水平仍然会降低政权垮台的概率,但这两者已经失去了统计显著性。对石油的依赖显然没有影响到威权政权的稳定性,这与论述食租国家(rentier states)的文献中的大部分内容有矛盾,尽管在这里排除君主政权同样会引起我们对该结论的怀疑。简而言之,上述研究结论在很大程度上与我们从干部利益论中得出的预期相一致,尽管如果我们相信支撑上述研究结论的数据质量很高,一党制政权这一变量丧失统计显著性的事实就应当引起我们的关注。

总结一下研究结果:在那些对表面关系最明显的挑战保持不变的情况下,有关不同类型的威权政权平均持续时间的假设在很大程度上已经得到了统计分析的确证。经济增长的确具有降低政权垮台概率的预期效应。更高的发展水平也有可能降低威权政权垮台的可能性。简而言之,对于有关政权垮台的干部利益论,经验调查未能证明其第一条推论所提出的预期是错误的。

对于上文所描述的经验检验,我们可以得出一系列方法论上的结论。第一(尽管很明显,但可能需要重申):这是对论点的一个推论而非论点本身所做的检验。这一推论相当简单,而且一旦收集好了数据就很容易检验。尽管如此,确证这一推论还是会增强该论点的说服力,而且如果上文列出的其他推论也被发现符合事实,那么我们几乎

---

① 对于几乎所有非洲国家而言,1983年之后大多数年份的数据是缺失的,这意味着非洲的大部分政权转型其数据都是缺失的。换言之,缺失的案例几乎都来自数据集中更为贫穷的那一半,这可能是发展水平丧失统计显著性的原因。相当多长寿的非洲一党制政权在后期年份的数据也被遗漏了。

可以确信，在解释威权政权为何垮台时，这一论点把握住了一个关键的方面。

第二，为了检验这一推论，我们必须收集大量案例中所包含的证据，尽管我们需要的那种证据并不复杂。把案例总体全都纳入检验，就像我在此处所做的这样，并不总是必要的或可行的。然而，即使我们无法考查案例总体，我们仍需要确定案例总体的范围，那样研究者才能以随机方式或其他某种不会导致结论产生偏差的方式选择案例。（我在第 3 章和第 4 章会讨论如何弄清一个论点的适用范围。）在选择案例时，我们应当确保研究者感兴趣的结果随案例的变化而变化。（我在第 3 章会详细论述案例选择。）一般而言，与那些未经研究的案例相比，那些已经被其他学者再三研究过的案例往往规模更大、更成熟且更具地缘意义，因此基于这些案例的经验得出的结论不太可能代表整体。

我们需要用相当多的案例来检验论点，这是因为如果只考查少数案例，那么我们很难保证结果不是由偶然事件引发的。除了自身感兴趣的论点之外，研究者还应当想出其他一些也能解释那种表面关系的论点，他想到的这种论点越多，觉得需要控制的因素越多（目的是为了排除无关力量对其感兴趣的关系所造成的影响），他需要考察的案例就越多。如果不使用统计方法，我们几乎无法排除伪相关（spurious correlation）——即看上去像是某种原因与结果之间的关系，但实际上是由某个外部因素所导致的，这个外部因素既导致了原因又导致了结果——的可能性，而即便使用统计方法，我们也并不总是能够排除伪相关。

所有的数据集，无论是研究者自己收集的还是现成的数据集，都会缺失一些数据并包含一些错误。研究者应该一直仔细思考缺失的案例与被研究纳入的案例有什么不同，再就是如果把缺失的案例纳入研究会对结论产生什么影响。在使用已知或传闻其中包含错误的现成数据集时，研究者应该设法弄清楚那些错误是否会影响结论。

小　结

在比较政治学领域，我们会试图解释诸如民主化之类的复合结果，而本章在开篇即指出，我们在解释这些结果时所通常遵循的方式会阻碍理论的积累。怎样才能真正理解这些结果是如何发生的？我认为，通过考查导致这些复合结果的机制和过程，而不是通过归纳方式搜索与未经分解的整体相关的因素，我们可以在这一问题上取得更大的进步。我们可以提出合乎逻辑的演绎性论点来解释组成复合结果的过程，并检验由这些论点所推导出的假设。

我尝试用一个引申的例子来论证这一方法的有用性。庞大且复杂的民主化现象是由七个过程所组成的，在辨识了这些过程之后，基于政权内部人员的个人利益，我提出了一项演绎性的论点，解释为什么在某些威权政权垮台的实例中，精英分裂所发挥的作用要比其他案例更大，为什么有些威权政权会在没有面临社会压力的情况下启动政治自由化改革。虽然这一论点作为一个整体是不可检验的，但是从这个有可能被证伪的论点中得出推论是一件很简单的事。

检验这些假设所面临的唯一障碍是需要收集一个合适的数据集。数据收集是一项重要且费时的工作，但一旦数据被收集了起来，我们不仅有可能说明我们所预测的差异是存在的，而且还有可能说明这些差异相当大且具有统计显著性。

　　我并未声称干部利益论的观点有多么重要。它可能并不正确。政权类型与政权寿命现在看起来似乎存在很明显的关系，但在考虑其他变量的情况下，这种关系有可能会消失。即使这一论点是正确的，它也只能解释政权转型这一复合过程中的一个要素。然而，我的确主张，如果从一个论点中得到的推论已经得到了大量案例中的证据的检验，那么比起从少数几个案例中归纳出的、未经检验的论点，这个论点更有可能显示出持久的价值。而且一旦数据被收集起来，研究者就可以检验更多的推论。如果那些检验的结果也符合这个论点带来的预期，我们就会更有信心认为该论点是正确的。我还主张，把对过程——过程促成了具有重大理论和现实意义的复合结果，例如民主化——的解释固定下来会构成重大的知识进步。

　　虽然在当前这一波民主化浪潮开始的时候，对转型实例进行归纳性探究或许是唯一可行的研究策略，但现在我们所拥有的基本信息已经足以使我们转移到理论构建上来。在这里我试图说明一点：研究者最好用演绎方法一砖一瓦地修建理论大厦，并利用大量案例中的证据尽可能多地检验理论。

你选择的案例 如何影响你的答案: **3**
选择偏差及其相关问题

恰当的研究策略由什么构成？何种证据才能使论点具有说服力？与政治科学的其他子领域一样，对于这两个问题，比较政治学也有其自身的规范和惯例。尽管规范已经开始发生变化，但有一项惯例多年来却始终没有改变：从我们希望去解释的结果的连续统之一端选择案例以供研究①。也就是说，如果我们想要理解某种事件，例如革命，我们往往就会选择一个或多个此类事件的案例，对其进行详细检查，以判断能否把案例中的先在事件(antecedent events)或特征当作原因。

大多数研究生在修读统计学课程时都会学到，这种根据因变量所做的选择经常会导致错误的答案，但极少有人记得这是为什么，也极少有人知道违反这一规则可能会给他们的研究工作带来什么样的后果。同样，在从事或评估非定量研究时，比较政治学家往往也会忽略或忘记这一点。

为了说明违反这条规则所带来的后果，本章对几项有影响的研究

---

① 比较政治学并不是受到选择偏差问题困扰的唯一领域（参见 Achen and Snidal 1989）。

使用根据因变量选出的案例所得出的结论与使用与结果无关的样本重新检验同样论点所得出的结论进行比较。本章所讨论的全都是明智、可信且富有洞见的研究,其知识主张也可能是正确的。所有这些研究都是由受到高度尊敬的社会科学家提出的。这里所做的努力并不是为了削弱这些论点的说服力或贬低其作者——毕竟他们是依照公认的惯例来开展研究的——而是为了论证惯例本身的缺陷。

这些惯例不仅影响到了比较政治学著作的作者,而且还影响到了这些著作的读者。作者们(包括下文提到的一些作者)经常会意识到,支持其论点的都只是一些试探性的证据,他们附于论点之后的告诫也表明了这种态度。然而,读者们却倾向于忽略这些告诫,并给予非系统性的证据超出其应得的更大权重。在很多研究当中,作者们在下解释性论断时都小心翼翼地留有余地,而读者们却把这些研究拿到研讨会上讨论,在文献中加以引用,并在资格考试中加以总结,就好像这些试探性论点拥有坚实的证据支持一样。本章的目的一方面是要减少读者对论点的轻信,另一方面则是要相应地提升研究者从事研究的娴熟程度。

本章所要传达的信息,并不是说分析者绝不应当因某些案例具有某种特定结果而选取这些案例以供考查,而是说分析者应当理解基于这种原因选取出来的案例能用来做什么、不能用来做什么。有些用来检验假设为若干结果的必要或充分条件的研究,可以只用出现一个结果的案例进行,——尽管为了评估布劳米勒与格尔茨(Braumoeller and Goertz 2000)称为"琐碎"(trivialness)的情形时,我们至少还需要一些与案例总体的其余部分相关的信息①。

仔细考查具有特定结果的异常案例也能发挥有益的作用:要么促使研究者对当前理论进行修正,要么向我们暗示出先前尚不理解的适用范围(domain conditions)。然而,对研究者所做的修正或提出的适用范围进行检验需要考查更多的案例。尽管对理论进行修正是对知识建构的一项有益贡献,但是,除非研究者已经用具有代表性的案例样本检验与确认了这种修正,否则他们就不应接受这种修正。

问题的本质

根据因变量选择案例所产生的不良影响源于其推断逻辑。例如,当研究者着手去解释为什么国家 A 和 B 要比从 C 到 I 这些国家发展得更快时,他们其实是在暗中寻找从 X 到 Z 这一系列先在因素

---

① 戴恩(Dion 1998)已经指出,根据因变量所做的选择并不会削弱对"必要不充分"或"必要且充分"论点的检验。布劳米勒和格尔茨(Braumoeller and Goertz 2000)提出了一系列检验,综合起来看,这些检验会增强人们对必要或充分论点的信心。实施这些检验要求:(1)在衡量研究者提出的原因和结果时,能够估计出衡量中存在的误差;(2)因具有某一特定结果而被选出的案例应足够多,那样恰当的统计检验就能够拒绝零假设(在不存在任何衡量误差的情况下,案例数目最小为 7;随着衡量误差的增大,所需案例数目也随之增加);(3)收集足够的有关案例总体的信息,确保研究者自己所声称的原因和结果都具有足够的变化幅度,以避免琐碎。对琐碎这个问题的讨论如下所示。它指的是由研究者提出的、在理论上毫无意义的必要条件,之所以说毫无意义是因为这些必要条件不会发生变化,或即使有变化其幅度也极小。例如,布劳米勒和格尔茨注意到,成对的民主(democratic dyads)是和平的必要条件这一论点在 1800 年以前是琐碎的(trivial),因为那时尚不存在任何成对的民主。

(antecedent factors)——国家 A 和 B 所拥有的这些因素要比从 C 到 I 这些国家更多。根据因变量选择案例所产生的难题的核心在于:如果研究者只研究国家 A 和国家 B,那么他们就只能收集到研究所需的部分信息,即从 X 到 Z 这些因素在国家 A 和 B 内的影响程度。除非研究者也研究从 C 到 I 这些国家(或其中的一个样本),并确保从 X 到 Z 这些因素在这些国家当中更少,否则研究者就无法知道其确认的因素是否真的会与被调查结果共变。

如果用图表而非文字来表述这一问题,我们可以看得更加清楚。假定从 A 到 I 这些发展中国家为一个总体,其中 A 和 B 处于发展最快的国家之列。在对 A 和 B 进行细致研究的基础上,研究者得出结论,因素 X 是它们成功的原因。在得出这一结论时,研究者是在隐含地假定,如果对从 C 到 I 这些国家进行考查,那么他们会发现这些国家所拥有的因素 X 要比 A 和 B 更少,而且他们还会观察到图 3.1 所呈现出的那种关系。

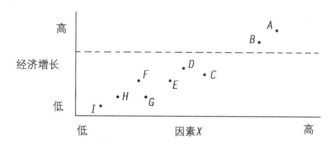

图 3.1 因素 X 与经济增长之间的假定关系

然而,假如研究者只考查国家 A 和 B,有可能全部案例看起来更像图 3.2 中的某一幅散点图。也就是说,X 与发展速度之间可能不存在任何关系。根据因变量选取的样本实际上只能解释样本内案例间的差异。

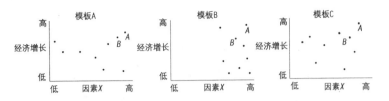

图 3.2　因素 X 与经济增长之间其他的可能关系

如果研究者只看图 3.1 中位于虚线上方的案例,他可能会得出两种错误的推断。一种是草率地得出结论:所选案例共有的任何特征都是原因。另一种则是认为,在研究者所选案例集内的变量间关系(或变量间不存在关系)反映的是案例总体中的关系。

在统计学文献中,研究者的注意力集中于第二种虚假推断(Achen 1986;King 1989)。如果因素 X 与因变量之间的真实关系如图 3.1 所示,但研究者选择案例的方式却使得他们只考查位于虚线上方的案例,那么基于其所选案例而完成的统计程序可能就会显示变量间不存在任何关系,甚或是存在与真实关系相反的关系。根据因变量所做的选择使统计结果产生了偏差,导致研究者无法从中发现任何关系,即使事实上的确存在某种关系。

然而,在非定量研究中,第一种虚假推断与第二种至少是同样常见的。如果导致因变量的主要是从 R 到 T 这些因素(不包括 X),且研究者是从因变量的某一端选择案例,那么在其所选的样本中 X 可能会显得很重要,这要么是因为随机变动,要么是因为即便案例选择已经限制了数据集的大小,X 仍然解释了还留在数据集内的案例间的某些差异(也许是因为 X 与其他某个解释了剩余案例间差异的因素相关)。在前一种情况下,真实的关系看起来可能会像图 3.2 中的某一幅图,但是分析者却基于零碎的信息而不是系统的调查来假定从 C 到 I 这些案例都会落在左下象限,并得出结论说因素 X 会引发研究者感兴趣的结果,即使事实上二者间并不存在任何关系。在后一种情况下,因素 X 对于结果仅具有某种次要的影响,但分析者却高估了其重要性。一个例子或许能帮我们更清楚地理解这些要点。

根据因变量选择案例:一个简明的例子

为什么某些发展中国家的经济增长要比其他发展中国家迅速得多? 试图解释这一问题的分析者经常会习惯性地选择一些成功的新兴工业化国家(地区)进行研究。在 1982 年爆发的那场债务危机之前,研究者最常考查的案例是中国的台湾地区,还有韩国、新加坡、巴西和墨西哥(例如,参见 Haggard 1990)。所有这些国家(地区)的政府都在其经济增长最为迅猛的时期对劳工施加广泛控制,并制止了大部分宣泄不满的工人运动。在注意到这一相似点之后,分析者们认为,压制、笼络、规制或削弱劳工会促使经济高速增长。例如,查默斯·约翰逊(Chalmers Johnson 1987, 149)坚称,弱小的工会和"只具象征性政治权力的工会联合会是国际经济竞争中真正的比较优势"。弗雷德里克·戴约(Frederic Deyo 1984, 1987)认为,出口导向型增长战略有赖于廉价的熟练劳工以及由此形成的一支遵守纪律并在政治上保持沉默的劳动力大军。哈根·库(Hagen Koo 1987)宣称,为了吸引外来投资,有必要对劳工加以控制①。

由于上述论断与那些并非旨在解释增长而是试图理解更为发达的拉美国家中的威权干预的立论相一致,所以其说服力得以加强。因此立论中最为著名的就是吉列尔莫·奥唐奈的观点(O'Donnell 1973),他认为,从简易的进口替代工业化阶段转移到资本更为密集的阶段需要缩减消费,并因此需要压制劳工②。沿着同样的思路,费尔南多·恩里克·卡多索(Cardoso 1973a)和彼得·埃文斯(Evans 1979)也认为,劳工压制有助于吸引外来投资。

且不论这一论点的细节,许多研究过新兴工业化国家(地区)的学者似乎都赞同,对劳工力量的压制或笼络有助于经济增长。中国的台湾地区,以及韩国(尤其是 1961 至 1986 年间)、新加坡(1968 年以后)、巴西(1967 至 1981 年)和墨西哥(1982 年之前)都曾对劳工力量进行压制和/或笼络,并且都有相对较高的经济增长率。换句话说,所有这些国家都具有研究者感兴趣的结果,而且所有这些国家(地区)都显示出了另外一个相同的特征——劳工压制,由此分析者得出结论,劳工压制导致了这一结果。

但是,我们无法保证这一结论的正确性。或许存在这样一些国家,其劳工所遭受的压制程度至少与上文所考查的那些经济高速增长的国家相同,但它们却并没有实现繁荣。为了使"劳工压制有助于发展"这一论断更为可信,我们有必要选择一个案例样本[选择时不考虑案例在因变量(经济增长)上所处的位置],根据劳工压制水平来评估每一个案例,并且论证,一般而言,劳工压制水平更高的国家经济增长

---

① 对其中的一些论点,哈格德(Haggard 1986, 354-356)做了认真和细致的评论。
② 在奥唐奈的研究中,因变量是政权类型而不是经济增长,而且其研究设计具有典范性。他对以下两者进行了比较:一是经历过军人干政的两个国家,一是在其撰写该文时还保持民主的其他一系列拉美国家。

更快。

为了使理论具有说服力,除了最初提出观点时所考查的那些案例外,研究者至少还需要用一些其他的案例来检验理论。在发展理论时,避免"过度拟合"——裁剪论点以使其符合特定案例中的情况——实际上是不可能的。用其他案例来检验论点可以使分析者发现,在理论建构的发现阶段被当作可能原因的那些因素当中,哪些因素真正具有普遍的因果影响;它还可以使分析者发现,在某个一般性论点的背景下,哪些因素应被当作"误差项"的一部分。这个"误差项"包含了所有巧合因素、并发因素以及各种其他因素,这些因素影响到了特定案例中的特定结果,但却没有对结果产生**系统性**的影响。

论点的适用范围

要检验上述这一假设或其他假设,分析者必须首先确认该假设可能适用的案例总体,并进一步找到或开发出衡量假设的原因与结果的标准。正在受检验的理论或假设决定了恰当的分析单位和观察总体是什么。

如果有理论指出,某种原因与个体行为之间存在着某种关系,那么分析者就应当使用对个体的观察来检验由该理论推出的假设。如果分析单位是个体,那么对单个国家乃至单个城镇的研究往往能得出有效的推断,这是因为观察某一城镇中的一系列个体不会产生根据因变量选择案例这个问题,除非研究者是因为其要解释的某类个体行为在某个城镇中普遍存在才精心挑选出这个城镇。个体层面的各种变化在区区一个城镇之内就很有可能全部出现。例如,威廉·谢里登·艾伦在《纳粹夺权》(William Sheridan Allen. 1973. *The Nazi Seizure of Power*)一书中所使用的研究设计就避免了选择偏差,因为这项研究设计既包括拥护纳粹主义的个体,也包括抵制纳粹主义的个体,此外还包括个体态度随时间推移所发生的变化①。

然而,如果假设预测的是国家这一层面上的结果,就像那些把劳工压制与经济增长联系起来的假设一样,那么分析者就应当选择这样的一组国家来检验假设:它们能够反映出国家层面上的结果的大幅度变动。简言之,用以检验某一论点的案例应当反映这一论点所处的分析层次。

在日常用语中,一个案例就是一个单一实体,最常见的是指一个国家,但也可能是指某一城市、区域、机构、行政部门、社会运动、政党、革命、选举、政策决定,或是本质上涉及人类互动的其他任何事物。对案例更具技术性的定义把案例界定为一个单位,其中测量的每一变量只取一个值或只被归入一个类别(Eckstein 1975)。许多日常用语中的案例研究都包括多个技术性案例,这些技术性案例也被称为观察(observations)。文献中有关案例研究效用的诸多分歧源于对以下两者的混淆:一方面,日常使用的**案例**一词(通常)是指某个国家;另一方面,**案例**更具技术性的用法则是用来指某一观察结果——这就是那些提供方法论建议的学者所要表达的意思,如金、基欧汉和维尔巴(King, Keohane, and Verba 1994)。

恰当的观察(分析者利用这些观察来检验假设)总体取决于由假设推出的范围。换句话说,这个范围取决于理论或假设本身的实质内容,不一定取决于作者对该论点的可能适用范围所做的陈述。如果某

---

① 罗高斯基(Rogowski 1995)在其对 King, Keohane, and Verba (1994)这本书的批评中已经指出,艾伦对这一城镇——纳粹主义在其兴起的早期就在这一城镇取得了巨大的成功——所做的精心研究加深和丰富了我们对纳粹主义兴起的理解。在比较政治学领域,我们倾向于不自觉地把案例等同于地域实体,但艾伦所用的分析单位明显是个人而非城镇,因此,他不是根据因变量选择案例。

位分析者就工业化对后发展民主国家的影响提出一种理论,那么他就可以而且应当从**所有的**后发展民主国家这一总体中抽取样本以检验理论。理论中有可能会包含这样一些实质性要素,它们会把理论的适用范围限定于世界上的某些特定区域或特定时期,如果情况是这样的话,那么分析者在检验理论时应把这些限制铭记于心。然而,理论并不会被自动地限制在研究者最初所提出的适用范围之内。作者们有时意识不到,他们的论点可能会适用于他们并不熟悉的国家。

什么构成了理论的恰当适用范围? 对于这一问题,善意的学者们可以保留不同意见,但是,这种分歧应当是源于对理论推论的不同阐释。在存有争议的范围内检验假设可能会对以下方面产生帮助:为理论的适用范围确定更为清晰的界线;扩展理论的适用范围;提出新假设,解释为什么理论适用范围有此界线。同时,在理论所暗示的范围之外检验论点这种做法也是合理的,我们可以据此观察这些理论所具有的普遍性是否比其创建者所意识到的要更强,尽管这种检验所得到的否定性结果并不能证明该论点在其初始适用范围内不成立。

如果案例总体太大以致无法研究,那么研究者通常会通过考查随机样本来确保选择标准不与因变量相关。然而,研究者还是可以根据某种选择案例的方式选出任意样本做出有效推断,只要这种方式不会使他在无意中选出一组聚集在结果连续统某一端的案例。此外,随机抽样并不能确保选择标准与因变量无关。如果在某一特定时期,总体中仅包含那些达到特定成功临界值的案例——原因在于"自然"已经多少剔除掉了其他案例——那么即使是随机样本或全体样本实际上也是根据因变量选取的。例如,十五世纪可能存在过一些国家,这些国家没有采纳某次特定的军事革新,后来这些国家被击败并被并入其他国家,如果研究者只是从十八世纪存在的那些国家中抽取随机样本加以考察,那么他就无法找到与那次革新的重要性相关的证据。因为所有幸存下来的国家都经历过那场革新①。

有些理论的推论仅适用于因变量的某一端。当然,为了检验基于这些推论的假设,分析者必须从结果连续统的相关部分选择案例。乍一看,这似乎牵涉到了根据因变量所做的选择,但实际情况却并非如此。在对某一特定推论进行检验时,与检验相关的结果是与这项推论有关的假设所预测的结果,而不是理论所要解释的结果。理论所预测的结果的某一端可能包含了假设所预测的结果的全部可能变动。例如,第2章所述的干部利益论的推论之一就是,与个人独裁政权相比,军政府更有可能就放弃权力进行谈判。检验这一推论的一种方式是,比较不同类型的独裁政权在政权垮台的年份参加谈判的概率。换句话说,只有那些已经垮台了的政权才被纳入检验(即从垮台到政权持续存在这一结果连续统的某一端),但真正接受检验的假设却是与转型期间的谈判发生率有关,而与垮台的原因无关。与检验这一假设相关的结果连续统涵盖的是从谈判到不谈判这一范围,而不是从垮台到政权持续存在这一范围。

针对劳工压制有助于经济增长这一假设,针对弱小的劳工力量缘何具有此种效应的不同立论暗示出,该假设具有不同的适用范围。一种可能是,这个范围应该仅仅包括所有的发展中国家。在下文对该论点所做的检验中,只要宾夕法尼亚大学世界表格(Penn World Tables)收集了某发展中国家从1970至1982年间的数据,我就把该国纳入检验,但共产党执政的国家、卷入内战的时间超过研究覆盖时间三分之一的国家,以及那些极小的国家(居民人数少于

---

① 与自然选择有关的一个延伸性和富有启发性的讨论,可在普热沃尔斯基与利蒙吉的文章(Przeworski and Limongi 1993)中找到。

50万）除外①。排除共产党国家是因为相关的各种理论仅适用于资本主义国家或混合经济体制的国家。而之所以排除其他国家则是因为，这些国家所具有的某些与压制劳工无关的特征可能会对经济增长率产生极大的影响，从而扭曲劳工压制与经济增长之间的显著关系。在第二次检验中，我缩小适用范围以求与奥唐奈和其他学者提出的相关论点相符——他们预期，一旦达到某一特定的发展门槛，劳工压制就会有助于经济增长。

衡 量

我们要解释的结果——经济增长率——并没有出现出任何测量难题；多种测量手段都是现成可用的。在此次检验中，我用宾夕法尼亚大学世界表格来计算1970至1982年间的人均GDP增长率，这是因为大多数发展战略研究所关注的是债务危机之前的这段时期。若某项假设牵涉到1982年之后的经济表现（那时的国际经济环境要比之前恶劣得多），那么对该假设的进一步检验也会非常有趣而且有益。

假设的原因——劳工受到压制、笼络或被迫沉默（quiescence）——更加难以衡量。研究者无法获得标准化指标，而且劳工压制在不同背景下可能会以不同形式呈现出来，例如，在某个国家是国家笼络，而在另一个国家则是对工人使用私人暴力。为解决这一困难，我开发了对每个国家的劳工压制水平进行评级的标准，我所使用的资料有：为国会外交委员会准备的《国别人权报告》（U.S. Department of State.

---

① 发展中国家被界定为那些1979年人均收入低于4200美元的国家。这个分界点排除了富裕的石油输出国（人均收入高于4200美元）：沙特阿拉伯、科威特、利比亚和阿联酋。

1979—1983. *Country Reports on Human Rights*)、《大赦国际年度报告》（Amnesty International. 1973-1983. *Amnesty International Annual Reports*）以及对特定国家的劳工所做的大量研究。

有五方面的因素可能会提升工人捍卫自身利益的能力,根据这五项因素,我对 84 个发展中国家从 1970 到 1981 年间的每一年都赋了值,分值介于 0 到 1 之间。这些因素包括:

- 工会合法与自由运转的程度
- 工会自主性——免受政府或执政党控制或操纵
- 集体谈判和罢工的权利
- 工人和代表他们的组织被获准参与政治的程度
- 免受暴力、任意拘捕以及其他形式压制的自由

当把这些因素综合起来时,可能的分值介于 0 到 5 之间,高分值表示极度的控制和压制,低分值反映的则是组织的自由、相对于执政党的独立性、受法律保护的谈判和罢工权利、参与政治的自由以及免于暴力和压制的保护。得分极低的国家包括斐济、毛里求斯和牙买加。分值最高的是乌干达、海地和伊拉克。附录 B 展示了所涉及的国家及其平均劳工压制分值。

附录 B 请扫码查看。

在那些经历过政权更迭的国家,劳工政策通常会随着政府的改变而改变。每个国家每年所得的分值使得研究者可以追踪这些变化。附录 B 中展示了查阅多种资料来源时用于记录信息的赋值表,除此之外还展示了赋值方案。这一赋值方案给出了详细的规则,用以将收集到的信息转化为数字。

制作赋值表和赋值规则的目的是为了确保在每一个案例中,研究者评估的都是相同的因素,并且是在用相同的标准判定这些因素。这一问题会在第 4 章得到更为详尽的讨论。显然,处理这 84 个案例需

要这样一些辅助记忆的工具;同时,明确的赋值规则也可以提高那些仅关注少量案例的研究的精确度。我极力主张要养成记下明确的赋值规则的习惯,不论观察的数量是多少。这有助于分析者在跨国和跨时研究中坚持前后一致的规则,也有助于读者准确领会分析者在评估关键因果要素时的意思。毫无疑问,**劳工压制**这个短语对于不同专业领域的学者具有某种不同的内涵,但是,读过附录 B 中编码方案的人对这个术语在此处的含义应当都会有一个很清楚的认识。

就衡量这一系列复杂现象而言,虽然以这种方式创制出来的劳工压制指标并不是一种完美的工具,而且专家们就一些案例在坐标系中的位置可能存在小小的分歧,但这一标准至少与文献中可得的文字表述一样精确。因此,对于当前的这项任务——论证某一方法论要点,这一标准似乎已经足够了。

我用上述这些数据检验了将劳工压制与经济增长联系起来的那项假设,如图 3.3,3.4,3.5 和 3.6 所示。图 3.3 展示的是 1970 至 1981年间,在那个被最频繁研究的新兴工业化国家(地区)样本(韩国、新加坡、巴西和墨西哥)中,平均劳工压制水平与平均经济增长之间的关系。这幅散点图反映出了研究者在研究 1970 年代至 1980 年代的新兴工业化国家(地区)时最常使用的研究策略。如这幅图所示,所有这五个国家(地区)的劳工压制水平与经济增长率都相当高。如果不进行仔细的验证,分析者就会假定,他们尚未考查的大多数案例都会落在该图的左下象限。从类似的数据中——不过是以文字形式呈现的——研究者已经得出结论认为,劳工压制有助于经济增长。此处所展示的图表实际上赋予了这个论点一定的可信性,这是因为通过使用我所创制的标准来定量衡量劳工压制水平,这幅图有可能显示出劳工压制中无法用语言描述和说清的那些细微差别。对于那些压制水平较高的案例,这项论点最初的陈述并没有区分它们之间在压制水平上的差异。

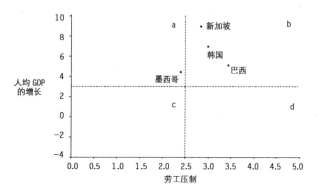

图 3.3　1970—1981 年,在那些被研究得最频繁的案例中,劳工压制水平与经济增长之间的关系。(人均 GDP 数据来自 Penn World Tables)

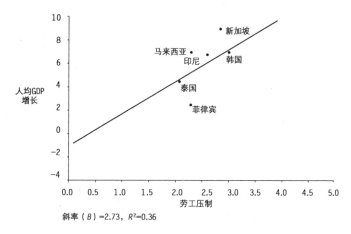

斜率(B)=2.73, R^2=0.36

图 3.4　1970—1981 年,亚洲案例中劳工压制与经济增长之间的关系。[人均 GDP 数据来自 Penn World Tables;泰国的数据来自 World Bank (1984)]

　　需要注意的是,与那些使用统计方法的轻率分析者所得到的虚假推断相比,有关新兴工业化国家的文献所表达出的虚假推断恰好持相反的观点。基于这些数据点,某位数字玩家可能会得出结论说,劳工压制不会引发经济增长,因为在这一高经济增长的样本中,

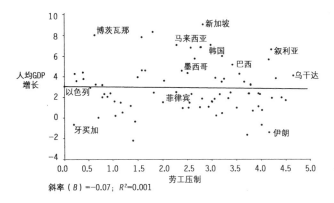

图 3.5 1970—1981 年,发展中国家(地区)的总体中劳工压制与经济增长
之间的关系。总体中所包含的国家(地区)及其各自的劳工压制分值
都在附录 B 当中。(人均 GDP 数据来自 Penn World Tables)

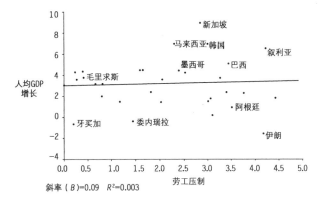

图 3.6 1970—1981 年,收入更高的发展中国家(地区)中劳工压制与经济
增长之间的关系。此处所涉及的国家(地区)来自附录 B,它们在 1970 年的
人均 GDP 都高于同期的韩国。(人均 GDP 数据来自 Penn World Tables)

劳工压制上的变化几乎没有解释经济增长率的变化;另一方面,非
定量的比较政治学家会得出结论说,由于所有案例都有很高的经济
增长率和劳工压制水平,所以劳工压制必定是经济增长的一个原
因。但实际上,从图 3.3 中我们无法得出任何结论。这幅图所包含

的信息太少了。

历史上经济增长最快的新兴工业化国家(地区)都位于东亚,在建立将劳工压制与经济增长联系起来的论点时,研究东亚的学者发挥了重要作用。如果我们不选择文献中最经常论及的那五个工业化国家(地区),而是考查东亚专家最为熟悉的那些案例,那么劳工压制似乎的确有助于经济增长,如图3.4所示。

分析者从世界上某一部分中的一些国家得出了一种世界图景,根据这一图景,分析者就劳工压制在经济增长中的作用提出了一些一般性的论点,认为这种在亚洲看起来很明显的关系也是整个发展中世界所特有的。这样一种推断无法被视为合理,实际上他们仅仅是因为这些案例地处东亚才选择了它们,这就像根据经济增长率选择案例一样,必然会使样本出现偏差。之所以会出现这种情况是因为,东亚的经济增长率一般都异乎寻常的高。(参见表3.1)由于地理区位与经济增长率相关,因此,根据地理位置所做的案例选择就相当于根据因变量所做的选择。

表3.1　各区域国家(地区)的平均经济增长率

	1960—1982 (%人均)	1965—1986 (%人均)
东亚	5.2	5.1
南亚	1.4	1.5
非洲	1.0	0.5
拉美	2.2	1.2
中东和北非	4.7	3.6

资料来源:由世界银行的数据(World Bank 1984, 1988)计算得来。

当分析者观察更大的样本——既包括高速增长的国家,也包括低速增长的国家——中平均劳工压制水平与平均经济增长率之间的关系时,图 3.4 显示出的那种明显的关系就消失了。正如图 3.5 所示,斜线近乎是平直的,并且 R^2 接近于 0。换句话说,在更大的样本中,劳工压制水平对经济增长的影响并不明显。

有人可能会反驳这一观点,他们认为,在那些将劳工压制与经济增长相联系的论点中,有几个论点从来都无意适用于整个第三世界。毋宁说,它们的逻辑依赖于只有在工业化进展到一定阶段之后才会出现的紧张状态。由于文献并没有清晰地阐明一国的工业化究竟需要达到什么程度,劳工压制才有望促进经济增长,所以我不得不去设定一个合理的分界点。我以 1970 年代初韩国的发展水平作为下限,这是因为,在那些经常被研究者看作因压制劳工而取得快速增长的成功范例当中,韩国是最不发达的国家。图 3.6 所展示的是平均劳工压制水平与平均经济增长之间的关系,图中的案例至少达到了韩国在 1970 年的发展水平。如图 3.6 所示,即便是在这一子案例集中,劳工压制与经济增长之间也不存在线性关系。斜线仅稍微向上倾斜,而且 R^2 依然接近于 0。

在这一案例集中,平均经济增长速度最慢的国家是伊朗,但其在劳工压制上的得分还是非常高。由于伊朗的经济增长率受到革命的影响,到这一时段末期,其增长率仍在下降,所以有分析者可能会认为应该把伊朗排除出这一数据集,尽管其内战并没有持续很久。如果这么做的话,斜率会上升到 0.27,但仍远未达到统计显著性,并且 R^2 仍然接近于 0。因而,即使排除了伊朗,这项分析也无法支持劳工压制有助于经济增长这一论断。

已经有研究表明，劳工压制本身不会改善经济表现，但是，压制先前已得到良好组织与动员的劳工群体却可以改善经济表现（O'Donnell 1973；Collier 1979）。为了检验劳工压制水平的提高是否会提升经济增长速度，我评估了两个时间序列模型，这两个模型研究的是每一年度的劳工压制对下一年度的经济增长所造成的影响。在其中一个模型里，两个可能会影响经济增长的因素得到了控制——石油出口与该国在这一时期开始时的发展水平。在另一模型中，我并没有试图去确认各种有可能影响经济增长的事物，相反，我利用国家固定效应估计值（country fixed effects estimators）来使所有基于特定国家的各种因素保持恒定，因为这些因素有可能会影响增长率。在使用国家固定效应估计值时，系数可以看成反映了研究者感兴趣的变量——这里是劳工压制——在每个国家的内部所带来的影响，而不是跨国差异带来的影响。

表 3.2 展示了这两个回归的结果。在控制变量的这个模型中，劳工压制对经济增长的影响不仅很小，而且不具有统计上的显著性。在使用固定效应的模型中，劳工压制的系数是正值，但不具有统计显著性。如果这一系数是可靠的，那么它就表明，劳工压制分值每增长一个单位，经济就有可能出现略低于三分之一个百分点的额外增长。模型中的 R^2 值很低，这一情况表明，即使将 79 个国家的固定效应都包括在内[1]，这一回归几乎仍然无法解释经济增长的任何变化[2]。

---

[1] 由于数据缺失，有四个国家不得不被排除。

[2] 我还利用不同的自相关误差规格和自相关校正来试验其他模型，即使表 3.2 所报告的回归并未揭示出任何自相关。在这些模型中，没有一个模型的回归系数达到了统计显著。

表 3.2　劳工压制的变化对经济增长的影响

因变量:人均 GDP 的年增长	使用控制变量的普通最小二乘法(OLS)[a]		使用固定效应的普通最小二乘法[a]	
	系数	P>|Z|	系数	P>|Z|
劳工压制(范围 0~5)	.018	.917	.288	.286
石油出口	.008	.850		
发展水平	−.000	.751		
R^2	.000	.099		

a 面板校正标准误差。

　　这项练习的要点并不在于论证劳工压制有助于经济增长这一假设是错误的。劳工压制可能会有细微的正向效应。如果我们给这一假设添加恰当的控制变量或者一个精致的迟滞结构(lag structure),那么在此处完成的简单检验中尚未显现的那种关系就会变得清晰起来。然而,这些检验确实表明,当分析者仅仅考查经济增长最迅速的国家时,劳工压制与经济增长之间似乎存在某种很强的关系,但如果分析者考查了某一更具代表性的案例样本,那就很难再找到这种关系了。假如对新兴工业化国家(地区)的成功感兴趣的分析者考查了某一更具代表性的样本,那么对于劳工压制与经济增长之间的关系,他们可能会得出不同的结论。如图 3.5 和图 3.6 所示,无论是在经济低速增长还是高速增长的第三世界国家,劳工所遭受到的压制都同样频繁。

　　总之,第一个例子(图 3.3)是以最简单的形式来论证选择偏差:这些案例之所以被精心挑选出来,是因为它们都具有分析者想去解释的特征。在第二个例子中(图 3.4),案例是基于与因变量相关的某一特征——地理区域——而被挑选出来的。在这两个例子中,被假设的关系都很简单、直接:更高水平的 X(劳工压制)似乎会导致更高水平的 Y(经济增长)。

并非所有的因果论点都如此简单。研究者有时会提出带有先在变量与干预变量的复杂结构的论点,要想严格检验这些论点会更加困难。然而,不管论点有多么复杂,根据因变量所做的选择造成的后果是一样的。下一节将考虑这一主题的另一个变种(我们在研究中会经常遇到):在复杂的、条件性的历史论点中根据因变量选择案例。

复杂历史论点中根据因变量所做的选择

西达·斯科波尔那部富有思想性和启发性的著作——《国家与社会革命》(Theda Skocpol,1979,*States and Social Revolutions*)——把根据因变量选择案例与复杂历史论点结合了起来。她想要解释革命为什么会发生,因此她选择了三个最著名的实例——法国、俄国和中国的革命——进行详细考查。她还考查了一些没能发生革命的案例,将其作为论点链条关键点上的对照案例。从因变量的两端选取案例这种做法使这项研究设计比有关新兴工业化国家的研究更为精细复杂。

斯科波尔认为,外部军事威胁会促使国家官员去推动改革,而这会遭到支配阶级的反对。如果支配阶级拥有独立的经济基础并分享政治权力,那么该阶级就会提出有效的反对,并由此引发精英的分裂。此外,如果农民生活在关系紧密的村社中,不受地主的日常监督,那么这些农民就会利用精英分裂造反,并由此引发革命。(图3.7以图表的形式说明了这一论点。)根据斯科波尔的说法,这一解释真实反映了法国以及日据时期中共控制地区的历史记录。而俄国这一案例与其他两个案例的不同之处就在于,该国的上层阶级缺乏必要的独立经济基础来阻止由国家推动的改革。因此,俄国的精英保持了统一,在克里米亚战争之后没有出现革命。然而,俄国在一战中的失利却导致精英解体,这为1917年革命开辟了道路。

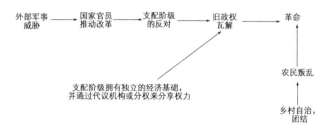

图 3.7 斯科波尔论点的图示

斯科波尔在其论点链条上的两个地方引入了对照案例,以此来强化她的这种看法,即这三个案例中被当作原因的结构性特征具有普遍意义。在考查十八世纪晚期至十九世纪早期的普鲁士与十九世纪晚期的日本时,她发现支配阶级缺乏必要的独立经济基础来阻止国家改革。普鲁士和日本所面临的军事威胁至少与法国一样严峻,但它们的精英保持了统一,因此革命没能发生。她还考查了内战期间的英国和1848年的德国,发现它们的乡村自治水平很低。在这两个案例中,精英都出现了分裂,但是农民却没能利用这种局势;结果,革命没有发生。图3.8和图3.9对上述比较做了总结。如图所示,她所考查的这些案例似乎为其论点提供了强有力的支持。

毫无疑问,相较于没有考查对照案例的情形,考查对照案例会使得论点更加具有说服力,尽管斯科波尔的做法——从因变量的另一端选取少量案例来评估论点——其意义没有另外一种做法(用更多无涉因变量的案例来检验论点)那么大。尽管如此,考查对照案例还是向

	精英分裂	精英团结
支配阶级具有经济上的独立性并分享权利	法国 中国,太平天国之后	
支配阶级具有经济上的依赖性并被排除在权力之外	俄国,第一次世界大战时	普鲁士 日本 中国,太平天国之前 俄国,第一次世界大战前

图 3.8　在给定外部威胁的情况下,

支配阶级的权力对于精英分裂可能性的影响

	革命	无革命
乡村自治	俄国 法国 中国,在共产党控制的地区	
乡村依赖		1640至1660年的英国 1848年的德国 共产党成立之前的中国

图 3.9　在给定精英分裂的情况下,乡村自治对革命爆发可能性的影响

正确方向迈出了坚实一步,这也是斯科波尔的研究被认为如此具有说服力的原因之一。

然而,在检验论点链条上的其他环节时,斯科波尔并没有做出同等程度的努力。特别是她没有提供对照案例来强化她的下述论断:

> 国际上的国家体系中的这些变化——尤其是在战争中失利或遭受入侵的威胁,以及对殖民控制权的争夺——直接推动了几乎所有革命危机的爆发。(Skocpol 1979, 23)①

这项论断在整篇论文中占有重要地位,但是,如果我们接受她对"遭受威胁"的隐含定义,也就是说,遭受到威胁的水平与十八世纪的

---

① 注意,"推动几乎所有的"是一种或然性陈述,这并不是说外国威胁是解释革命的必要不充分条件。然而,对该论点所做的其他陈述意思有可能是说外部威胁是革命的必要不充分原因(Dion 1998)。

法国相当,那么这项论断似乎就很成问题。法国——可以说是当时世界上最强大的国家——所受到的威胁当然要比它的邻国少。

世界上大多数国家所曾遭受过的外国威胁的强度都可与革命前的法国相当,然而,发生革命的国家却极少。这就引发了一个问题,革命发生的频率较低究竟是因为缺乏适当的结构性条件——如斯科波尔的论点所包含的那些条件,还是因为外国威胁所具有的因果影响比斯科波尔所认为的要小?为了区分这两种可能性,我们需要选择这样一组案例,在这些案例中,斯科波尔所界定的结构性条件必须是实际存在的(实际上就是保持结构性条件不变)。随后,我们需要评估这一国家集合中威胁水平与革命结果之间的关系。在这一案例集中,如果威胁与革命倾向于一起出现,那么我们对斯科波尔论点的正确性就会更有信心。然而,如果在这一案例集中,高威胁水平似乎没有提高革命发生的可能性,那么我们就会对其论点产生更多的怀疑。

与先前的那项检验一样,为了实施这项检验,我们首先需要确定这一论点的适用范围。什么构成了检验斯科波尔论点的恰当范围?这一问题存在争议。就适用范围而言,斯科波尔自己显得格外谦虚,她在书中的某一处提到:"[本文提出的论点]可以被应用于法国、俄国和中国之外的案例吗?在某种意义上,答案显然是否定的……由于相关各国的历史和国际环境是不同的,因此革命的原因……必然也不同"(Skocpol 1979, 288)。然而,斯科波尔并未完全回避其论点的普遍性,这是因为在其论点的适用范围内,她明显考虑到了十七世纪的英格兰、十八和十九世纪的普鲁士以及十九世纪中叶的德国和日本。但是,她的确是明确地将其论点限定在了"农业国"之内,在我看来,这些"农业国"也包括处于工业化早期阶段的国家(因为她的研究所涉及的所有案例都已经开启了工业化进程),但不包括完全工业化的国家和前农业的原始社会。她还把她的论点限定于以下范围:那些从未遭受过殖民统治的国家;富裕、"历史上独立自主并且稳固成熟的帝制国家"(Skocpol 1979,288);"国家和阶级结构并非新近创立"的国家(Skocpol 1979,40)。

面对这样的谦逊,在评估这项研究时,学术共同体的其他成员有两种选择。一种是接受作者自我强加的限制,并且试图利用这些限制所暗示的案例集来检验该论点。根据对这些限制标准最为宽泛的理解,除了斯科波尔实际使用的一些案例(但不是全部)之外,据此界定的恰当总体仅仅包括一战前那些较大和较为富裕的欧洲国家:比利时、荷兰、西班牙、葡萄牙、瑞典、1795 年之前的立陶宛、遭瓜分前的波兰、奥地利、奥匈帝国和奥斯曼帝国。这一总体中的很多案例都没有发生过革命,因此,利用此案例集来对论点进行再检验是非常可行的。

然而,把该论点限定在这一范围内确实限制了论点本身对研究者的吸引力,这是因为,除了俄国革命以外,二十世纪的革命都发生在至少遭受过部分殖民统治的贫穷国家,而这些国家却处于斯科波尔论点的适用范围之外。此外,斯科波尔自己所选择的案例也使得研究者开始怀疑其所描述的适用范围是否恰当。十九世纪中叶的日本并不是一个"稳固成熟的帝制国家"。二十世纪的中国也不是。德国的国家结构虽不受殖民主义的影响,但它却是在最近——1848 年——才创立的。中国和日本都是贫穷的国家,俄国也可以算作贫穷的国家。斯科波尔曾在书中提到,在某一时期,中国某些地区的农民具有造反的自主性,然而,这些地区当时实际上正处于日本的殖民统治之下。简言之,斯科波尔所选的许多案例都违背了她自己提出的限制标准。

另一种替代性方法就是直接从论点本身的实质性论断中推导出论点的范围。如果我们这么做的话,这一论点的恰当范围似乎包括所有已经独立且未完全实现工业化的国家(也可能是帝国)。这些限制是必要的,因为这一论点似乎要求:(1)存在本地的国家精英和支配阶

128

级;(2)存在农民。斯科波尔自己十分坚决地要求将殖民地国家排除出适用范围(Skocpol 1979, 288-290)。因此,把处于以下两个时间段内的那些国家排除出适用范围似乎是合理的:殖民统治时期(此时国家精英并不是来自本地,支配阶级往往也是如此)或独立之后一段有限的时间——十年或二十年①。然而,我们似乎无法从论点本身推导出这样一个观点,即任何曾遭受过殖民统治的国家都应被永久排除在适用范围之外,而且这种做法似乎也忽略了初始论点所包含的一个观点——征服会影响国家的发展。毕竟,英格兰曾遭受诺曼底人的殖民,俄国的大片地区曾遭受蒙古人和鞑靼人的殖民,而中国也曾遭受蒙古人的殖民。在所有这三个例子当中,征服通常都对其后的国家组织与国家发展产生了影响。

斯科波尔还认为,小国也应该被排除,因为外来干预有可能会引发或阻止这些国家的革命(Skocpol 1979, 289)。这是一种合理的担忧。然而,这不应使我们排除全部的小国,因为我们知道,外来干预并没有成功阻止其中一些国家的革命。但是,如果在某些案例中,研究者能够就干预的决定性作用提出某项具有说服力的论点,那么排除这些案例可能就是合理的。

在理想状态下,如果分析者想检验斯科波尔有关军事竞争效应的假设,他需要考查所有独立、未完全工业化且具有如下结构性特征的国家——实行乡村自治、支配阶级具有独立的经济基础与获取政治权力的途径。在斯科波尔看来,这些特征是完成从军事威胁到革命这一序列所必需的。随后分析者就可以确定,那些面临军事威胁的国家是

---

① 如果我们认为,适用范围是从论点本身而非斯科波尔的某种专门评论中推导出来的,那么她的以下这种做法也就不会令人那么疑惑了——将大部分国土还处于日本殖民统治下的中国纳入适用范围。在整个日据时期,中国的本地国家精英和支配阶级在中国南方继续存在,并且中国共产党最终打败的正是他们。

否会更加频繁地发生革命。

在实践中,确定满足这些结构性标准的案例总体几乎是不可能的。这需要分析者拥有广泛的知识,了解从英国内战至今世界上每一个国家的历史。尽管如此,对其论点进行适度的严格检验仍然是有可能的,下文所展示的就是这样一种检验。

在检验时,有几个拉美国家(墨西哥、危地马拉、萨尔瓦多、洪都拉斯、尼加拉瓜、厄瓜多尔、秘鲁、玻利维亚和巴拉圭)具有斯科波尔所界定的结构性特征,因而分析者可以用这一案例集来检验把军事威胁与革命联系在一起的假设。上述案例明显不是随机选择出来的,但由于它们的地理区位与革命不相关,因此地理区位并没有成为因变量的替代性指标[在检验东亚新兴工业化国家(地区)中劳工压制与经济增长之间的关系时,这种情况曾出现过]。

在所有这些国家中,从十九世纪到二十世纪,支配阶级一直拥有土地上和/或矿业上的独立经济基础。他们也分享政治权力。因而,他们具有斯科波尔所界定的经济和政治资源,而要想成功抵制由国家推行的改革并进而为革命铺平道路,这些资源是必需的。

这些国家也都包含(而且大部分现在仍然包含)大量严重受剥削的本地混血人口,他们中的很多人都生活在自治、团结的村庄。在西班牙,殖民政策强化了团体乡村(corporate village)结构,某些地区则是被强加以这种结构。独立之后,产权结构的变迁减少了村庄对土地的控制,那些曾有利于构建乡村自治与团结的功能遭到了削弱,但是,以下这种现象至少部分地抵消了功能削弱所带来的影响——随着农业日趋商业化,外居地主所有制(absentee landlordism)得到了加强。

这些国家的土地大多是以大片土地的形式为人们所持有。有一些农民生活在种植园,但还有很多农民生活在传统的村庄里,他们拥有小块土地,或是拥有公有土地的使用权,并季节性地在种植园工作。

这些村庄往往与大地主在土地所有权、用水权和放牧权这些问题上存在长期的冲突。村庄以传统方式进行自治。在这些国家,地主极少生活在村庄里。简言之,这些拉美国家的乡村地区近似于斯科波尔对自治、团结的乡村结构的描述,而在她看来,正是这种乡村结构使得农民参与革命成为可能。当然,就以下这一问题,分析者们可能会存在不同的意见:这些国家的农民是否真正实现了充分自治,能够独立于地主的日常监控,并能在引发社会革命这一点上扮演斯科波尔所赋予的那种角色。或许,证明他们的确实现了充分自治的最佳证据就是其中的一些国家实际上发生过革命,而且大多数国家都发生过农民叛乱。

在结果所依赖的这些结构性特征保持不变的情况下,对外部威胁与革命之间的关系进行检验就成为可能。在下文的检验中,我使用的威胁程度要比十八世纪晚期的法国所遭受的威胁程度更高。我想要选择这样一种评估威胁的标准,它可以消除有关某个国家是否"真正"受到足够威胁的争论,而我发现,确定一个与"法国门槛"相当的明确标准很难。因此,这里所使用的标准是战争失利,同时还伴随着侵略与/或领土丧失。依据这样一种高威胁门槛,即使分析者发现某些案例在缺乏威胁的情况下爆发了革命,他也无法否证斯科波尔的论点,这是因为,即使这些国家没有输掉战争,它们所受到的外部压力可能也足以满足斯科波尔的标准。然而,如果一些国家确实输掉了战争(而且斯科波尔所界定的必要的结构性条件也出现了),但却没有出现革命,那么这项检验就会令人们对她的论点产生怀疑。

在图 3.10 所展示的实例中,有八个遭受了极端的军事威胁,但这种威胁并未导致革命;有两个实例爆发了革命(如果 1959 年的古巴革命不算在内的话,因为它不符合斯科波尔对社会革命的定义——引发下层阶级的大规模起义),但在这两场革命之前并没有出现任何程度异常的外部竞争或威胁,仅有一场革命——发生在玻利维亚——符合斯科波尔的论点。我认为，外国势力不应当对已发生的革命负责，因此，以下这种发现也就没有什么特异之处：有两场革命是在没有异常外国威胁的情况下发生的。萨尔瓦多和危地马拉没有发生革命，美国可能需要对此负责，但如果革命在这些国家成功了，那么那些在没有异常外国威胁的情况下发生革命的案例就会增多，能削弱斯科波尔论点的证据也就随之增加了。简言之，这些案例几乎没有为外国威胁会增加革命的可能性这种论断提供支持。如果我们接受论点范围取决于论点本身这一观点，那么这些发现即是在暗示：如果斯科波尔选择更大范围内的案例进行考查，而不是根据因变量选择案例，那么她会得出不同的结论。

	革命	无革命
战争失利、遭受侵略或丧失领土	玻利维亚（1935），1952年革命	秘鲁（1839） 玻利维亚（1839） 墨西哥（1848） 墨西哥（1862—1866） 巴拉圭（1869） 秘鲁（1883） 玻利维亚（1883） 哥伦比亚（1903）
20年内没有出现战争失利	墨西哥，1910—1917年革命 尼加拉瓜，1979年革命	所有其他国家

注：用斯科波尔的话来说，古巴革命并不是一场社会革命，因为它并没有引发下层阶级的大规模起义。

图 3.10　拉美国家军事失利与革命之间的关系
（在斯科波尔的结构性变量保持不变的情况下）

这项检验并不构成对斯科波尔论点的决定性否证。论点中使用的所有概念——乡村自治、支配阶级的独立性、军事压力——都存在竞争性的诠释，对这些概念不同的操作化可能会导致不同的结果。尤其是我对威胁的操作化无法把握住斯科波尔观点的复杂性，一种不同的操作化方式可能会把尼加拉瓜与墨西哥置于"威胁—革命"那一栏。然而，如果某一衡量威胁的指标把 1979 年的尼加拉瓜和 1910 年的墨西哥界定为遭受威胁,那么这种指标会令"威胁—无革命"一栏增加上百个处于其他年份的国家,这是因为在那一时期,这一地区的国家遭受美国此种程度的压力一点也不罕见。简而言之,这项粗略的考查——对象是那些不是根据因变量选择出来的案例——确实使人对初始论点产生了怀疑,尽管它在操作化上还存在一些缺陷。

有关必要原因的论点

一些研究者把斯科波尔的论点陈述理解为:外部威胁是革命的必要不充分原因。道格拉斯·戴恩(Douglas Dion 1998)与其他研究者注意到,在检验有关必要原因的论点时,其中潜在的逻辑与上文所描述的逻辑并不相同。尽管对有关必要原因的论点进行检验的方法才刚刚开始发展起来,但戴恩却已经提出了一种贝叶斯路径[①]。在获得新信息之前,人们对特定理论为真的可能性持有某种程度的先验信念(prior beliefs),贝叶斯分析为我们提供了一种方法来评估新信息对先验信念所产生的影响。为简单起见,如果我们把衡量误差的可能性搁置一旁,只考虑被检验假设的一种对立假设,那么贝叶斯法则就可以表述为:

$$P_{后验}(WH \mid D) = \frac{P_{先验}(WH)P(D \mid WH)}{P_{先验}(WH)P(D \mid WH) + P_{先验}(RH)P(D \mid RH)},$$

如果

$P_{后验}(WH \mid D)$是指,在考虑到研究中收集到的新证据的情况下,工作假设(working hypothesis)(即正接受检验的假设)为真的概率。

[①]　布劳米勒与格尔茨提出了一种细致的非贝叶斯路径,参见 Baumoeller and Goertz (2000)。

$P_{先验}$(WH)是指,在进行研究之前,分析者对工作假设是否为真所持有的信念。

P(D|WH)是指这项研究所发现的数据出现的概率,**如果**工作假设为真的话。

$P_{先验}$(RH)是指,在进行研究之前,分析者对于对立假设(最有可能替代工作假设)为真的可能性所持有的信念。

P(D|RH)是指这项研究所发现的数据出现的概率,如果对立假设为真的话。

如果我们认为,斯科波尔的论点是一种有关外部威胁必要性的论点,那么我们就应当选取以下这种恰当的初始研究策略:先选择那些经历过革命的案例,随后考查外来威胁是否先于革命而存在。有关外部威胁的信息是新的数据,分析者可以利用这些数据来更新对工作假设为真的可能性所做的评估。然而,需要注意的是,在**对立假设为真**的情况下,如果对立假设更好地描述了现实,那么分析者只有一种方式来评估观测到新数据的可能性:对相关案例总体(而不仅仅是那些经历过革命的案例)有足够的了解并能够估计出观测到这些事件(在这个案例中是指外来威胁)的概率。换句话说,我们需要了解假设的先在事件在案例总体中出现的频率。

为了能运用贝叶斯法则,分析者还有必要说明相信工作假设为真的先验信念达到了什么程度。这种先验信念来自之前对某一主题的研究。如果分析者之前在某一研究主题上只完成了极少量的研究,那么常规的做法就是认定先验信念在两个竞争假设之间处于中立状态,即设P(WH) = P(RH) = 0.5。

让我们重新回到斯科波尔的例子,如果我们以"遭受与法国一样的威胁"作为恰当的威胁门槛,那么,在采用这一标准之前就处于理论适用范围之内的那些国家当中,我估计有95%的国家曾在某一时期遭受过这样的威胁,而且其中许多国家还不止一次。根据这一估计,如果我们考虑到外来威胁不会引发革命这一对立假设,那么从 1600 年一直到现在,在任一特定国家当中观测到数据(外来威胁)的概率都可以计算出来。

斯科波尔考查了三个案例,并在三个案例中都发现了外来威胁。**如果**工作假设为真(并且不存在衡量误差),那么观测到这些数据的概率就等于 1。如果对立假设为真,且论点适用范围内 95% 的国家在某些时段都经历过类似程度的威胁,那么,在对立假设为真时观测到三个威胁实例的概率就是 $0.95 \times 0.95 \times 0.95 = 0.857$。把这些数字代入贝叶斯法则,我们就得到:

$$P_{后验}(WH \mid D) = [0.5(1)]/[0.5(1) + 0.5(0.857)] = 0.539$$

换句话说,当假设的必要原因在世界上非常普遍时,如果研究者只考查少量新案例,那么人们相信这一论点为真的信念程度只会有轻微的提高(从 0.5 到 0.539)。在恰当的总体中,如果假设的必要原因仅仅在百分之十的案例中出现,那么只要我们能在自己考查的三个案例中发现预期的证据,我们相信论点为真的信念程度就可以提升到 99% 以上。因此,影响对某一假设所持有的后验信念(posterior belief)所需的观察数在很大程度上依赖于假设的必要原因的一般分布[①]。

从研究设计的角度来看,此处对贝叶斯推断的讨论可以得出两项结论,有些文献虽论述了如何对有关必要原因的论点进行检验,但其作者却并未充分强调这两项结论:

第一,贝叶斯路径要使用新近观测到的数据来评估理论为真的可

---

① 戴恩(Dion 1998)提供了一张图表,说明需要多少个案例才能使人们相信某一论点为真的程度达到 95%(给定不同的先验信念程度,以及在对立假设为真时,对观测到数据的可能性所做的不同估计)。

能性。这些数据必须是来自为检验理论而观测到的案例,而不是来自那些引发假设的案例。初始案例,连同其他研究以及有关世界的一般知识,会影响观察者对论点是否为真的先验信念。通过贝叶斯法则,我们可以判断,在看到新数据之后,我们应在多大程度上更加相信某一论点。但是,我们无法通过这一法则来判断,对于某个可信但却未经检验的论点,我们应有多大的信心。

第二,虽然仅仅使用根据因变量选出的案例就能对有关必要条件的论点进行检验,但是,如果分析者想用贝叶斯逻辑来评估他从检验中获取了多少信息,他就需要收集足够的信息,了解在更一般的情况下,假设的必要原因在世界上的出现频率是多少,以便估计实际观测到的数据在对立假设为真时被观测到的概率。在布劳米勒与格尔茨(Braumoeller and Goertz 2000)提出的非贝叶斯路径中,这个问题被冠以"琐碎"的标签。布劳米勒与格尔茨认为,为避免必要原因变得琐碎,假设的必要原因必须在相关总体中显示出更多的变动。如果我们不考查一些不是根据因变量选取的案例,我们就无法发现究竟多大幅度的变动才足以避免琐碎。而如果假设的必要原因不经常出现,那么仅仅考查少量的额外案例就足以满足他们两人提及的条件。

时间序列、案例研究与选择偏差

案例研究或许是比较政治学领域中最为常见的研究形式,分析者经常会将其视为非定量的时间序列研究设计。案例研究通常考查跨越一定时段的某个单一国家,这往往是出于以下目的:解释最终发生的某种结果,或展示考查期间发生的某种变化所产生的影响。案例研究常常遭到批评,分析者将其视为单一的数据点,并由此认为案例研究无法揭示任何因果关系,但是,分析者其实可以更加合理地看待大部分案例研究——这种研究其实是同一案例内处在不同时间段上的一系列观察。事实上,大多数所谓的案例研究既包括不同时间点上的观察,也包括多分析层次(例如,个体、政府行政部门和政党)上的非系统性观察以及同一分析层次上有关多种实体的观察。然而,现在让我们把注意力集中在最简单的一种案例研究上,也就是研究某政党随时间所发生的演变。

这样的案例研究会面临几种方法论上的陷阱,我会在第 4 章详细讨论相应的解决方法。在此我想要提醒读者注意与选择偏差有关的方法论问题,这些问题有可能会在案例研究以及单一案例定量时间序列中出现。在典型的单一案例研究中,分析者之所以选择某一国家、组织或集团进行考查,有些时候是因为它们有过不同寻常的经历,也有些时候是因为在分析者看来,它们在那些有过不同寻常经历的案例中具有典型性。通过在其他时点(这时它们并不处于异常经历中)上对同一案例所做的观察,分析者可以获知因变量上的变动。这样的研究设计是否牵涉到实际的选择偏差? 这取决于案例中随时间推移所产生的变化能否反映相关总体中所有的可能结果。通常这是无法反映的。如果选择单一案例内的多种观察产生了一个相对于恰当总体的截断样本(truncated sample),那么其结果就是在无意中根据因变量来选择案例,而且选择偏差所产生的结果可能与上文所提到的结果相同。

那么,对于研究者而言,最为重要的关切就是界定与其所提出的问题或正接受检验的假设相关的总体。只有完成这一界定,他才能评估个案中的结果是否有足够大的变化,从而避免选择偏差。与别处一样,此处所考查的问题决定了恰当的案例总体。有时人们可能想要理解,在某一特定背景下,一项特定政策的变化会带来什么样的影响。在这种情况下,人们不是问"什么引发了结果 Y?",而是问"原因 X 造成了什么样的影响?"。如果原因 X 仅会在一种背景下出现,那么单一国家时间序列或单一国家案例研究就是恰当的研究设计(Campbell and Ross 1968)。如果在多个地方都会出现 X,那么分析者就应明智地去考查 X 在所有这些地方或其中某一样本内所造成的影响。否则,他就得冒以下这种风险,即把 X 出现之后所选国家内发生的任何事物都归结为 X 造成的。当分析者想要知道什么引发了结果 Y 时,仅仅考查出现 Y 的单个实体总是要冒风险,即使他只关心 Y 为什么会出现在某一特定的场所和特定的时间。如果分析者只对他感兴趣的特定地点和时间进行案例研究,那么他可能无法找到上述问题的答案。

无法提供答案的原因就在于,选取同一案例内的多重观察很有可能会使引发结果的真正原因保持不变或近乎不变,即使因变量出现了相当幅度的变动。与此同时,只要可能的原因要素确实在单一案例内发生了变化,那么不管这个要素是什么,它似乎都可以解释结果上的差异。在一个完整的解释中,这些导致案例内变动的原因可能只是次要的原因变量,或者它们可能只是一些特殊因素,只能影响这个案例而不能影响其他案例,因此它们也就不属于一种一般性的解释。但分析者却没法知道这些。无论在哪一种情况下他都会受到欺骗,只去关心这些因素而对其他原因要素漠不关心,这是因为在研究所覆盖的时间段内,其他那些因素的变化可能十分缓慢且不明显,但是,它们却能解释结果中的一般趋势。

这一问题是由分析者在无意中根据一个或更多的原因变量选择案例造成的。如果分析者在无意中从可能原因连续统的一端选择案例,那么这会极大地损害案例研究,这是因为在单一实体中,尽管时间不断流逝,但很多因素都保持不变或只是缓慢地发生变化。在统计研究中,根据因变量所做的选择会导致对原因要素的效应所做的评估产生偏差,但实际的结果通常却是无法论证某种真实存在的因果关系,这是因为在截断样本中,原因要素的变化几乎没有引起结果的变化。而在统计研究中,根据自变量选择案例——在案例研究中也经常发生——并不会使估计发生偏差。尽管如此,如果在实践中原因要素在样本内几乎无变化,那么分析者仍很难展示原因和结果之间存在的关系。观察是否是定量的并不会影响研究设计的逻辑。在任何一种情况下,研究者都很有可能忽视具有真正因果重要性的因素,这要么是因为这些因素随着时间的推移没有出现太大变化,要么是因为这些因素呈现出一种渐增的趋势,而观察者们却将这种趋势视为理所当然。

如果分析者对可能的因果模型有不少的了解,那么单一案例时间序列研究设计(single-case time-series design)可能就是一种良好的评估工具,利用这一工具,分析者可以在保持许多其他事物不变(因为它们在单个案例中没有发生变化)的同时去评估某个可能原因所造成的影响,但是,在更为典型的情形中——分析者并不了解可能的模型,这种研究设计的用处就没那么大了。分析者将无法确认在案例中几乎不变的原因要素,并且会倾向于过度强调促成结果的那些巧合因素。

举个例子,让我们考虑一下艾伯特·赫希曼对智利通货膨胀所做的详尽且富有洞见的研究(Albert Hirschman 1973)。在这篇文章中,赫希曼回顾了十九世纪至1961年间智利主要的几次通货膨胀。他重新思考了外国专家在智利政策形成过程中的作用,并展示了教条的经济意识形态和政策失误在引发通货膨胀中所起到的作用。赫希曼在这项研究以及包含此项研究的著作中指出:政策制定者会逐渐学会如何解决这些持续存在的问题;寻找解决措施具有正外部性,它使得政策制定者去关注迄今为止尚未注意到的问题;此外,随着时间的推移,改革主义会使经济状况极大地改善,尽管改革主义本身混乱不堪且往往令人在情感上不满。赫希曼首先描述了 1870 至 1939 年间智利经历的间歇性通胀所带来的困难,接着又描述了 1940 至 1959 年间持续存在和不断恶化的通货膨胀。凭借其一贯的才能以及对细节和背景的敏感,赫希曼在这则故事的每一个要点上都对政策失误及其他助长通货膨胀的因素进行了探讨。在这一时段的早期,战争和内战、严重的政策失误以及商业扩张引发了通胀现象,但所有这些因素在很大程度上似乎都可以自我修正。然而,从 1940 年开始,通货膨胀开始变得越来越持久、越来越严重。它再也不能回复到两次通胀现象之间的正常状态,而且趋势线开始决定性地向上倾斜,尽管"之"字型波动对这一趋势产生了掩饰作用(参见图 3.11)。从 1940 至 1959 年,平均每年的通货膨胀率为 28%(Hirschman 1973, 160)。表 3.3 展示了智利的通货膨胀率。

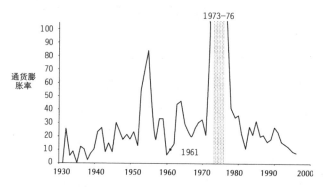

图 3.11　1930—1996 年智利的通货膨胀。

[1930—1961 年的数据来自 Hirschman(1973);1962—1963 年的数据来自
Corbo Loi(1974);1964—1996 年的数据来自 IMF(1997)。]

　　赫希曼把这种不断恶化的通货膨胀大部分都归结为特定政策——尤其是无法限制信贷流向私人部门以及工资调整的常规

化——所造成的结果。其文章通篇的重点都落在政策的细节以及影响政策细节的政治背景上。在解释对通胀的控制时（1960 至 1961 年的智利似乎实现了这种控制），赫希曼强调了围绕以下两方面所展开的激烈政治斗争，即终结自动的工资调整——在 1956 年通胀达到峰值期间完成（Hirschman 1973，203-205）——以及 1959 年豪尔赫·亚历山德里（Jorge Alessandri）总统主政时期强化对信贷系统的控制（Hirschman 1973，219）。

虽然赫希曼提到了诸如财政赤字和汇率等一般性的经济因素，但给读者留下的印象却是，智利的通货膨胀是由一些相当零散的政策失误造成的。上述印象又因以下这一现象而得到强化：亚历山德里政府促成的特定政策的变迁导致了 1960 至 1961 年间的低通货膨胀率。读者从未看到更大、更一般的图景：由国家推动的进口替代工业化（import-substitution industrialization，简称 ISI）政策战略引发了日渐严重的通货膨胀。在智利，这项战略始于 1939 年，而且在之后的三十五年间几乎没有发生任何变化。

虽然一般性的政策战略会保持稳定，并且不会受制于赫希曼强调的政策变化所带来的那种激烈的政治争论，但对这种战略的贯彻实施会日渐扭曲关税和汇率政策。这些政策会导致收支平衡危机和通胀，而这些问题同样折磨着其他众多的发展中国家。通货膨胀困扰着所有实行由国家引导的进口替代发展战略的发展中国家。1970 至 1978 年间，中低收入国家平均每年的通货膨胀率是 18%，在这一时期，除了最落后的国家之外，几乎所有的国家实际上都在实行国家引导的 ISI 战略，而与此形成对比的是，工业化国家同期每年的通货膨胀率大约是 9%（World Bank 1980，110-111）。当然，赫希曼注意到的那一点是完全正确的——零散的政策失误使通货膨胀恶化；这些政策失误解释了图 3.11 中一些很明显的"之"字型波动。尽管如此，在看完这篇文章之后,对以下这一问题感兴趣的读者仍无法获知其中主要的潜在原因——为什么智利在 1939 年之后的近四十年间反复出现通货膨胀且情况不断恶化?[1]

为公允起见,我要提醒大家注意,赫希曼的这篇文章并不是为了解释通货膨胀。相反,他试图表明,当政策制定者学会去理解通货膨胀并能利用偶尔适宜的政治环境去推动改革时,通货膨胀就能够像其他貌似棘手的问题一样逐步得到解决。然而,在某一事物潜在的主要原因尚未得到确认时,界定和"确定"不那么重要和不那么系统性的原因可能不会使经济获得长期改善。在赫希曼的研究中,对通货膨胀的最后一次测量是在 1961 年,那时政策制定者似乎最终把通货膨胀置于控制之下。然而,这次表面上有效的抑制最终仅仅起到了非常短暂的缓解作用。

表 3.3　1930—1996 年间智利的通货膨胀

年份	通货膨胀率(%)	年份	通货膨胀率(%)
1930	−5	1964	46
1931	−4	1965	29
1932	26	1966	23
1933	5	1967	19
1934	9	1968	26
1935	−1	1969	30
1936	12	1970	32
1937	10	1971	20
1938	2	1972	75

[1]　在另一篇论文当中(写作时间在本文之前几年),赫希曼援引了数个而非单个拉美国家的经验。有很多研究者都确认了 ISI 战略所带来的大量系统性不利影响,包括其引发通货膨胀的倾向,赫希曼(Hirschman 1968)就属于他们当中最早的一批。

续表

年份	通货膨胀率(%)	年份	通货膨胀率(%)
1939	7	1973	361
1940	10	1974	505
1941	23	1975	375
1942	26	1976	212
1943	8	1977	92
1944	15	1978	40
1945	8	1979	33
1946	30	1980	35
1947	23	1981	20
1948	17	1982	10
1949	21	1983	27
1950	17	1984	20
1951	23	1985	31
1952	12	1986	19
1953	56	1987	20
1954	71	1988	15
1955	84	1989	17
1956	38	1990	26
1957	17	1991	22
1958	33	1992	15
1959	33	1993	13
1960	5	1994	11
1961	10	1995	8
1962	14	1996	7
1963	44		

资料来源:1930 至 1961 年,Hirschman(1973);1962 年至 1963 年,Corbo Loi(1974);1964 至 1996 年,World Bank(2002)。

正如表 3.3 和图 3.11 所清晰展示的那样,智利的通货膨胀从未显示出长期的下降趋势,直到皮诺切特政府废弃了由国家推动的进口替代发展政策。阿连德(Allende)时期极高的通货膨胀率及其直接后果并不能被归咎于发展战略,但如果排除这些年份,我们还是可以清楚地看到,智利控制住通货膨胀的时间始于 1970 年代后期。目前智利的经济政策制定以及低通胀表明,在相信人类(包括政策制定者)会学习这一点上,赫希曼是正确的。但在智利,与赫希曼预期的不同,改革者的艰苦努力和零散的政策变迁最终并没有解决通货膨胀。政策制定者是通过痛苦的政策变化才控制住通胀的,这种变化颠覆了智利四十年来的基本经济政策战略。

上文的方法论要点就在于,即使人们只关心什么引发了智利的通货膨胀,用以发现这些原因的最佳研究策略可能也需要去考查其他案例。在某一国家内部,重要的原因——比如发展战略的基本信条——可能在数十年间都不会有太大变化。因此,分析者可能会忽视它们的重要性,转而集中注意力去关注不那么重要的原因,或去关注最终没有产生任何普遍因果效应的并发因素。案例研究通常有助于解释趋势线上的"之"字型波动,但有时它们几乎无法为解释趋势本身提供任何帮助。

案例研究、时间序列与趋均数回归

本章余下的部分将讨论一些看上去不那么明显的方法论陷阱,这些陷阱是那些不仅得考虑对何种案例予以考察、还必须对研究的起点与终点做出选择的研究者所要面对的。在为某一项案例研究或时间序列选择起始或终止时间时，如果分析者的选择理由是因为在这些时间点上出现了极端值，那么除了选择偏差造成错误推断这种可能性之外，分析者还必须关注趋均数回归所造成的影响。由于极端结果通常是由以下两者结合起来造成的——系统性原因中的极端值与极端的非系统性影响（在定量分析中被称为误差项），因此随着时间的推移，研究之初的恶劣条件可能会得到改善，而极好的状况则可能出现恶化，即使引发极端结果的系统性因素并未出现任何变化。如果对结果的非系统性影响发生了这样的变化，那么粗心的分析者就往往会认为，在那些干预性事件（intervening events）当中，正是他们所钟爱的"英雄"或"恶棍"使条件改善或恶化，即使真正发生变化的只是那些影响社会科学乃至其余世界中一切事物的随机因素。

趋均数回归是指任何极端的状况、分值、结果或事件都会仅仅因为那些碰巧会再次发挥作用的极端随机因素减少而变得不那么极端的趋势。趋均数回归会导致研究者无法正确衡量结果随时间推移而产生的系统性变化。如果分析者错误理解了实际的变化幅度，那么他往往会构建论点来解释从未发生的变化，从而犯下更大的错误。

趋均数回归已经在教育学研究中得到了最为充分的分析。一个经典的例子就是，研究者试图评估一种用来教授矫正性阅读的新方法有多大用处。他们首先测试学生的阅读能力。那些得分低于某一下限的学生会被挑选出来并接受特殊帮助，在帮助学生时采用的就是这种新方法。隔一段时间以后，研究者会再次测试这些学生，同时，作为控制组，班上的其他学生也再次得到测试，之所以这样做是因为，随着时间的推移，所有学生的能力都有望得到提高。那些接受特殊帮助的学生总是会比未接受帮助的那组学生取得更大的进步，不管使用的是什么方法。然而，阅读障碍却并没消失，这是因为在这些学生所表现出的进步中,至少有一部分或全部的进步都是趋均数回归造成的假象,而不是矫正阅读方法的真实效果。在第一次测验中,得分最低的那些学生之所以如此可能有两方面的原因:他们的阅读能力比其他人差;由于诸如生病或疲倦这样的非系统性原因,他们在第一次测验中表现极差。第二次测验就像第一次测验一样,既测量阅读能力中的系统性成分,也测量诸如生病或疲倦这样的随机因素。由于同一批孩子不大可能在两次测验中都生病或处于疲倦状态,所以一般来说,矫正组在第二次测验中的得分不会包含极端的非系统性因素,因此他们的分数会比第一次更高,即使他们的阅读能力并没有得到提高。

趋均数回归有两种来源,一种在概念上很琐碎但在社会科学的实践中非常重要,另一种在概念上和实践上都很重要。第一种的来源是每一次衡量中都会有的某种误差因素。就对事物的简单物理测量而言,比如测量温度和长度,测量中微小的误差因素通常不会造成实际的影响,但在社会科学中,我们想要解释的大部分事物都只能进行非常粗略的"测量"。在那些对每个结果都产生了影响的非系统性误差当中,有一种误差就是这样的衡量误差——简单说就是所有衡量手段中都存在的不准确性,不管这种衡量手段是不是定量的。任何结果也都会受到以下各方面的影响:偶然事件、不会再次发生而且不具有理论意义的事件、运气、某些个体的特定技能和缺点以及寿命等。如果研究的目的是追求系统性的解释,那么这些促成结果的非系统性因素也属于"误差项"的一部分。也就是说,真正的衡量误差与巧合因素都会影响对结果所做的每一次评估。这两者即是造成统计学假象——趋均数回归——的原因。

每当分析者根据某一变量取值的高(或低)来选择案例以供研究或"处理"(treatment)时,他都是在无意地选择具有异常正(或负)"误差项"(上文所讨论的两种含义都涉及了)的样本。当分析者对其所选的案例进行二次测量时，其测量中存在的不精确性就不大可能再偏于正向或负向，同时，影响结果的巧合事件也不大可能再偏于正向或负向。结果，在第一次测量中结果格外正向的案例，在另一次测量中就不会显得那么好，而在第一次评估中结果格外负向的案例看起来则会随着时间的推移而逐渐得到改善——即使**没有任何**系统性因素发生变化。

由于大部分论述趋均数回归的研究都出现在教育学或心理学测量当中，所以比较政治学的研究者有时并没有意识到趋均数回归对于他们自身的工作意味着什么。让我们考虑一下以下这项假设。分析者想要知道，来自国际金融机构的结构调整贷款会对发展中国家的经济表现产生什么样的影响。为回答这一问题，她对接受这些贷款的国家和没有接受的发展中国家的人均经济增长率进行了比较。她需要将其感兴趣的国家与同期的另一组国家进行比较，通过这种比较，分析者可以控制影响全世界经济增长的国际因素。然而，由于结构调整贷款流向的是那些经济处于危机之中的国家，而且引发危机的原因既包括坏运气、糟糕的天气以及不可重复的事件，也包括更为系统性的因素，所以一般而言，不管有没有贷款援助，这些国家的经济表现都有望得到改善。因此，粗心的研究者可能会在贷款的作用这一问题上受到误导，因为他们仅仅比较了那些接受贷款的国家与没有接受贷款的国家在经济表现上的变化，却忽略了以下这一点：在任何情况下，哪怕经济表现最差的国家都有望出现一定程度的改善。

只要研究关注的是经济增长率的跨时比较，分析者就需要警惕趋均数回归的可能性。在大多数国家，经济表现的根本原因，诸如资源禀赋、人力资本、储蓄率、政策制定者的能力以及经济政策的基本信条，在前一年与后一年之间都不会有太大变化。因此我们认为，某一年的经济增长率与下一年的高度相关，我们的随机观测也支持这种预

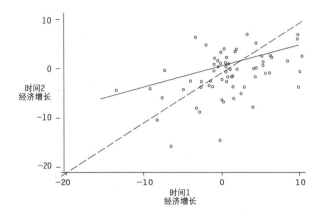

图 3.12　根据发展中国家 1990 年的人均 GDP 增长率,
对发展中国家 1991 年的人均 GDP 增长率所做的回归。
(人均 GDP 数据来自 Penn World Tables)

期——大部分亚洲国家的经济几乎每一年都在迅速增长,而大部分非洲国家则不是。与此同时,非系统性因素和衡量误差也会影响我们对每个国家每一年度的经济增长率所做的衡量。衡量中所包含的这种非系统性成分总是会导致研究中出现以下这种情况:在较早的某一时段内经济表现极糟的国家,其经济增长会加快,而之前经济表现极好的国家,其经济增长则会放缓。

　　图 3.12 显示了发展中国家 1990 年的经济增长率与 1991 年的经济增长率之间的关系①。实线是回归线,它所展示的是在给定 1990 年的特定增长率的情况下,研究者所估计的 1991 年的增长率。那条虚斜线表示的是一种假设关系,如果影响经济表现的所有原因年年都保

---

①　用于建构该散点图的数据集包括所有居民人数多于一百万且其数据可从宾夕法尼亚大学世界表中获得的中低收入国家。排除居民人数少于一百万的国家是因为它们的经济具有异常不稳定的倾向,而且我不希望此处显示的结果依赖于异常的案例。因数据不可得而被排除的国家包括大部分在这些年份陷于内战的国家。

持稳定，而且一般而言经济增长率也年年都保持一致，我们就会认为这种关系在实际上存在。落在斜线下方的那部分回归线反映的是1990年经济增长率最高的那些国家在1991年的经济表现，与1990年相比，它们在1991年的增长速度放缓。同时，在斜线上方的那部分回归线反映的是1990年增长率最低的那些国家，它们的经济增长速度在1991年加快了。平均而言，1990年人均GDP增长率在5%以上的国家，在1991年只增长了3.7%。而在另一种极端情况中，平均而言，1990年人均GDP增长率下降了5%或更多的国家，在1991年只下降了2.8%。

这种趋势并不是由国际经济的变迁造成的，因为这些变迁曾一度有利于贫穷国家而非富裕国家。（我强烈建议那些对这种说法表示怀疑的读者尝试在其他年份运用这一回归。在每一对对立的案例中，增长快速的国家在第二年都会表现得稍微差些，而增长缓慢的国家则会表现得稍微好些。这一结果并不意味着各国的经济增长率会逐渐趋于一致。）

这种趋势并不是由系统性因素造成的，而是由"误差项"中的变化造成的。任何时候都获得最高分值的国家不仅具有系统性的优异经济表现，而且一般而言，它们都具有正向误差项——要么是真实的衡量误差，要么是下一年不可能再出现的巧合和运气。在随后的测量中，它们的经济表现一般而言仍然很好，但一般来说，结果中的非系统性成分却既不是正向的也不是负向的，因而总分值会降低。因此，只要研究者因为某一案例的表现极佳而选择这一案例，那么这一案例的后续表现就会变得稍微差一些，而对那些因表现极糟而被选取的案例来说，情况则恰好相反。

如果研究者试图去评估某种"处理"——诸如结构调整贷款或旨在满足基本需求的援助项目——的效应，那么趋均数回归极有可能会妨碍他们获得正确结论。这是因为"处理"往往只会提供给那些在捐赠者看来有需要的国家,通常也就是那些正在经历某种危机的国家。在这种情况下,问题不在于分析者从连续统的某一端选择案例,而在于那些提供"处理"的机构从连续统的某一端选择案例。

在评估自发"处理"——比如军人干预——的作用时,趋均数回归也会对研究者的评估能力产生影响。如果民主制通常是在经济危机期间垮台,那么那种将军人干预前后的经济表现加以比较的研究设计就有可能高估军事统治对经济的有益影响,出于近乎相同的原因,教育研究者也有可能倾向于高估矫正性阅读方法的有益作用。一般而言,民主制垮台之前的那段时期经济表现之所以糟糕,原因既包括系统性因素,也包括不幸的巧合因素。但是,在民主制垮台之后的军事统治时期,影响经济表现的巧合因素一般而言会趋于正常。例如,如果研究者对阿根廷、巴西、智利和乌拉圭在以下两个时期内的经济增长率进行比较,即民主制最近一次垮台前的一年与军事统治的前五年——就像很多试图评估官僚威权主义的影响的作者所做的那样,虽然他们的评估方式通常不是定量的——那么研究者就会倾向于得出结论认为,军事统治者要比民选的政治家更善于掌控经济。平均而言,这些国家的人均收入在民主制崩溃前的那一年下降了1.5%,但是,在军事统治的前五年(不包括民主制崩溃那一年),人均收入平均每年增长0.8%①。

然而,研究者并不能根据这些数字得出结论认为军政权表现得更好。为评估上述问题,研究者需要去模拟有可能在相关年份出现的趋均数回归,并且对军事统治下的经济表现与模型所预测的经济表现进行比较。除此之外还有一种替代方法:比较军事统治期间的经济增长

① 此处以及下文段落中的百分比是由宾夕法尼亚大学世界表格计算得来的。

与同一国家的长期经济增长。这是因为如果研究者计算多年来的平均经济增长率,那么误差项中的上下波动将被抹平。从 1951 年至军人干政前一年,这四个国家的平均经济增长率介于 0.9%(乌拉圭)至 3.2%(巴西)之间,全都比军事统治前五年的平均增长率高①。当然,我们还可以进行更详尽的检验,但是这项简单的检验足以表明,在促进经济快速增长这方面,军政府做得并不是特别成功。

小　结

本章的例子已经表明,选取那些聚集在要被解释的结果的某一端的案例进行研究的做法会得出错误的答案。研究者选出的所有案例都共同拥有一些明显的原因,然而,在某些其他案例中,尽管这些原因同样频繁地出现,但是应当被它们解释的结果却没有出现。如果研究者考查了横跨因变量全域的案例,那么根据因变量选出的小样本中看似存在的因果关系就有可能消失或被逆转。如果某项历史研究或时间序列的起点或终点是一个特殊的时间,那么一旦研究所覆盖的时间发生改变,本来看似可信的论点说服力就会下降。而趋均数回归则可能会使粗心大意的研究者去解释并未出现的变化。简言之,如果不对案例选择的逻辑意义进行审慎的思考,案例选择就会面临得出错误结论的巨大风险。

但这并不等于说,研究根据因变量选出的案例在比较政治学中毫

---

① 阿根廷涉及的年份是从 1951 至 1965 年,这是因为在此之后的大部分时间里阿根廷都处于军事统治之下。

无地位。这些研究有利于挖掘现象发生的细节,也有利于深化洞见。它们可以确定可信的原因变量,揭露当前理论尚不能解决的反常现象。与此同时,这些研究还有助于创建和修订研究者所提出的理论。然而,就其本身而言,这些研究无法检验自身提出的理论(参看 Achen and Snidal 1989)。为了检验理论,研究者必须以一种不会损害推理逻辑的方式来选择案例。

如果想要开始积累一整套比较政治学的理论知识,我们就需要改变那些据以决定何种证据具有理论意义的惯例。在比较政治学这个子领域中,研究者经常会利用根据因变量选出的案例进行推测,这种做法已经有很长的历史而且取得了丰硕的成果,作为一种产生洞见和假设的方法,这种推测将继续发挥重要作用。然而,不论这样的推测多么令人信服,它们都只是作为积累的知识而处于预备状态,除非它们已经得到了检验,而这种检验则通常需要研究者细心地从可能结果的全域中来选择案例。

你使用的证据如何影响你的答案：**4**
严格使用案例研究中包含的证据

《新英格兰医学杂志》(*New England Journal of Medicine*)有一个固定专栏,名字叫作"来自麻省总医院的案例报告"(Case Records from the Massachusetts General Hospital)。该专栏中的文章采用的都是像"一位患有突发性单眼失明的 80 岁妇女"和"一位患有发热、呼吸困难、肺浸润、胸膜积液和意识模糊的 76 岁男子"之类的标题。这些文章探究的正是那些用现有医学理论还无法轻易解释的案例中的症状进展与模式。

在医学这样一个高度科学化的领域内,其顶尖期刊还在继续为案例研究拨出篇幅。这一事实表明,在未来很长一段时间内,案例研究将继续在比较政治学领域扮演有用的角色。比较政治学家们会继续利用案例研究来确定事实,探究反常现象并试图提出有前途的理论观点。

在本章中,我会向研究者提供建议,告诉他们怎样创造和使用案例研究的证据,从而提高对知识做出可靠贡献的可能性。这里提出的许多一般性方法论处方都与本书其余部分所提到的相同,但是,如果研究者要把这些处方应用于案例研究中常见的那几种论点和证据,情况可能会非常棘手。要弄清检验复杂的历史论点的恰当观察总体，相较于为一个简单得多的论点确定适用范围而言需要更多的思考。通过把案例明确分类并归入理论上相关的范畴来对复杂的词语概念（verbal concepts）加以适当界定，要比从互联网上下载标准数据集并从中选择变量纳入多元回归花费更多的功夫。有时，分析者可以利用标准的非定量操作化方法——例如，将政党体系划分为优势一党制、两党制、多党制和碎片化多党制（fragmented party system）这几个范畴——这些操作化方法已经使用得非常频繁，因此无需重新创造。但大多数时候，从事非定量研究的比较政治学家必须创造一套属于自己的方法，以便对中心概念进行操作化与衡量。本章关注的就是这样做所必需的步骤。

本章分为三个主要部分。第一部分讲述案例研究在比较政治学中长久持续的重要性，并考查将因果分析应用于案例研究证据时所遵循的逻辑，包括如何使用这样的证据来检验复杂的历史论点与路径依赖论点。从中得出的结论就是，比较政治学家们需要更多、而非更少的案例研究证据——要有足够多的证据以便在案例间进行结构化比较。

尽管增加要考查的案例的数量一直都是一个好主意，但那并不是本章强调的重点。相反，我关注的是如何对可被研究的案例进行选择的逻辑，不管案例的数量是多少。我强调两条选择标准。第一，在研究者想要去检验的那些理论的适用范围内，供检验用的案例应当具有代表性。第二，用来检验论点的案例与那些引发论点的案例不应是相同的，因为如果某一论点不符合产生它的那些案例，那么分析者一开始就不会提出这个论点。

本章的第二部分聚焦于非定量的操作化与衡量。如果分析者要用案例研究证据检验论点，那么他就必须以具体的方式来对复杂、抽象的概念进行操作化,从而减少在现实世界中围绕这些概念的模糊性。为了把案例归入不同的范畴,分析者们还必须设计出具体且明确的分类标准。一个例子可能会使带有模糊性的潜在问题更加明显。

在文献中,许多论点都强调分裂的精英集团在解释各种不同政治结果时的因果重要性(causal importance)(例如,Skocpol 1979;Yashar 1997)。为了检验这样的论点,首先,分析者需要适用于多种背景的具体标准,根据这些标准分析者可以确认哪些个体或者群体是精英集团的成员;其次,分析者需要明确的规则来确定什么时候精英集团处于分裂状态。在实践中,要达到第二个要求可能会非常困难,因为所有的集团都包含派系、分歧和差异,分析者必须确定具体的标准,判断现实世界中的差异有哪些在理论上与精英集团分裂有关,哪些无关。没有明确的分类标准,我们就无法知道案例是否符合某一论点,因而也就无法利用这些案例来检验该论点。

本章篇幅最长的最后一部分是一个引申的例子,说的是怎样组织和利用历史性案例研究的证据检验复杂的路径依赖论点。这一部分表明,在不忽略初始论点所特有的那种先在的事件顺序和背景(prior sequence of events and context)的情况下,除了引发初始论点的那些案例以外,研究者可以利用案例来检验路径依赖论点。西摩·马丁·利普赛特和斯坦·罗坎曾提出过一个有关现代政党体系中历史分裂的持续性的假设(Seymour Martin Lipset and Stein Rokkan 1967),在下文中我会以该假设为例,对认定检验该假设的恰当案例总体所必需的步骤进行考察,并展示如何对内嵌于这一复杂历史论点中的概念进行操作化与非定量衡量。

案例研究证据的角色及其恰当使用

　　案例研究，无论是单一案例研究还是多案例研究，仍是比较政治学主要的研究形式之一。阿德里安·赫尔写过一篇评论（Adrian Hull 1999），他发现，从 1983 年到 1997 年，主要的比较政治学期刊所发表的文章当中，有 53.8% 的文章关注的是单个国家，另有 15.7% 的文章关注的是两到三个国家。案例研究仍然是这一子领域中提出论点和收集证据的主要方式。这主要是因为比较政治学家们必须通过实地研究或是逐个研究各国档案来收集其使用的大部分证据。大样本研究（large-N）的数据源正变得越来越常见、越来越容易获得，但是，比较政治学家们所能得到的数据集与很多主题都没有什么关系，而且包含的都只是些肤浅的信息。很多分析者都感到需要收集他们自己想要的信息，而案例研究恰恰是最为有效的收集方式。

　　案例研究已经遭受了相当多方法论上的批评。大部分批评详细论述的都是当变量数超过案例数时检验假设的不可能性。甚至是基于多个案例的研究，通常情况下其包含的可能原因数目也要比案例数目多，因此，分析者们整理出来的证据无法确证或驳斥其提出的假设（Lieberson 1991）。使用案例研究方法时会遇到的其他难题，包括研究者不能辨认并忽视其所选案例的特异性质——在定量研究中这被称为理论对数据的过度拟合。尽管这些难题不是案例研究所固有的，但是在实践中它们出现得相当频繁。

　　唐纳德·坎贝尔（Donald Campbell 1975）提出，如果分析者利用案例研究检验一个给定理论的多重推论,那么案例研究会变得更为有用。然而,不管分析者们检验的是理论的一个推论还是多重推论,基于单一案例或观察(observations)的研究都会面临一种无可辩驳的标准批评:这些研究不能被用来确证或驳斥假设。如果一个假设说的是某种原因导致了分析者试图去解释的结果,并且这个假设是用一个案例来检验的,那么我们可以利用图表清晰地展示出这一问题(参见图4.1)。

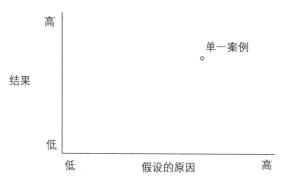

图 4.1 用一个案例来检验的双变量假设

如果只有来自单一案例的证据,分析者就完全不知道他想要去概括(generalize)的案例总体调查出来会是什么样子:可能是一条从原点到右上象限的由点组成的线,也可能是一条从左上方到右下方的由点组成的线,还有可能是一堆不成形状的散点,或是其他任何可以想象的形状①。事实上,对于那些未得到明确考察的案例而言,如果对其结果的取值与假设的原因变量(hypothesized causal variables)的取值没有一定的了解,分析者甚至无法判断案例在每个变量上所处的位置是"高"还是"低"。当然,在实践中,分析者对其他案例通常都有一些非

———————

① 金、基欧汉与维尔巴(King, Keohane and Verba 1994)对这一问题做了一个非常简单的代数论证并对其进行了更为广泛的讨论。

正式的了解,不过(如第 3 章所强调的那样)我们最好还是查验一下那些非正式的知识,并确保那些与正在被研究的单一案例做了隐含比较的诸多案例能够代表论点有望适用的总体。

通常,分析者会确认不止一个重要的原因。如果情况是这样的话,那么分析者就再也无法轻松地画出单点了。但是,单点仍然是一个单点,就任一假设的原因与结果之间的可能关系而言,它没有给出有关其方向和强度(magnitude)的信息。

当只有一个假设的原因得到考虑时,两个案例就足以估计原因与结果之间的关系。当有关单一原因的假设以图表的形式表示出来时,如果分析者用两个案例来检验假设,那么图上就会出现两个点;通过这两个点可以画出一条线;这条线给出了对假设关系的方向与强度的估计,如图 4.2 所示。但是,当然,仅仅基于两个点得出的趋势并不是非常可靠。理论上,我们想看到有关趋势的假设得到更多数据点的支持,那样我们就更能确定自己已经确认了一个真正的趋势,而不是两个案例的某种特质。

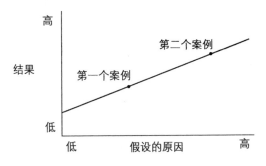

图 4.2　用两个案例来检验的双变量假设

在更一般的情况下,只要分析者所拥有的案例比假设的原因多出至少一个,他就可以对假设的原因与结果之间的关系做出估计。但是,基于比可能原因仅多一个的案例所作出的估计却是不可靠的。纳入的额外案例越多(假定选择这些额外案例的方式不会使结论发生偏差),做出的估计才会越可靠。

那种想要保持少数案例的分析者此时可能很想每次只检验一个假设,其目的就是为了让案例数总是大于较少的潜在原因数目。然而,一般来说,这解决不了问题。这是因为,如果把可能影响结果的,并且还与受检的因果可能性相关的(在社会科学中几乎总是如此)潜在原因排除在外,那么对受检的潜在原因与结果之间关系的估计会发生偏差。也就是说,被考查的原因会比实际上显得更为重要,因为未被考查的原因所产生的一些效应可能会归结到被考查的原因上去。一个极为简单但又不现实的例子可能会使这一问题更加清晰易懂。

假定分析者想知道是什么导致了学业成就。他计划考查两个个体,一个低收入的非洲裔美国学生和一个高收入的白人学生。当他观察种族对成绩的影响时,他会发现种族这个因素充分地解释了成绩上的差异。然而,如果他观察过收入对成绩的影响,那么他就会发现收入也充分地解释了这两个学生之间的差异。对于每一项检验而言,研究者所拥有的案例数(两个)都比变量数(一个)要多,但是他却不能区分是种族、是阶级、是这两者的加总,还是与种族和阶级相关的其他什么东西解释了成绩上的差异。问题就在于,每一次只检验相关变量(种族和阶级)中一个变量的效应并不能公平地检验每一变量的效应。不管纳入检验的是哪一个变量,它都会比实际上显得更为重要,因为它会部分地代表被排除在外的相关可能原因。

没有人会真的用案例研究来考查种族和阶级对学业成绩的影响,而且,在美国,种族和阶级要比其他很多可能的原因更为高度相关。尽管如此,很多可能原因都是相关的,而且只要它们是相关的,同样的难题就会出现。案例是国家还是个体并不重要。为了区分种族和阶级对学业成绩的影响,分析者至少需要把一些高收入的非洲裔美国人和一些低收入的白人纳入其研究,他必须得用案例的全集同时检验种族和阶级这两者的效应。只有那样他才能明白这两个原因各自单独的影响。为了产生可靠的结果,案例数超出变量数的数目必须相当大。

对于可能原因的数量多于案例数量这一问题而言,唯一真正的解决途径就是增加案例的数量。从事非定量研究的比较政治学家所面临的问题因此也就变成了:在不损失案例研究数据能揭示细微变化并具有描述上的准确性的优势的前提下,如何增加那些可用来检验关系的案例。

一种简单方法就是增加少量日常语言意义上的案例内部观察的数量(参看 King, Keohane, and Verba 1994)。回想一下,案例的技术性定义与**案例**这个词在日常语言中的含义是不同的。用方法论的术语来说,一个案例就是一个单位,在这个单位中,每个变量都只呈现出一个值或只被划分到一个范畴中,这样的一个案例也被称为一个观察。例如,分析者可以通过如下方式增加日常语言意义上的案例内观察的数量:观察一国内的多个州或地区;观察机构内的不同决策;观察几乎任何事物中的不同时间段;观察任何组织或者地域实体内的不同个体。将日常语言意义上的案例分解为多重观察的哪一种方法(如果有的话)更合理,取决于被检验的论点及其所隐含的分析单位。

在实践中,大部分日常语言意义上的案例研究都包含这种分解的要素,尽管对多重观察的讨论通常都是不系统的,因为研究者对于不同的观察所讨论和"衡量"的可能原因是不同的。本章的目的之一就是要鼓励分析者们把多重观察纳入单一的日常语言意义上的案例,并将这种偶然和随意的习惯做法变成自觉和系统的。

当每个观察都是以一种不同的方式被衡量时,分析者无法从研究中得出一般性的结论。如果分析者系统性地坚持亚历山大·乔治与蒂莫西·麦基翁(Alexander George and Timothy McKeown 1985)所说的结构化的、有焦点的比较(structured focused comparison),那么日常语言意义上的"案例"内的多重观察可以变得更为有用。用更为标准的语言来说,结构化、有焦点的比较就是:对于每个观察,分析者都考查相同的原因和相同的效应;使用相同的范畴来给变量赋值——也就是说,对于每个观察,分析者都是以相同的方式来衡量相同的可能原因;在特定的研究中,不管用什么恰当的方法,努力使对观察的分析具有可比性,以便从这些分析中得出普遍化的结论。在本章第三部分的引申例子中,我会展示在比较历史研究的背景之下进行结构化、有焦点的比较所用到的技巧。

原则上,作为一种能增加案例数量的方式,分解所面临的唯一约束就是分析者必须确信,分解所产生的技术性案例全都真的是相同事物的实例①。在一些调查当中,这一要求几乎没有带来什么问题。例如,一个对政商关系感兴趣的学者可能想去调查:在巴西,行政竞选连任的合法化会对预算赤字产生什么影响。但是,如果她只是去观察到目前为止在任总统谋求连任的实例,她就无法从中得出强有力的结论。然而,通过考查所有在任州长谋求连任的州竞选活动,并把这些竞选活动与早先禁止连任的时期进行比较,分析者能够增加案例的数量,由此对研究中所得到的任何结论都更加具有信心。这种做法既简单明了又不会产生什么问题。

然而,有一些研究问题却产生了更多的困难。如果分析者试图去

---

① 可能案例是否真的是相同事物的实例? 这一问题在其他情况下也会出现。巴特尔斯(Bartels 1998)提出了一种统计程序,在给案例加权时,这种程序会赋予明确的案例而非不确定的案例(dubious cases)以更大的权重。这种程序对处理不确定的案例很有用,但是对于那些能更好地被一个完全不同的模型所解释的案例来说,这种程序没有什么用处。

解释特定的国家当中利益集团对经济改革政策的影响,他可能会决定把改革政策包(policy package)分解为一系列特定的政策,并且分别观察是什么因素影响了其中的每一项政策。然而,在这种情况下,分析者最终得到的是对政策决策所做的大量单一案例研究,而不是对单一国家所做的多案例研究,因为改革政策包中的不同要素通常不是相同事物的实例。不同的特定政策对于不同的集团而言意味着不同的成本和收益;这些政策是由不同的政治行动者制定的,他们中有一些人的政治生涯依赖于选举,有一些人则不是;这些政策需要不同层次的公共支持;它们的可见性(visibility)与可理解性(intelligibility)影响公民的程度也有差别。由于这样那样的原因,分析者需要用不同的变量来解释不同政策的结果,因而他们无法进行结构化、有焦点的比较。如果研究者观察的是几个国家内的相似政策而非同一个国家内的几种不同政策,那么他的研究处境会更好一些。

总而言之,到目前为止,案例研究的主要缺点通常不在于把研究限制在一个或是几个日常语言意义上的案例中,而在于研究者们没能全面彻底地考虑他们研究策略的方法论逻辑①。研究者通常可以用以下两种方式来处理以案例研究为基础的研究设计所面临的挑战:增加日常语言中所说的案例内的观察的数量;以相同的方式来"衡量"每个观察中的相同事物。

后文会详细讨论衡量的问题。不过,在此之前,让我们先考虑一下案例研究在路径依赖论点中所扮演的特殊角色。

---

① 有大量的文章讨论使用案例研究的方法论,尤其是选择案例用作控制组的问题。引用最多的文章包括:Lijphart (1971, 1975); Meckstroth (1975); Skocpol and Somers (1980); Frendreis (1983); DeFelice (1986)。

路径依赖论点中的案例研究

　　如果研究者想要更为严格地运用案例研究策略，那么他首先要做的就是以这样那样的方式增加案例的数量，但是，并非每一种包含多重案例的研究设计都同样有用。下述的这种研究就无法轻易得到辩护：在论点的每一个交点（node）上使用同样的案例历史（case histories）"检验"多重假设——这些假设存在于论点的每一个交点之上，并且构成了众多复杂的路径依赖论点。通常，这里的研究策略始于选择几个日常语言意义上的案例，一般是国家。随后，研究者追溯每一个案例中历史事件的发展过程，通常要跨几个世纪的时间，直到要解释的最终结果出现，如革命或者民主。

　　在不同的点上，案例会走向或是"选择"一条特定的路径，而这条路径随后会阻止案例将来返回其未选取的路径。这些选择充当了下一个选择点及最终结果的干预原因（intervening causes）。路径依赖论点的关键论断就是：这些早期的选择创造出了持久且很难逆转的遗产（legacies）或制度。

　　因此，早期选择会改变与后期选择相关的成本和收益，甚至可能会决定后期选择是否存在。在每一个选择点上，或者说交点上，分析者都会提出假设来解释选择。在极端的情况下，这种研究设计可能意味着用相同的三个案例来"检验"几十个假设。如果分析者把每个交点都视为一个观察，那么路径依赖论点似乎可以被分解，但是，由于行动者、制度和假设在每一个交点上都会发生变化，所以这些交点不应被视为同一事物的实例。进一步说，就像上文那个有关经济政策的例子一样，每个交点都可以被视为不同事物的实例，因此很多不同的假设都是用相同的少量案例来检验的。

比较政治学的一些经典著作采用了这种研究策略,如巴林顿·摩尔的《民主与专制的社会起源》(Moore, Barrington. 1966. *Social Origins of Dictatorship and Democracy*),莱因哈德·本迪克斯的《国家建设与公民权》(Bendix, Reinhard. 1964. *Nation-building and Citizenship*),西摩·马丁·利普赛特与斯坦·罗坎的《政党体系与选民联盟》(Lipset, Syemour Martin, and Stein Rokkan. 1967. *Party Systems and Voter Alignments*)。这些著作中所展现出的博学和洞见令人印象深刻。尽管这种策略在才华横溢的研究者手中能激发出新颖的论点,但是当研究者试图去检验这些论点时,这种策略还是会受到限制。

对于比较历史分析中所使用的路径依赖论点而言,其做出的知识论断面临三种方法论上的挑战。第一种就是,我们怎么知道对特定交点上的结果所做的解释是正确的? 这是分析者提出的任何解释都会面临的相同挑战,而且分析者可以用相同的方式应对这一挑战。分析者必须比较自己提出的解释与对立的解释,以判断哪一种解释看上去与证据最为相符。然而,如果分析者只考查引发论点的初始研究所包含的案例,不考察除此之外的其他案例,那么上面的这一点一般做不到。

另一种紧密相关的挑战就是,我们怎么知道我们观察到的最终结果(遗产)真的是由在其之前的一系列历史关头(historical junctures)上的选择引起的,不是由其他事物引起的? 例如,我们怎么知道民主是由地主与农民间关系的历史演变所引发的,而不是由对税收的讨价还价所引发的? 前者是摩尔(Moore 1966)的观点,后者是罗伯特·贝茨和连大祥(Bates and Da-Hsiang Lien 1985),以及玛格丽特·莱维(Margaret Levi 1988)的观点。这种挑战与任何知识论断都面临的那些挑战也没有什么差别,分析者也可以通过相同的方式来应对这一挑战。分析者可以从两种对立论点中得出推论并利用恰当的案例集检验推论。然而,这种检验将必然涉及考查那些最初从中得出因果过程的案例之外的一些案例。

第三种挑战与确认"紧要关头"(critical junctures)有关,紧要关头也就是做出具有长期后果的选择时所处的时间点。如果两个路径依赖论点打算要解释相同的结果,其中一个论点得出结论认为,在某一个历史关头上做出的选择决定了最后的结果,而另一个论点则把一个不同的时机视为紧要关头,那么我们怎样才能判定哪个论点是正确的? 例如,德博拉·亚沙尔(Deborah Yashar 1997)认为,大萧条(Depression)是哥斯达黎加和危地马拉的紧要关头,两国当时做出的决策决定了在二十世纪剩余时间里的后续结果,但是,詹姆斯·马奥尼(James Mahoney 2001)不同意他的观点。他认为,紧要关头发生在十九世纪的自由时期(liberal period),大萧条期间做出的决策或多或少已经是事先注定了的。如果对遗产(也就是更早的选择所创造的利益或者制度)的衡量没有进展,这些遗产对之后的选择所造成的影响没有被理论化,之后没有额外的案例能用来检验这种理论化,那么我就无法解决这样的分歧。因此,我们又一次遇到了使用案例研究证据时面临的主要困难——就是没有足够的案例研究证据。

需要注意的是,在比较历史论点提出的知识论断所面临的众多挑战当中,没有一种挑战产生于路径依赖的逻辑,路径依赖的逻辑非常易懂并且在很多领域中都得到了广泛应用,如经济学。这些挑战产生于比较历史研究使用的研究设计所共有的两个特征:对少量案例的依赖,通常是那些引发论点的案例;含糊或是不明确的定义与衡量,我会在下一部分讨论这一主题。

如果我们认为复杂的、路径依赖的历史过程引起了特定的结果,而且我们想去克服这些挑战,那么我们应该做些什么? 第一步就是要让自身摆脱对起初所研究案例集的初始忠诚,我们可能正是从这一案例集开始并且从中得到了论点所包含的思想。在任何可能的时候,大的论点都应当在其分支点上被分解,而且,对于那些声称要对不同交点上的选择进行解释的假设,分析者应当用那些符合恰当初始条件的额外案例来检验。分析者应当努力去查看在这些案例中假设的遗产是否也会出现。

那些使用和鼓吹比较历史研究策略的作者经常坚持:特定的历史决定了特定的结果,因而,我们不能用更为系统的方法来检验论点,因为这种系统性检验不能掌握历史的全部细微差别(Evans and Stephens 1988)。尽管如此,使用这种研究策略的作者确实对特定历史事件与特定历史特征的影响概括,他们认为这些概括适用于任何发生过这些事件并具备这种特征的国家。

例如,在《民主与专制的社会起源》这本书中,摩尔把在专制与民主间所做的最终选择归因于贵族与农民村社之间那种已经在历史中得到发展的关系。尽管摩尔的论点是通过引领读者穿过一系列的历史转折点来解释商业性农业的兴起,以及由此所导致的地主—农民关系在不同情况下的变化,但他还是得出了一系列的因果概括,其中包括:

> 农民革命最重要的原因就在于,农业领域中不存在由拥有土地的上层阶级领导的商业革命,同时农民社会组织延续到了现代。(Moore 1966, 477)

从逻辑的角度来看,如果学者愿意将某个研究中得出的结论普遍化(generalize),那么他就是在隐含地确认相同的先在历史变化与特征在其他案例中也出现过,不然他就无法期待出现相同的结果。如果这样的案例确实存在,那么由初始案例集合推导出的论点就能够、而且也应当在其他那些案例上得到检验。

如果分析者已经提出了一个复杂的路径依赖论点,那么她不仅必须要找到共有的特征,而且还必须要找到事件与特点共有的**顺序**,其目的就是为了尽量接近初始条件,对于整个论点中的特定结点而言,要想检验解释其结果的假设,这些初始条件是必需的。这听起来可能很困难,但事实上这比人们所想的更为切实可行——如果有人决心要做的话。分析者可能无法检验漫长的路径依赖论点中每一个节点上提出的假设,但是她应当随时认真考虑这样的检验是否可行,并在可行时进行检验。

检验论点不仅需要恰当地选择案例,而且还需要明确地衡量关键概念。衡量不必是定量的,但必须要很清晰。现在我转向本章的主题:如何对案例研究中经常使用的那几种概念进行操作化和衡量,从而使案例研究中得出的证据既能被用来提出论点,又能被用来检验论点。

非定量的操作化与衡量

大部分从事非定量研究的比较政治学家都把他们的绝大多数时间花费在“收集数据”上,尽管他们很少用这个术语来描述他们的活动。每个分析者都在一个具有一定独特性的理论视角下从事研究,所以某位学者收集的“数据”只有部分能为其他学者所用。每个分析者对最基本概念所下的定义都不相同①,大部分信息都被埋藏在长长的

---

① 例如,参见科利尔和马洪(Collier and Mahon 1993)以及科利尔和列维茨基(Collier and Levitsky 1997)对这种情况下所出现问题的讨论。

故事中，为了找回这些信息，我们不得不费力地阅读这些故事。结果，我们所有人都把过多的时间耗费在收集大量专门化的证据上——这些证据是我们提出论点，有时也是检验论点所必需的。

为了回应收集高质量信息所面临的困难，我们已经在比较政治学领域中发展出了一套规范，要求每个博士研究生都应当在国外至少呆一年，通常是在一个国家，收集他或她自己的个人"数据集"，但是对于其他对相同主题感兴趣的研究者来说，这种数据集用处有限而且只能得到其中的部分数据。这套规范使得很多基于博士论文的出版物都是案例研究。实地研究的规范促进了学术质量的提高，这是因为这套规范能帮助研究生更为深刻地理解他们所研究的社会，由此降低犯事实性错误和诠释错误的可能性。最重要的是，那些对其所研究案例有更详细的了解的研究者可能会发现一些无法从浮光掠影的考查中产生的模式。

然而，实地研究的规范也有劣势。如果在政治行为领域也存在一套类似的规范，那么这套规范就会要求每一个对美国政治行为感兴趣的研究生都去开发他或她自己的调查工具，随后用一年的时间挨家挨户收集反馈。如果规范是这样的，那么就会出现以下问题：调查往往会因缺乏经验而变得质量低下；有些种类的信息会被一遍又一遍地收集；旨在得到相同信息的问题其措辞会因调查不同而有所差异，这使得研究生经常无法做跨数据集的比较；数据的分享要取决于人际关系网；这一领域倾向于吸引那些喜欢与人在家门口聊天的人，而不是那些喜欢发展和检验解释的人。这些后果会倾向于减缓理论知识的积累速度。

只要大部分比较政治学家必须把他们的大部分时间花在收集数据上，案例研究就会被继续用来支持大部分论点。由案例研究主导的经验政治科学领域尚未发展出系统的、轻易可得的数据资源。案例研究使得证据收集对于个体学者而言更为有效率，至少在短期内如此。它可以使分析者付出的成本最小化，如掌握新的语言以及其他具有特定背景特征的技能和信息。因此，案例研究符合数据收集者的短期利益。

但是，案例研究也有劣势。除非在进行案例研究时对科学规范保持高度的敏感——就像是对被研究国家的细节保持敏感一样，否则案例研究可能会阻碍数据收集与数据分享的常规化，并因此阻碍知识积累与理论发展。由于同样的限定，案例研究还有可能阻碍严格的检验与重复。

然而，本章的目的就是为了表明，依靠案例研究来获得证据不一定会削弱分析者分享数据、检验论点和重复更早的检验的能力。但是，这么做的确需要改变一些现在常见的习惯做法。大部分依赖案例研究证据的论点都包含复杂的原因、结果和限制条件，如果分析者想让检验具有说服力，那么他必须要非常小心地对这些原因、结果和限制条件进行操作化与衡量。

操作化，按照定量研究中的用法，指的是选择可观察的指标来代表抽象且不可观察的概念。例如，发展这个概念意味着许多事物，包括创建工业经济，增加财富以及减少对职业、角色和社会地位的先赋性分配（ascriptive assignment）。对发展的标准操作化，即人均GDP，几乎没有掌握住这一概念宽泛的含义，但它是一个恰当的指标，因为发展必然包含高人均GDP。有一些国家拥有很高的人均GDP（大部分都是高收入的石油出口国），但从发展这个词更广的意义上来讲，它们不是高度发达的。但是，分析者们理解这一点并能在统计研究中平衡GDP的权重。

在非定量的操作化中，与选择一个或几个现成指标来代表一个更复杂的概念相反，为了给概念下定义，分析者必须详细指出清晰、具体

的标准。这些标准随后就充当了以下几项决定的基础:哪些案例应当
被归入研究;在不同案例中哪些时间段可以被恰当地比较;怎样将概
念划分为名义范畴(nominal categories),从而可以用一种明确的方式
划分案例。与定量的操作化相比,非定量的操作化既有优势,也有劣
势。从优势这一方面来说,非定量的操作化能够让分析者更接近概念
所隐含的初始含义。从劣势这一方面来说,为了想出恰当的标准,研
究者可能要做大量的工作。

衡量就是给特定案例赋特定的值,或是把特定案例归到操作化概
念的特定范畴中。在定量研究中,定距(interval)层次的衡量,或者至
少是定序(ordinal)层次的衡量通常是可行的。例如,如果我们把人均
GDP 作为发展的一个指标,那么我们就可以在这个指标上给每个国家
都赋一个定距层次的值。我们可能不会认为量表上 1 与 2 之间的差
别等同于 4 与 5 或是 6 与 7 之间的差别,但是,我们会认为 2 比 1 高,5
比 4 高,7 比其他所有数值都要高,所以我们能够在这个指标上给每个
国家一个定序的排位。在非定量研究中,将定距或者是定序层次的值
赋给案例通常是不可能的①。因此,非定量衡量通常指的是把案例划
分到名义(也就是未排序的)范畴中去。这样分类的目的与定量衡量
的目的类似,都是为了允许进行跨案例和跨时间的比较。为了实现这
一目的,分类标准必须具体、明确和公开,以便其他学者能够理解分析
者做出判断的基础。虽然本章中大部分讨论都聚焦于复杂历史论点
中的衡量问题,但是,本章提出的问题及解决方法对于任何从案例历
史中获得大部分证据的研究都有意义。

---

① 研究者有时可以通过发展划分案例的精确标准来实现定序衡量,如把案例划分到以
下几个范畴中:非民主、贵族民主、资产阶级民主和大众民主。在概念化的过程中,
研究者需要小心谨慎地解释为什么某些形式的民主制要比其他形式的民主制包含
"更多的民主成分"。

对不同时间段里的案例或世界上不同部分的案例进行名义分类通常都很困难。定量化的缺失使得分类更为复杂、更为模糊、更容易受学者间争论的影响。针对像民主这样负载价值(value-laden)的标签的用法,争论可能是无法避免的。例如,一位同事可能会反对说,"你所称为民主的东西不是真正的民主;真正的民主既需要遵循程序性规范,也需要遵循实质性规范!"然而,如果给定清晰的衡量标准,以下这一问题所产生的分歧在很大程度上应当是可以避免的:一个特定案例是否符合将案例划分到指定范畴时所遵循的标准?尽管一位同事不同意你对民主的看法,但是他应当能说:"如果我接受你对民主的看法,我会同意这个特定案例是民主的一个实例。"在实现这一步之后,如果你能继续表明,你的分类所确认的差异有助于解释你所感兴趣的东西,那么你的同事可能会从你的研究中学到一些东西,即使他们仍然不同意作为这一分类之基础的概念化。

衡量的问题甚至会影响到确定论点的适用范围。在检验任一论点时,学者必须首先确认该论点预计会适用的范围。具体来说,分析者必须从观点本身推导出一系列的标准来确定论点的适用范围,随后,分析者必须根据这些标准把案例归到以下两个范畴中的任意一个——在适用范围之内或之外。换言之,确定论点的适用范围需要衡量。适用范围之外的案例不会得到进一步的关注。然而,正如第3章所讨论的那样,分析者必须在适用范围之内仔细选择具有代表性的样本。

接下来分析者必须要确定把案例归入不同结果范畴的标准。例如,如果分析者感兴趣的结果是民主,那么分析者首先必须要么从文献中选择一个现成的民主定义,要么构想出一个新的民主定义。随后他需要阐明具体的标准,只有满足这些标准,案例才能被视为是民主的。最后,在从民主到不民主的连续统上,分析者必须把案例归入恰当的范畴。如果得到的是像现代民主这样的结果(这一主题已经被很多其他学者研究过了),分析者就可以利用公开可得的评估结果,如亚当·普热沃尔斯基等人的数据集(Przeworski et al. 2000),从而回避上述衡量决定。然而,分析者必须对以下两者进行比较:现成数据集中用来划分案例的标准(有时是隐晦的标准),对分析者自己的论点有意义的标准。所有的分类方案都只是对一些目的有用,而对其他的无用①。

最后,在确定划分案例的标准时,分析者必须考虑到潜在的原因因素。例如,如果一个论点断言,农民越是无法在急需帮助时获取地主庇护人的帮助,其造反的可能性就越大,那么分析者就必须找出一些具体指标说明,地主对农民的帮助或是其对乡村生活的参与减少了。

如果分析者仔细地考虑了所有这些衡量问题,并记录在出版的研究成果当中,以便读者们判断其处理方式是否恰当,那么他就可以在非定量检验中运用案例历史所包含的证据,这会使检验相当具有说服力。

分析者需要用非定量的衡量方式处理以案例为基础的研究所特有的那种信息形式,而确定引导这种非定量衡量的标准可能是一项艰巨的任务。但是,分析者执行这项任务时所投入的努力会得到回报,因为对概念问题(这些问题的出现是因为分析者试图以相同方式跨案例衡量同样的原因)的争论通常既深化了分析者对案例的理解,也深化了分析者对论点的理解。为了约束自己在跨案例和跨时间衡量时

---

① 埃尔金斯(Elkins 2000)已经试图表明,对民主的连续衡量要优于像普热沃尔斯基等人所使用的二分衡量(Przeworski et al. 2000);但是,哪种衡量"更好"总是取决于正在被检验的理论或假设。

坚持相同的标准,分析者有必要制作一种类似"赋值手册(codebook)"和赋值方案(coding scheme)的东西,以便给开放式问题编码。赋值方案是一个罗列具体属性的列表,这些属性被"计数(count)"为具有特定的含义。赋值方案应当足够具体和精确,如果几个分析者用同一套赋值方案来划分相同案例中的相同现象,那么他们对于实例所属范畴的判断应当是非常相似的。赋值手册记录的是如何对每个案例中的每个可能原因与结果进行分类、划归范畴或衡量。这些工具可以帮助分析者在整个研究中都坚持对基本概念的相同定义①,而且这些工具也使得其他研究者可以重复或是拓展研究。

这些工具还能使研究者记住自己已经做了什么。有经验的研究者不需要别人提醒——人忘记东西的速度是有多么的快,但是年轻的研究者却经常会被这样一种动人的错觉所蒙蔽:他们虽然不会永远活下去,但却会一直记住自己现在所知道的一切。

怎样处理基于比较历史方法的研究中出现的那类衡量问题呢?在本章的最后一部分,我举了一个例子来说明这个问题。我考察了检验利普赛特与罗坎所提出的两个最为著名的论点(Lipset and Rokkan 1967)时所采取的几个步骤。在这一检验的背景下,我努力地考察研究过程的每一步,点明困难在于概念化决定和非定量衡量决定,并提出恰当的方式来处理这些问题。我会展示如何确定路径依赖观点可能适用的案例总体。我将讨论如何对利普赛特与罗坎研究中的一系列关键概念进行操作化,这些概念就像比较政治学中的大多数概念一样,其最初的表达都带有某种程度的模糊性。我会展示如何创建赋值

---

① 坚持对论点中的重要概念下相同的定义所面临的困难看起来好像不是一个严重的问题,但是,任何仔细阅读过比较政治学中长达一本书的论点的学者都会发现,在很多论点当中,中心观点的意思在各部分之间都有变化。

方案,这一工具可以确保重要的概念在不同案例中都以相同方式得到处理,还可以为将来对论点进行重复检验提供帮助。这个例子的目的就是为了展示,研究者应当怎样着手用引发路径依赖论点的案例集之外的案例集检验该论点。

来自利普赛特与罗坎的一个例子

西摩·马丁·利普赛特与斯坦·罗坎发表于 1967 年的研究解释了现代政党体系中为什么会出现特定的分裂模式(cleavage patterns)。他们的论点论述的是在大众获得选举权之前,社会分裂是如何转化为政党体系的,其内容大体上如下所述:宗教改革(Reformation)——论点中的第一个选择交点——在基督教国家[以及像德国和意大利这样的原型国家(proto-nations)]产生了三种可能的结果:成熟的新教教会,人口中新教占优势地位;成熟的新教教会,人口中有庞大的天主教少数派;或者是成熟的天主教会,人口中天主教占优势地位。在天主教国家,进一步的斗争发生在十九世纪,斗争的焦点是教会的特权与财产,尤其是对教育的控制权。这是第二个交点,或者说是分支点。在一些国家,世俗利益集团赢得了对国家的控制,并削弱了教会的权力和特权;在其他国家,国家继续与教会结盟,教会保留了其大部分财产与影响力。工业与商业革命引发了下一场对支配地位的争夺,这就是第三个交点。在一些国家,商业与工业利益集团获得了控制权;在其他国家,传统的土地利益集团维持住了其历史地位。在所有的案例中,与中央政府结盟或控制中央政府的利益集团都试图使国家实现更强的中央集权化与标准化,它们都遭到了那些被排斥的集团的反对。这些基本的反对决定了在不同的历史背景下哪些利益集团会联合起来结成同盟,还决定了在新出现的政党体系中何处会产生分裂。对这一论点的图解如图 4.3 所示。利普赛特与罗坎考查的那些国家可以被排列在一个 2×4 的表格中,如表 4.1 所示。

表 4.1　十九世纪欧洲政党体系中的历史性分裂(利普赛特与罗坎)

	新教	新教,有庞大,有的天主教少数派	天主教,世俗国家	天主教,教会—国家联盟
国家—土地联盟	1 英国	2 普鲁士/德意志帝国	3 西班牙	4 奥地利
国家—商业联盟	5 丹麦、芬兰、冰岛、挪威、瑞典	6 荷兰	7 法国、意大利	8 比利时

　　有人可能会认为,利普赛特与罗坎的论文算不上是比较历史方法的一个实例,毕竟他们并没有详述其考虑的每一个案例的历史。然而,其论点的逻辑与其他比较历史研究的逻辑是一样的:二十世纪政党体系中的分裂模式取决于那些国家在几个世纪中的数个历史关头上所"选择"的路径。这篇介绍性的论文中考虑到了不少国家,作为对其论点的支持,对其中很多国家所做的案例研究都包含在二人编辑的那本文集当中。尽管有人可能会提出段首所述的那种反对意见,我还是会用利普赛特和罗坎的论点来作例子,这是因为,与其他很多使用比较历史方法的研究者相比,他们在方法论上更为严格。

　　利普赛特和罗坎并没有让自身遭受标准的反对意见的批评。他们围绕核心论点考察了 13 个案例,并且更为简要地探讨了其他几个案例。直到整个论证的最后一个阶段,他们所拥有的案例都一直比变量多。他们的案例涵盖了因变量上的所有结果。而且,与其他研究者相比,他们使用的概念定义相当明确,因此,检验其论点的尝试不会注定陷入毫无意义的争论——争论他们"真正"的意思是什么。因为利普赛特和罗坎已经仔细地做完了这么多的事情,所以我们有可能在不被其他方法论问题分散精力的情况下集中研究操作化与衡量。

利普赛特与罗坎在其结构紧凑的论文中提出了为数众多的论点。我会集中研究与其中两个论点有关的方法论问题,在我看来这两个论点是最核心的:三个历史性的"紧要关头"决定了在大众选举权扩大之前出现的政党体系的类型;"政党体系间的重要差异出现在竞争性政治的早期阶段,先于社会动员(mass mobilization)的最终阶段"(Lipset and Rokkan 1967,35)。

之所以如此密切地关注(在大众广泛参与政治之前)政党体系的出现,原因是基于以下的观点(利普赛特与罗坎经常重申这一观点):这些体系持续存在了很长时间,尽管那段时间里选举规则发生了变化,动员程度得到提高,经济得到了发展,并爆发了经济危机和战争。选举权把工人阶级选民纳入政党体系,在一些案例中还给原有的分裂添加了额外的分裂,但这并没有从根本上改变之前存在的分裂状况。

在利普赛特与罗坎所考查的案例中,有两个国家——意大利与西班牙——的政党体系并没有随着时间流逝显示出预期中的稳定性。为了解释这两个案例中的结果,利普赛特与罗坎引入了额外的假设。在令人钦佩地坚持了很长一段时间之后,他们现在也走到了使用比较历史方法的研究者最后似乎总是要走到的那一步:变量数超过了案例数,解释退化成了描述。

这种退化之所以发生,原因就是他们没能充分内化社会科学理论

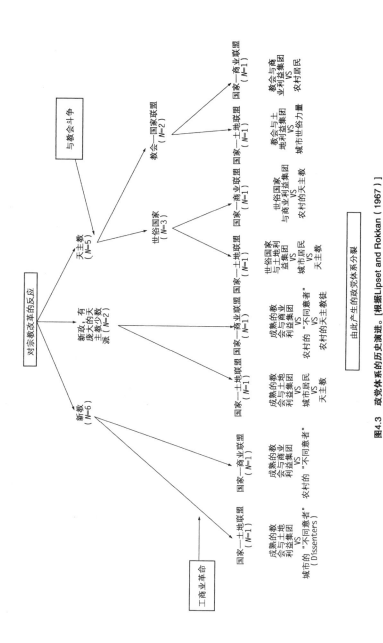

图4.3 政党体系的历史演进。[根据Lipset and Rokkan（1967）]

或然性本质的含义。我们感到有一种直觉上的需求要我们去解释与理论预期不符的结果,即使我们知道没有什么理论能解释现实世界中存在的全部变化。这种需求在知识发展中起到了有益的作用,因为它会刺激研究者对反常案例进行考查。然而,研究者提出的、用来解释反常现象的假设跟其他的假设是一样的。他们需要用审慎选择出的其他案例集来检验这些假设。

对于此处的这个例子,我集中关注普赛特和罗坎的两个假设:(1)"体系之间的决定性差异出现在工人阶级政党进入政治领域之前"(Lipset and Rokkan 1967, 35);(2)"主要的政党替代性选择(party alternatives)的冻结(freezing)[发生]在选举权扩大之后"(Lipset and Rokkan 1967, 50)①。冻结假设暗示,第一,大众获得选举权之前的寡头体系中所反映出来的基本分裂可能会持续存在;第二,在选举权刚刚扩大后的几十年间得到巩固的实际政党可能会无限期地存在下去。

利普赛特与罗坎采用的是路径依赖式的立论。因此,为了使我们检验论点时所使用的案例不同于他们从中得出初始洞见的那些案例,我们需要找到一些符合初始条件(由利普赛特与罗坎所设定或暗中假定)的案例。

可能的案例总体

检验论点的第一步就是要确定论点的适用范围,研究者可以从这

---

① 很多研究已经用欧洲的案例对利普赛特与罗坎的论点进行了检验和再检验。这些研究显示出了欧洲政党体系高度的稳定性,尽管大约自 1970 年以来其波动幅度有所提高。例如,参见 Rose and Urwin (1970);Pedersen (1983);Maguire (1983);Bartolini and Mair (1990)。这些出色的研究既改进和发展了利普赛特与罗坎的初始论点,又为其不同的方面提供了支持并提出了质疑。

一范围中抽取供检验的案例或观察。如果我们不仅仅是希望重复论点,而且还想检验它,那么我们必须确认论点有望适用的范围,但这个范围不应包括研究者最初从中得到灵感并提出假设的那些案例。我们认为,理论在一定的范围内可以解释结果,这一范围既是由理论本身所包含的属性所限定的,又是由那些明显或隐晦的初始条件所限定的——在一些案例中,这些初始条件包括之前的事件顺序。对于复杂的论点,适用范围的条件可能是非常广泛且复杂的,我下面要检验的利普赛特与罗坎的论点就是如此。

利普赛特与罗坎发现,作为现代政党体系之基础的分裂在巩固民族国家的斗争中就已经出现了。他们所考查的案例到二十世纪初都已经实现了国家独立,因此,以下这种做法似乎是合理的:把范围限定在那些 1940 年之前就实现独立且在此之后保持独立的国家,并在这个范围之内检验其论点。利普赛特与罗坎所假设的相同过程很可能在较新的国家中也发挥着作用——利普赛特与罗坎他们自己当然是这样认为的,但是这些国家不能被用来检验其论点。只有那些有着实质性独立历史的国家才有足够长的独立政治活动时期可供检验冻结假设。这一限制把大部分非洲国家以及一些亚洲和中东国家从可能的案例总体中排除了出去,因为这些国家政党体系运行的时间还不够长。

如果某些国家的边界大致是在扩大选举权的时候发生了剧烈变动,那么这些国家也必须被排除出对前普选权(presuffrage)分裂的持续性所做的检验;如果这样的边界变动发生在选举权扩大的时期与一个更为晚近的时期之间,且分析者可以用这个更为晚近的时期来检验冻结假设的第二个要素,那么分析者就必须把这些国家排除出对两项假设的检验。将边界标准纳入检验的原因在于,那些居于沦陷之地、通常属于不同种族的公民会形成不同的利益集团,在增加或减少一大块领土的情况下，我们认为那些利益集团可能会以利普赛特与罗坎没有考虑到的方式改变基本的社会分裂。这一标准实际上把整个东欧都排除出了检验第一个假设（分裂持续性基于寡头政治时代）时所使用的国家集合，这是因为大部分东欧国家确定边界的时间与第一次实验性地赋予大众选举权的时间是一样的。这一标准还把希腊排除出了对第一个假设的检验，因为在扩大选举权的时期和紧随其后的时期里，希腊的边界和人口不停地发生变化。然而，希腊可以被纳入对第二个假设的检验，该假设与大众获得选举权之后的政党体系稳定性有关。从大众开始参与政治之后的第十五年开始一直到现在，希腊的边界都保持了稳定。

利普赛特与罗坎假定，作为民族国家得到巩固的一个标准特征，主张中央集权的国家建设者与那些捍卫边缘地区特权的人之间存在着斗争，那些边缘地区通常在文化上与中心地区有差别。这种斗争的政治结果会因宗教改革期间天主教与其挑战者之间冲突结果的不同而变化。因此，利普赛特与罗坎论点的适用范围必须被限定在那些有基督教历史传统的国家。利普赛特与罗坎自身似乎认为其一般性论点在这个范围之外也适用，因为对日本和非洲的研究也被纳入了其最初编辑的文集，但是，不管是他们还是这些研究的作者都没有给出多少线索来说明，其论点究竟是如何解释这些领域中的现象的。因此我认为，把供检验的范围限定于那些有基督教历史传统的国家更为合理。这一限制多余地排除掉了大部分亚洲、非洲和中东的国家。

利普赛特与罗坎的论点还假定，在普通公民开始参与政治之前，政治中存在着某种程度的政治竞争——通常是组织原型政党、知名人士政党或是可辨认的议会派系。如果寡头竞争没有什么发展，那么大众获得选举权之前的寡头竞争时期就不会限定其后的政治。因此我们认为，那些直接从专制转型为大众民主的国家不符合这个论点。然而，根据利普赛特与罗坎重点讨论的那些国家的历史来判断，被纳入检验的国家不是必须得经历过长时间、非暴力的寡头竞争时期。当然，法国、西班牙、德国和意大利并非如此。国家必须要在大众获得选举权之前经历过一段寡头竞争时期——这种要求又会多排除掉几个有着极为不幸的历史的国家，尽管在 1940 年之前就独立的那些国家当中，这种程度的专制相当罕见。

研究者只能用那些选举权已经扩大到大部分（男性）公民的国家来检验冻结假设。因为冻结意味着在相当长一段时间内的稳定性，所以为了检验冻结，我们需要排除掉符合以下条件的任何国家：大约截至 1975 年，选举权还未扩大到大部分城市工人阶级。我提出以 1975 年作为截止日期，那样我们就有足够长的时间来观察，自那时以来冻结是否真的发生过①。我聚焦于工人阶级的选举权而非普选权（universal suffrage），这是因为利普赛特与罗坎有关冻结的论点论述的是当工人阶级开始参与政治时，政党体系会发生什么变化。

为了让选举权有意义，选民们必须在候选人之间做出选择。因此，我们还想排除掉以下这种国家：尽管存在广泛的选举权，但却举行非竞争性选举。然而，冻结假设所暗示的政党组织与忠诚发展所需的时间有多长并不明显。在利普赛特与罗坎对意大利和西班牙的讨论中，他们提出，这两国的政党体系之所以没能如预期的那样冻结，部分是因为在民主制被推翻之前，大众参与政治的时间过短（意大利是三年，西班牙大约是五年）。而且，以下两点也并不清晰：选举是否必须是具有充分竞争性的，免于欺骗和公平的；当竞争受到限制且欺诈十分普遍的时候，对政党的忠诚和政党组织是否还会发展。这些经验问

---

① 罗斯与厄温（Rose and Urwin 1970）还用了一段长达 25 年的时期来评估西欧政党的稳定性。

题调查起来会非常有意义。

在这项研究中，我已经囊括了任何在 1975 年之前举行过两次或更多次至少是半竞争性选举的国家。这些非限制性的标准有两个目的：保持案例数量尽可能地多；能够调查究竟是竞争程度，还是民主时期的时间长短会影响到稳定政党体系的发展。如果分析者想把某些国家纳入案例总体，那么他不必选择那些在扩大选举权之后仍持续保持民主的国家，因为利普赛特和罗坎把几个经历过威权统治、外国占领和混乱时期的案例也纳入了他们的分析。

检验冻结假设的最终范围条件就是：已经满足上述所有条件的国家还必须自 1985 年以来经历过至少两场有广泛公民参与的竞争性选举。这样我们就能评估其现在的政党体系了。

下列国家处在可能的案例总体之内，但是，它们不属于利普赛特与罗坎最初研究的那一部分：检验第一个假设时用到的很多拉美国家以及葡萄牙和保加利亚，再加上检验第二个假设时用到的希腊。所有这些国家都满足利普赛特与罗坎的初始条件。表 4.2 中所列的国家都有基督教的历史传统，都在 1940 年之前就已经独立，但是利普赛特与罗坎没有讨论过这些国家，表中还说明了那些不能被用来再检验利普赛特与罗坎论点的案例被排除出可能案例总体的理由。

有些国家（要么是在大众获得选举权之前，要么是在其之后）爆发过激烈的暴力政治冲突或长时间密集的镇压，把这样的国家纳入供检验用的案例集有可能会出现问题。十九世纪正是拉美国家巩固成为民族国家的时代，那时很多国家都经历过军阀割据时期，有几个国家爆发了内战，还有几个国家卷入了与其邻国的领土战争。由于利普赛特与罗坎并没有把那些经历过革命、内战以及旷日持久的政治暴力的欧洲国家排除出其案例集，所以我也没有排除掉这样的案例。

尽管如此，研究者可能还是会认为，一些拉美国家的政治是如此不稳定、暴力是如此普遍或独裁统治是如此暴虐，以至于这些国家根本无望发展出稳定的政党体系。这是一个可以在这个案例集内得到研究的经验问题，在下文对这些案例进行考察并得出结论之后，我会回到这一问题上来。就现在而言，让我指出我把那些即使是出现过最多暴力冲突的案例纳入初始"数据集"的原因：其中几个遭受过最高强度的暴力或压制的国家已经有了非常稳定的政党体系。换言之，随意的观察并没有为以下这种想法提供基础——充满冲突的历史会阻碍稳定政党体系的形成。事实上，拉美研究专家已经提出了如下假设：传统政党所领导的力量之间那些不断发生的长时间、具有毁灭性的内战引起了大众对这些政党的认同感，正是这种认同感使得这些政党存续到了二十世纪（Coppedge 1991）。

表4.2　利普赛特与罗坎的文章中没有讨论的可能案例总体

（自1940年以来就独立且历史上是基督教国家）

国　家	被排除出案例总体的理由
阿根廷	
玻利维亚	
保加利亚	
智利	
哥伦比亚	
哥斯达黎加	
古巴	自1985年以来没有民主时期
捷克斯洛伐克	边境及人口变化
多米尼加共和国	民主化之前没有寡头竞争时期
厄瓜多尔	
萨尔瓦多	

续表

国　　家	被排除出案例总体的理由
埃塞俄比亚	没有民主时期
希腊	由于边境变化而被排除出对第一个假设的检验
危地马拉	
海地	没有足够长的民主时期
洪都拉斯	
匈牙利	1975 年之前没有民主时期
墨西哥	
尼加拉瓜	
巴拿马	
巴拉圭	
秘鲁	
波兰	边境变化
葡萄牙	
罗马尼亚	边境变化
乌拉圭	
苏联	1975 年之前没有民主时期;边境变化
委内瑞拉	
南斯拉夫	边境变化

注:表中所列的每个国家 1980 年的人口都超过了 100 万。除了表 4.1 中所示国家之外,利普赛特与罗坎还在其论文的不同阶段讨论了爱尔兰、瑞士、德国、加拿大和美国。他们 1967 年所编文集中的其他研究讨论了美国、英国、澳大利亚、新西兰、意大利、西班牙、西德、芬兰、巴西、挪威、日本,而且还更为简略地讨论了几个西非国家。

在所有供检验的国家当中,早期政治分裂所反映的是中央与地方之间、成熟教会的支持者与世俗主义者之间以及土地利益集团与商业利益集团之间的斗争。在很多国家,有一些基本问题已经在选举权扩大之前得到了解决。也就是说,很多国家要么是已经建立了联邦制政府,要么是已经建立了单一制政府,而且这些政府看起来能够持续生存下去,在大部分国家当中,教会已经丧失了其特权地位,而且似乎也不可能恢复①。在一些国家,传统土地利益集团控制了国家;在其他的国家,商业利益集团控制了国家。如果把这些案例添加到表4.1当中,那么所有的案例要么会落到单元格4当中,要么会落到单元格7当中。在所有这些案例中,传统原型政党体系中所包含的最早、最重要的分裂是在以下这两者之间形成的:一边是传统的、亲教会的土地利益集团,通常被称为保守派(Conservatives),另一边是反教会的商业利益集团,通常被称为自由派(Liberals)。在几个案例中,区域敌意激化了这些基本的分歧。换言之,在大众获得选举权之前,这些案例——大部分都是拉美国家——看起来非常像利普赛特与罗坎所检验的一些欧洲案例。

非定量的衡量

假设检验的本质就是要判断一系列的经验观察是否符合理论上推导出的预期。为了做出这种判断,我们必须要有一种评估经验观察的方法,这种方法应当足够精确,从而能使我们对自己做出的判断感

---

① 在保加利亚和希腊,占据支配地位的宗教是东正教(Orthodox)而不是罗马天主教(Roman Catholicism)。尽管如此,这些地区世俗利益集团和亲教会利益集团之间的斗争与发生在欧洲天主教地区和拉丁美洲的斗争极为相似。

到自信,并能让其他人被这种判断说服。这种精确性是通过仔细的衡量而达到的。非定量的衡量通常是指把案例归入名义范畴,但是,复杂的历史论点需要一些额外的衡量决定。研究者可能需要确定恰当的时间段来比较案例。这就是一种衡量决定,因为确认恰当的时间段也需要根据理论上相关的清晰标准来把历史时期归入名义范畴(如寡头政治的范畴)。

所有这些非定量衡量决定都需要把案例归入范畴的标准非常明确且不变。如果基本概念非常复杂且具有多重可能的含义,那么这会是一项困难且费时的任务。在这一部分中,我细致地钻研了一系列这样的操作化决定,目的就是为了展示其中出现的几种问题以及处理这些问题的方法。

利普赛特与罗坎的论点是用文字的形式表达出来的,而且案例研究中支持其论点的证据几乎都不是定量证据。想检验其论点的分析者必须找出评定关键概念的方法——也就是"衡量"变量的方法,这些方法不仅应当与利普赛特和罗坎论点的精神相一致,而且应当适用于跨案例的情况并且能复制。这项任务需要大量的思考,因为即使是最初立论中最简单最明显的具体观点也可能有不止一种操作化的方式。

上文已经讨论过在检验利普赛特与罗坎的论点时确定其适用范围所牵涉到的理论问题。这里我集中讨论如何评定这些范围条件是否已经得到了满足。在判断一个国家是否属于检验所需的案例总体时,有一些判断决定相对简单,如独立时间①。然而,寡头统治的时间却不是那么明显。为了检验利普赛特与罗坎的论点,我们必须要根据一些标准来确定政府何时是寡头政府,那样我们才能知道前普选权时代的分裂有哪些有望持续存在。这里所使用的寡头政治的定义依据的是文献中的观点,文献中认为,在寡头统治时期,精英政党或原型政党限定了政治竞争,政治参与的范围局限于一小部分成年(通常是男性)人口。有些寡头政权是君主政体,有些是选举权极端受限的民主政体,有些则是不那么制度化的体制,在那些不那么制度化的体制当中,行政职位通常是用武力夺取的,尽管在夺权之后会频繁地举行选举。只要对高级职位的竞争是由相当稳定的原型政党所限定的,那么选择行政部门的方式看上去就不会与寡头政治的定义有什么关联,而且文献也没有对这些类型做出区分。如果在一段时期内,精英公开进行政治竞争且组织成了相当稳定的团体,而不是完全在统治者身边的小圈子里竞争,我们就认为这段时期是寡头统治时期而非专制统治时期。

为了检验利普赛特与罗坎的论点,当普通公民的选票有可能影响政治时,把寡头统治时期与更具竞争性的时期区分开来也很有必要。如果某一时期满足以下任一条件,我们就认为这段时期是寡头统治时期而非竞争性或半竞争性时期:选举权在法律上受到财产资格的限制;选举权在形式上很广泛,但在实践中其行使受到了公开投票的限

---

① 然而,即使以独立时间作为标准也不是完全没有问题的,因为大量 1940 年以前未获得独立的国家(例如,菲律宾和牙买加)在独立之前很久就存在重要的、起作用的政党体系。我之所以决定用正式独立时间来作为案例被纳入案例总体的阈值,目的就是为了让判定标准不那么复杂,但是,如果一个案例尽管尚未正式(not formally)独立,但却已经开始发展可以限定其日后政治的政党体系,那么这个案例当然适合被纳入案例总体。

制;参与程度非常低,因为普通人根本不投票;文盲是如此普遍,以至于读写能力测试几乎把全部工人阶级都排除出了选举;政府首脑很少是由选民选择的。上述任一条件都会把实际的政治参与局限于极少的一部分公民。

要判定哪些政党、原型政党和名人圈应该被看好能持续存在一段时间,同样牵涉到并非琐碎的问题。在十九世纪,政党像现在一样崛起、消失、分裂、合并和更改名称。在这些政党当中,受利普赛特与罗坎论点启示的分析者会预期哪些政党将持续存在? 基于实质内容做出这一决定的策略首先确认在早期与下列因素有关的政党:中央—地方、教会—世俗以及土地—商业利益集团之间的分野。随后就是要追踪这些政党随时间所产生的变化,如果出现了以下情况,研究者需要小心以避免失去这些政党的线索:政党更改了名称,或者一个政党取代了另一个在同样的基本政治分野中代表同样一组立场的政党。这种策略明显需要对每个国家的历史都进行大量细致的钻研,但是,这种钻研内在非常有趣。分析者几乎无法得到任何定量指标来衡量这些政党得到了多少支持,但是他可以确认主要的竞争者、其社会经济地位及其所争论的议题。

由于我们对工人阶级获得选举权对政党体系所产生的影响感兴趣,我们还想确认在民众广泛获得选举权之前不久存在的那些政党。在很多国家当中,分析者都可以定量地衡量民众获得选举权之前的十年当中政党的力量或重要性,这简化了比较。如果分析者无法进行定量衡量,那么他也可以找到对政党竞选和胜选所做的文字描述。

一个极端困难的衡量问题就是,何时才应把一个政党当作另一个政党的继承者或后代? 从利普赛特与罗坎的论点中推导出的严格的实质性标准,会要求政党的继承者应当代表相同分裂格局中的相同立场。情况允许的话,我都采用了这一标准。例如,尽管智利基督教民主党(Partido Demócrata Cristiano,简称PDC)和激进党(Partido Radical,简称PR)一般都被认为是中产阶级政党,但我没有把前者当作后者的继承者,这是因为激进党倾向于世俗化而基督教民主党采取了更为亲教会的立场。另一方面,我把萨尔瓦多的全国协和党(Partido de Conciliación Nacional, 简称 PCN)视为统一民主革命党(Partido Revolucionario de Unificación Democrática,简称PRUD)的继承者,这是因为这两党都是军队支持的政党,代表了相似的利益集团与政策主张。当有疑问的时候,我宁可把标准放得宽一点,也就是说,即使有些政党可能不是其他政党的继承者,我还是把它们视为继承者,这样做是为了确保,即使利普赛特与罗坎的论点被否证的情况发生了,也不能被归咎于过分严格的政党连续性(party continuity)标准。相反,如果我正在检验我自己的一项初始论点,我宁可失之过严,那样,与论点一致的研究结果就不会因判定确证的标准太过宽泛而无法令人信服。(对大部分政党和国家所做的编码决定如附录C所示。)

附录C请
扫码查看。

　　为了对利普赛特与罗坎的假设进行检验,分析者还有必要确定对关键结论的观点所进行的具体操作化,这些观点就是:"体系之间的决定性差异出现在工人阶级政党进入政治领域之前"(Lipset and Rokkan 1967, 35);"主要的政党替代性选择在选举权扩大之后会冻结"(Lipset and Rokkan 1967, 50)。利普赛特与罗坎预期,当工人阶级开始参与政治时,有可能会出现以下三种结果:工人阶级选民被纳入先前存在的政党中;代表工人阶级选民的新政党崛起,同时旧政党继续存在;之前存在的众多政党融合成一个代表精英利益集团的单一政党,并与新的工人阶级政党相对立。利普赛特与罗坎认为,这些结果中的任何一个都与冻结的概念相一致。

　　如果主要的寡头政党(或者它们的继承者)满足以下任一条件,我就认为案例符合分裂稳定性的预期:(1)这些政党吸收了新的利益集团,且仍然是主要政党;(2)这些政党作为相当重要的政党生存了下来,同时,代表新利益集团的新政党被纳入了政党体系;(3)虽然这些政党合并成了一个单一政党,或是分裂成多个政党,或是已经采用了新名称,但分析者仍然能辨认出它们代表了相似的利益集团,同时,新政党被纳入了政党体系。这一定义虽远不如大部分基于欧洲案例的研究所使用的定义具有限制性(例如,Rose and Urwin 1970；Maguire 1983),但是,我认为它把握住了利普赛特与罗坎观点中的各种不同含义。

以这种直截了当的方式来表达他们的观点使我们更加清晰地认识到,利普赛特与罗坎所理解的持续性定义非常宽泛。这种表达还产生了一种相当简单的论点检验方式。所有的这些选项都包含寡头政党(或是在历史分裂中所代表的立场相同的继承者)的持续性及其继续吸引选票的能力。如果寡头政党吸收了工人阶级利益集团,那么它们明显会保持庞大的规模。然而,如果竞争性的政党出现并吸引了新的劳工选民,那么传统政党所吸引到的选票在总选票中所占比重会降低,尽管这些政党仍然能够达到利普赛特与罗坎的预期。虽然利普赛特与罗坎试图解释的是分裂的持续性而非传统政党的支持率,但是他们的论点暗示,对于这些政党而言,存在着某种程度的持续胜选,而且这一推论是可以被检验的。在下文的检验中,如果传统政党或其继承者仍然吸引到了大部分选票,我就认为这种案例达到了利普赛特与罗坎的预期,不管是否出现了其他政党与之竞争。

在选举权扩大之后冻结的政党体系定义更为简单,因为在这里,利普赛特与罗坎指的似乎是政党组织自身的冻结,而非分裂的冻结。如果一个体系满足以下条件,我就把它定义为冻结的体系:在选举权扩大之后的第一个十年间出现或存在的主要政党中,大部分政党今天仍作为相当重要的政党而存在,不管自那以后是否有其他政党出现。

此外,与欧洲研究专家们通常使用的定义相比,这是一个不那么具有限制性的定义。

对其他观点的操作化也需要仔细的思考。让我们从一个表面上看起来最简单的观点——选举权的扩大——开始,这个观点通常既不清楚也不明确。最让人烦恼的是,从一些试图检验利普赛特与罗坎论点的分析者的视角来看,法律上扩大选举权的时间要比普通公民实际参与选举政治的时间或建立竞争性选举制度的时间早几十年。结果,分析者不得不判断什么才算是选举权。在下文的检验中,选举权的最低标准是:在法律上取消财产资格限制;人口中至少有百分之十的人获得选举权;参与投票的选民人数至少达到人口的百分之五;使用无记名投票;选举法变革之后的至少十年当中,在一半以上的时间里,总统或议会是由选举而非武力产生的(普选产生或是由选民选举出的选举人团产生,不是由某种其他的团体产生)。

我没有把读写能力要求纳入最低标准,这是因为在二十世纪后半期,读写能力测试限制的是农村贫民、原住民或是在种族上处于劣势的居民的投票权,而非城市工人阶级的投票权。在一些案例中,随着不同的资格限制被取消,选举权渐进地得到了扩大。在一些国家,取消财产资格限制与取消读写能力限制的时间相差有几十年。如果案例中发生过不止一波扩大选举权的行动,我会选择最重要的那一波进行检验,在这里,衡量重要与否的标准是受影响的工人数量以及由此对政党体系所产生的预期影响。此外,我尝试沿用利普赛特与罗坎的用法,他们强调要把工人阶级纳入研究。因此,如果我不得不做出选择,那么我会认为,后来取消读写能力要求在理论上没有早先扩大选举权那么有意义,这是因为前者影响的主要是农村贫民,而后者则促使工人阶级开始参与政治。

利普赛特与罗坎的论点假定,工人阶级获得选举权会使大量新工人阶级选民参与到政治体系中去。如果一个国家的经济是如此不发达,以至于该国几乎没有工人,但其公民还是获得了普选权,或者如果几乎所有的工人都是文盲,但只有会读写的男性公民才有选举权,那么扩大选举权不会将大量工人引入政治体系,就像利普赛特与罗坎或是其他人预期的那样。因此,我们需要一项规则来判断形式上扩大选举权何时才会变得足够重要并产生影响。我以 10% 的人获得选举权为下限。这一选择反映的是如下逻辑:在大部分国家,男性工人先于妇女获得选举权。在这样的国家,达到选举年龄要求的男性大约占到人口的 25%。如果选举权局限于有读写能力的公民,那么人口中不到 10% 的人拥有选举权也就意味着人口中文盲率超过 60%。在这样的情况下,读写能力要求很可能会剥夺工人阶级中大多数人的选举权。除非工人阶级已经足够壮大,并具有一定的影响力(在很多国家,这种情况是在赋予公民选举权几十年之后才出现的),否则在形式上得到扩大的选举权不被视作真正的选举权。在选举参与率超过 5% 之前,在形式上得到扩大的选举权也不被视作真正的选举权。如果公民们拥有选举权但却不行使这项权利,那么选举权几乎不会对政党体系产生什么影响,不管这是因为他们被强行排除出选举,还是因为他们住的地方离投票点太远。

之所以把选举要求纳入最低标准是因为:在一些拉美国家,直到在形式上扩大选举权几十年之后,政府才真正开始由选举而非暴力或精英阴谋集团产生。如果选举没能举行或者其结果没有影响政府的组成,我们就会认为工人阶级政党没有得到发展。

我没有考虑扩大选举权之后是否真的立即发生了广泛的工人阶级动员(working-class mobilization)。有人可能会认为,考虑实际的广泛动员时期可能要比考虑紧随法律上授予选举权的时期更为恰当。但我之所以选择后者是因为在我看来,它最符合利普赛特与罗坎的实际用法。尤其是在讨论挪威时,他们以法律上扩大选举权作为其讨论的起点,即使这比大众动员要早了几十年。

我在附录 C 的赋值方案里总结了这里使用的不同衡量规则。毫无疑问的是,有些读者不会赞同其中的一些规则。由于没有明确和正确的方式来把利普赛特与罗坎使用的那几种概念转化成清晰的编码标准,任何特定的转化都总是会引起一些异议。但是,设计精确的标准、将其记录下来并公开的好处之一就是,不同意其中一些标准的读者可以对其进行验证,据此来观察改变这些标准会导致结论发生什么变化,如果有变化的话。

记录创制数据时所经过的全部步骤非常重要,即使非定量数据也是如此。其他试图重复或只是评估你已出版的研究成果的学者可能会向你询问研究细节,因为这些细节太过广泛,以至于一份出版物根本无法完全容纳。除非当时你已经把这些细节写了下来,否则几个月过去之后,你会发现自己根本无法提供这些细节。

赋值手册中保存着创制数据的记录。赋值手册应当详细记录每一个案例中的每一个变量是如何被编码的。赋值手册还应当包含有关抽样和案例总体的信息。在非定量研究中,如上文所述的那项研究,赋值手册能使读者明白每个案例是如何被分类的。通过详细查看赋值手册,读者们既可以评定研究者在对原因变量和结果变量进行衡量或划分时所做的判断,又可以评定包含在论点中的其他关键概念。换言之,赋值手册揭示了非定量研究中通常隐藏起来的那一方面。在仔细考虑过赋值手册之后,如果读者们发现研究者的判断有偏差或是没有根据,他们就不会相信基于那些判断所得出的结论。然而,如果读者们在研究者的判断中几乎没有发现什么可以反对的,那么他们对结论就会更有信心。

如果把案例研究作为检验论点的证据,那么对于每一个案例而言,案例研究都需要包含相同的信息,以相同的方式来衡量①。创建一本明确的赋值手册有助于坚持这一规定。附录 C 含有这项研究所用的赋值手册以及各个国家的表格,研究者需要将这些表格中显示的信息纳入案例研究,并利用案例研究来检验利普赛特与罗坎的论点。每一个国家的表格都记录了寡头统治、形式上授予工人阶级选举权和实际上扩大选举权(在此之后,工人阶级的选票真正有望影响政治结果)的时间以及第一个竞争性时期的时间。表格确认了寡头政党或原型政党,在实际扩大选举权之前的几十年和之后的几十年间竞争的大众政党,还有主要的现代政党。在利普赛特与罗坎的二分当中,有些更晚近的政党代表的是与旧政党相同的立场,这些政党被视为旧政党的继承者或者其继承者的等价体,我没有在表中分别将其列出。这些政党的选票包含在其母党(parent party)的选票中。只要能够得到平均得票率(vote share)数据,我就会将这些数据记录下来②。只有获得至少 5%的选票的政党或是作为旧政党继承者的政党才会被纳入这些表格。完整的选举结果可以参阅我的网站。

---

① 有一种情况非常少见:单独一份出版物中包含的案例研究与其所研究的国家一样多。如果论点所包含的案例总体过大,分析者可以从中选择一个案例样本以供研究(参见第 3 章)。然而,即使分析者只是希望从案例总体中选出三个国家进行深入的叙述性案例研究,如能做到以下的事情,他还是能使其研究更具说服力:收集并展示附录 C 的表格中所示的那种总结性证据——要么是针对总体内所有的国家,要么是针对其中的大部分国家。

② 对于过去的一些选举,我们根本无法得到按政党记录的选举结果。很明显,这些结果从来都不是以那种形式被记录下来的。例如,在秘鲁,当时的报纸记录了 1939 年选举中所有立法机构席位获胜者的姓名,但是没有报道这些人的党派倾向。其他的资源确认了获胜者所属的联盟,但没有确认其所属的政党。其他几个国家也只是记录了作为整体的联盟所获得的选票。然而,分析者总是能找出哪些政党在选举中获胜,哪些其他重要的政党在选举中进行竞争。尽管这些数据不够精确,不足以让分析者重复欧洲研究专家们对波动性所做的研究,但是,对于推导检验利普赛特与罗坎论点时所需的那些推断来说,这些数据已经足够了。

非定量的假设检验

尽管我是用得票率来确认哪些政党在不同时间段内至少吸引到了一些大众的支持,但现在的分析并不是定量的,而且大部分分析也不可能是定量的。尽管存在对投票的文字描述,但有些得票率数据是缺失的,在大量无法获得其立法机构旧时选举记录的案例中,立法机构选举得票率被替换成了总统选举得票率或立法机构席次率(seat share)。由于数据缺失或是数据无法用统一的标准来衡量比较,这些案例中的很多案例本来是要被排除出定量研究的,而且由于数据不足,有关传统分裂持续性的论点实际上本来无法检验。所以,在这个实例中,非定量研究设计使得分析者可以检验一个在其他情况下本无法被检验的论点,而且还使得分析者可以把在其他情况下本会被排除的案例纳入另一项检验[对后普选权(postsuffrage)冻结论点的检验]。

一旦分析者采用了真正困难的操作化方案,对这些论点的非定量检验就变得相当简单了。首先让我们考虑一下,在大部分工人阶级获得选举权之后,在寡头统治时期限定了原型政党体系的历史性分裂是否会继续限定政党体系。如果利普赛特与罗坎的论点只是关心大众刚刚获得选举权之后的那段时期,那么这一论点本不会引起学者对其持久的兴趣。正是这样一种预测(明显与欧洲几十年的经验相符)使得利普赛特与罗坎的论点对学者们产生了吸引力——一系列二十世纪之前的社会分裂无限期地保留在了现代政党体系中。表4.3展示了在大众实际获得选举权之前的十年当中、紧随其后的岁月里以及当前时期,寡头政党(包括其继承者)是如何发展变化的。

利普赛特与罗坎指出,政党可能会通过以下两种方式持续下去:要么是吸收新的利益集团,要么是成功地与新出现的、代表新利益集团的政党竞争。表 4.3 当中,最上面一行显示的是吸收了新利益集团的政党的持续性。如果我们比较(哥伦比亚、洪都拉斯、巴拉圭和乌拉圭)那些吸收了新利益集团的政党的命运与那些不得不同新政党竞争的政党的命运,我们会发现,与那些试图竞争的政党相比,能吸收新利益集团的政党更有可能存续到二十世纪晚期。在后普选权时期,寡头政党在所有这种国家里都占据支配地位,而且在其中的三个国家,寡头政党到现在仍继续吸引超过 75% 的选票。尽管乌拉圭最近已经跌过了 75% 的门槛,但是当前这四个国家寡头政党的得票率平均起来仍有 81.1%。

表 4.3　传统分裂的持续性

	传统分裂从寡头统治时期持续到:			
	选举权扩大 之前不久	选举权扩大 之后不久	现　在	
将新利益集团吸收到旧政党中	哥伦比亚 洪都拉斯 巴拉圭 乌拉圭	哥伦比亚 洪都拉斯 巴拉圭 乌拉圭	哥伦比亚 洪都拉斯 巴拉圭	旧政党仍占据支配地位(旧政党得票率合起来超过 75%)
政治体系中增加了新政党	保加利亚 厄瓜多尔 尼加拉瓜 巴拿马 葡萄牙 委内瑞拉[a]	保加利亚 尼加拉瓜		

	传统分裂从寡头统治时期持续到:			
	选举权扩大之前不久	选举权扩大之后不久	现　在	
政治体系中增加了新政党	阿根廷 玻利维亚 智利 哥斯达黎加 秘鲁[b]	阿根廷 智利 厄瓜多尔 巴拿马	尼加拉瓜 乌拉圭	旧政党与较新的政党竞争(旧政党得票率合起来在25%到75%之间)
	萨尔瓦多 危地马拉 墨西哥	玻利维亚 哥斯达黎加 萨尔瓦多 危地马拉 墨西哥 秘鲁 葡萄牙 委内瑞拉	阿根廷 玻利维亚 保加利亚 智利[c] 哥斯达黎加 厄瓜多尔 萨尔瓦多 危地马拉 墨西哥 巴拿马 秘鲁 葡萄牙 委内瑞拉	旧政党在这个历史阶段中衰落(旧政党得票率合起来不到25%)

a 没有竞争性选举,但是立法机构中的全部席位都由寡头政党掌控。

b 席次率为26.4%;如果用总统得票率来计算的话只有6.4%。

c 如果独立民主同盟(Unión Democrática Independiente,简称UDI)也被视为寡头政党继承者的等价体,那么这些政党的总得票率就是32.1%,这样就会把智利移到上面的竞争性范畴中。

　　没能吸收新利益集团的政党表现较差。即使是在实际赋予公民选举权之前的十年当中,这些政党也只在不到一半有新政党进入政治体系的国家中占据支配地位。扩大选举权十年之后,在那些新政党与反映传统分裂的政党进行竞争的国家,传统政党只能吸引不足四分之一的选票。自那之后这些政党进一步衰落。从 1985 年到现在,在那些寡头政党及其继承者不得不与新政党竞争的国家,这些政党合起来的得票率平均是 7.7%。

当前(1985—2000),寡头政党只在三个国家继续支配政治体系,而这三个国家都有能够吸收新利益集团的传统政党。制度主义者可能会指出,在那些旧政党吸收新利益集团的国家,吸收行为得到了制度设计(institutional devices)的辅助,如:政党内的多名候选人名单(multiple lists or *lemas*),这允许心怀不满的潜在政党领袖作为其各自派系的领导人获得选票,而不会让他们为了成为候选人而不得不组织新政党;阻碍小型地方政党出现的融合选票❶,这使得小型政党无法立即在总统选举中参与竞争;排斥其他政党参与政治的协定;阻止新政党形成的威权统治。然而,这些观点对利普赛特与罗坎的论点来说无关紧要,此处也不会继续讨论。

寡头政党在另外两个国家平均仍吸引到了超过一半的选票,其中一个国家(乌拉圭)是第四个传统政党能吸收新利益集团的国家。在其他的十三个国家当中,寡头政党现在只吸引了不到 25% 的选票。在那些选举制度尚未对新政党进入政治体系设置高准入壁垒的国家,传统的分裂已随着时间逐渐变得模糊。简言之,利普赛特与罗坎有关历史分裂持续性的观点在拉美及欧洲的边缘地区并不很成功。西班牙与意大利也符合这里所展示的那种模式,正如利普赛特与罗坎分析的那样。对于那些分裂实际上已经冻结的国家,我们可以想出制度性原因来解释为什么其政党要比其他国家的政党更稳定,但是,由于我没

---

❶ fused ballots,指一名候选人被不止一个政党提名参加竞选。——译者注

有做出任何努力去检验制度主义的解释,所以这仍只是推断。

需要指出的是,对于表4.3当中那一系列案例所表明的分裂稳定性而言,工人阶级参与政治不是唯一的挑战。远在大众获得选举权之前,一些历史上的分裂就已经消失在历史之中。在十八个国家中的八个国家(阿根廷、玻利维亚、哥斯达黎加、萨尔瓦多、危地马拉、墨西哥、葡萄牙和委内瑞拉),在工人阶级参与政治之前,旧时自由—保守分裂中的一方就已不再作为一支主要的政治力量而存在(参见附录C)。在这八个国家中,大部分国家的上层阶级利益集团要么由一个政党代表,要么是由多个寿命短暂的政党来代表,这些短命的政党更多是根据相互冲突的个人忠诚而非利益集团来划分的。教会—世俗分裂与土地—商业分歧这两者在这些国家已经不再限定政治竞争。

到目前为止,这一练习中最有趣的发现之一就是,这一案例集中的政党体系在大众政治出现之前的那段时间里发生了很大的变化。在44%的国家当中,即使是在选举权扩展到工人阶级之前,基于传统分裂的政党的得票率也已经跌落到75%以下。换言之,即使是在大量新选民进入政治之前,利普赛特与罗坎所确认的分裂结构在很多国家也已经开始消亡。在前普选权时代的投票率数据可得的所有国家中,之前曾支配政治领域的传统政党在大众获得选举权之前的十年间平均得票率仅为62%。简言之,在这些国家,传统分裂自身似乎没有利普赛特与罗坎预期的那样稳定。

利普赛特与罗坎论点的第二个要素认为,"主要的政党替代性选择的冻结[发生]在选举权扩大之后"(Lipset and Rokkan 1967, 50)。为了检验这一论点,我考查了一些政党在1985年以来的竞争性选举中的平均得票率,这些政党在选举权实际扩大之后的第一个十年当中获得了5%或是更多的选票。这检验了政党的组织连续性。利普赛特与罗坎认为,一旦工人阶级被纳入政治,政党的组织连续性就变得十分重要。我们可以在表 4.4 中看到,一些国家的政党体系毫无疑问已经冻结了。在旧政党吸收了新利益集团的四个国家当中,有三个国家相同的政党仍然支配着政治体系。然而,在旧政党不得不与新政党进行竞争的十五个案例中,只有其中的两个,那些在后普选权时代支配政治体系的政党仍然吸引了超过 50%的选票。当前,在那些旧政党不得不进行竞争的国家,所有后普选权政党合起来的得票率平均为 26.1%。因此,组织持续性的模式看起来类似于表 4.3 中所示的分裂持续性模式。如果政党能够吸收新利益集团,那么它们就会从寡头统治时期生存到现在。如果它们不得不进行竞争,那么其中的很多政党不仅不会以组织的形式生存下来,而且作为这些政党之基础的分裂结构也会倾向于发生转变。

表 4.4 在工人阶级获得选举权"之后冻结":组织持续性

		1985 年以来,后普选权政党合起来的平均得票率(%)
将新利益集团的吸收到旧政党中	哥伦比亚	81.9
	洪都拉斯	95.3
	巴拉圭	89.1
	乌拉圭	61.9
	平均	82.1
政治体系中增加新政党	阿根廷	29.5
	玻利维亚	29.8
	保加利亚	14.0[a]
	智利	14.4
	哥斯达黎加	42.8
	厄瓜多尔	14.5

续表

	1985 年以来,后普选权政党合起来的平均得票率(%)
萨尔瓦多	33.6
希腊	7.2[b]
危地马拉	0.0
墨西哥	73.4
尼加拉瓜	2.3
巴拿马	19.9
秘鲁	23.2
葡萄牙	32.1
委内瑞拉	54.1
平均	26.1

a 包括保加利亚全国农民联盟(Bulgarian National Peasants Union,简称 BZNS)、BZNS—尼古拉·彼得科夫(Nicola Petkov)和人民联盟(People's Union,简称 NS)所得选票,以及 NS 与 SDS(Union of Democratic Forces,民主力量联盟)选举联盟的一半得票。这些不同的排列一般被认为是后普选权时代的农民联盟(Agrarian Union)的继承者。总数中还包括保加利亚社会民主党(Bulgarian Social Democratic Party)所得选票,该党是后普选权时代社会民主党的继承者。第二次世界大战后,迫于苏联占领军的压力,社会民主党分裂,较大的派系成了执政的共产党。一个小派系继续作为社会民主党存在。这个小派系似乎更好地反映了利普赛特与罗坎有关组织持续性的观点。然而,如果分析者把保加利亚社会党(Bulgarian Socialist Party)、前共产党,看作社会民主党的继承者,那么后普选权政党当前继承者的得票率就是 45%。

b 包括希腊共产党(Communist Party of Greece,简称 KKE)、KKE—NS 所得选票以及左翼联盟(Coalition of the Left,简称 SIN)的半数得票。

尽管后普选权政党仍然在大部分国家发挥作用——在其中三分之一的国家发挥了重要作用,但这里所展示的那种持续性的程度似乎不足以支持以下这种观点:在工人阶级获得选举权之后,政党已经被冻结了。实际上,这些数字并没有传达出这些国家在后普选权时代政党体系变化的全部。曾经有 83 个政党在后普选权时代的某一场选举中吸引到了至少 5% 的选票,但其中只有 46 个政党生存到了现在。

政党体系和分裂结构冻结最严密的两个国家是巴拉圭和洪都拉斯,在这两个国家中,传统政党仍然得到了超过 85% 的选票。需要指出的是,在此处所考虑的国家集合中,这两国是最贫困、最不发达的。两国都有广泛的独裁统治经验。巴拉圭直到 1993 年才实现民主化,在其全部历史中只举行过两次有全面选举权的竞争性选举。这些国家的经验表明,贫困、缺乏教育以及镇压的历史没有解释更近的一段时间以来,与西欧的政党体系相比,实行民主化的国家政党稳定性更差。

另一方面,一段持续时间长且大部分时候都是民主体制的历史可能会适当地促进政党组织持续存在。在那些有着最多民主经验的国家(哥伦比亚、乌拉圭、智利、哥斯达黎加和委内瑞拉),后普选权政党平均仍吸引了一半多一点的选票。相反,在那些民主经验更少的国家,后普选权政党只吸引了三分之一多一点的选票。当然,我们并不知道因果箭头的方向。制度化的政党可能会提升民主的稳定性,例如,就像斯科特·梅因沃林和蒂莫西·斯卡利(Scott Mainwaring and Timothy Scully 1995)所认为的那样,有可能是制度化的政党促进了民主的稳定;但是,稳定的民主有助于政党保持稳定这一点似乎也同样可信。然而,即使是在最民主的国家,其政党体系也几乎不能被称为是冻结了的,因为后普选权政党现在只获得了大约一半选票。

这里所总结的证据表明,这些国家的政党体系要比西方国家的政党体系更不稳定。理查德·罗斯和德里克·厄温(Richard Rose and Derek Urwin 1970)认为,如果一个政党的得票率平均每年的变化不超过四分之一个百分点,那么这个政党就满足利普赛特与罗坎的预期,从 1945 年到 1970 年,西欧国家的大部分政党都满足这一标准。而在这项检验所使用的案例集中,其主要政党符合这项标准的国家仅有两个——巴拉圭和洪都拉斯。

这项练习只是对利普赛特与罗坎的论点进行了最初步与最基本的检验。利普赛特与罗坎的论断论述的是在他们看来十分重要的历史关头所带来的持续性遗产,如果给他们的论断添加恰当的控制,那么其论断会显得更为有力。例如,有人可能会认为,这项检验中所包含的国家在选举权扩大之前和之后几乎都没有竞选的经验,因此这些国家可能无望发展出稳定的政党分裂。这里我们可以对这种可能性做一个初步的评估。在那些忍受过长期独裁统治的国家(玻利维亚、保加利亚、萨尔瓦多、危地马拉、洪都拉斯、墨西哥、尼加拉瓜、巴拉圭、秘鲁和葡萄牙),寡头政党(及其继承者)在 1985 年之后的选举中平均吸引了 24.6% 的选票。在那些有着更多民主经验的国家,寡头政党吸引到了 24% 的选票。在那些有着更多威权主义经验的国家,后普选权政党(及其继承者)在最近的选举中得到了 48.7% 的选票,而在其他国家这一比率是 50.1%。这些非常细微的差别没有支持以下这种推测:长期的威权主义统治会削弱分裂的稳定性。尽管后普选权政党组织在五个有着最长民主历史的国家(哥伦比亚、乌拉圭、智利、哥斯达黎加和委内瑞拉)里更稳定一些,但基础性的分裂稳定性似乎并没有受到政权经验的影响。

当然,其他论点也可能会得到检验。仔细界定和衡量利普赛特与罗坎所用概念的一个好处就是,之前我们无法以系统性方式来评估的很多其他假设现在都可以得到检验了。

以上的发现必须被看作试探性的发现。但是,除非将来的研究表明有其他的情况出现,否则我们会认为,在引发利普赛特与罗坎论点的案例集之外,其有关历史分裂持续性的假设在很大程度上被证明有误。其他国家的后普选权政党体系倾向于变得泥泞(slushy)而非冻结(frozen)。

一般被认为在西欧能够成立的论点在西欧之外却无法得到确证,这并不会必然导致研究者摒弃这一论点,即使这一论点接受了比上文所讨论的更为彻底和更有说服力的检验。相反,正是由于无法确证,促使我们搜寻西欧国家引起政党体系稳定性的那些特点。这样的搜寻可能会使我们发现利普赛特与罗坎没有注意到的冻结原因,他们之所以没有注意到是因为这些原因在其选择用来观察的案例集中没有发生变化。如果分析者发现这些原因与特定国家当中的历史紧要关头或社会分裂结构无关,那么这样的搜寻还有可能会最终使得他们挑战利普赛特与罗坎的初始论点。

小　结

本章一开始就指出,尽管案例研究招致了大量方法论上的批评,但这种方法仍是比较政治学领域中大部分研究的主要证据来源,而且案例研究的很多曾经被批评的缺点也是可以避免的。分析者可以用一种在方法论上更为细致的方式来使用案例研究。对利普赛特与罗坎论点的检验展示了以案例研究为基础的分析所应当具有的特征:纳入尽可能多的案例以提高研究结果的稳健性;使用"结构化、有焦点的比较",也就是在每个案例中都以同样的方式来衡量同样的原因因素和结果;在用案例来检验论点时,排除掉那些引发假设的案例。

　　这样做的目的是为了展示几个广为人知却又经常被研究者忽视的教训:首先,如果研究者使用用于提出假设的案例来"检验"假设,他一定会确证这些假设。这样的研究设计不可能证伪论点。其次,研究者需要利用得自案例研究的"数据"并不意味着在衡量基本概念时要依赖模糊或不明确的方法。最后,在评估路径依赖论点时,不需要一直用同一批案例来检验论点的所有阶段。除了研究者最初感兴趣的那些案例之外,我们通常可以找到其他符合特定初始条件的案例,研究者可以利用这些案例来检验路径依赖论点中特定节点上所提出的论点。研究者不可能总是做这样的检验,但是研究者应当一直谨慎认真地寻找这样的案例。

　　通常,研究者对这样的案例知之甚少——比如利普赛特和罗坎可能几乎没有任何有关拉美的信息——而且可能不愿意花费时间来了解他们没有特殊兴趣的案例。有些学者可能会更进一步,认为上述演练不公平,因为这一练习用大部分来自其他区域的案例去检验只为适用欧洲案例而建立的论点。我会采取与这一观点相对立的立场。按照地理区域来划分比较政治学对于促进信息收集而言可能曾经是必要的,因为有些信息无法在别处找到,只能在那些国家自身内部寻找。但是,这样做并没有理论上的正当性,而且事实上也阻碍了理论的发展。如果该领域中发展出了一套规范,要求研究者使用与引发假设的案例不同的那些案例来检验假设,那么研究者们就会在这套规范的引导下超越这种划分,并向着成为广博的比较政治学家而非研究区域细节的专家迈出脚步。

　　这样的检验会对发展更为坚实的理论做出双重贡献。第一,只能解释引发理论的那些案例的"理论"可以很快被抛弃掉——这是这一领域内的一大效率提升。第二,对于理论适用范围(而不是地理范围)的修正和详述会改进类似于利普赛特与罗坎提出的那种理论,那种理论看起来非常符合某一区域中的案例(Rose and Urwin 1970; Bartolini and Mair 1990),但却不符合其他看起来应当符合的案例。分析者们需要去搜寻限定理论适用范围的**一般性**条件,而不是像利普赛特与罗坎对西班牙和意大利所做的那样,为例外情况提供基于特定案例的原因。如果分析者们能够做到这一点,他们就能够得到更好、更持久的理论。

你选择的路径 5
如何影响你的答案：
理性选择及其在比较政治学中的应用

新千年伊始，传统比较路径（approach）的支持者与理性选择的拥护者之间的宿怨似乎正在逐渐消解。我们当中那些理性选择的应用者不断向使用其他路径的研究者学习，同时，尽管很多研究者并不认同理性选择，但他们仍然被其所展露出的洞见所影响。不同路径间的相互交流已经产生了丰硕的成果，尽管这种交流有时不免火药味十足。

尽管如此，与往常一样，比较政治学领域中的传统准则与理性选择的学术观点之间依然存在着紧张关系。理性选择正在越来越多的实质性领域中得到应用，在某些人看来，这一变化是对比较政治学领域最根本准则的威胁，但在理性选择的狂热皈依者们看来，这却是科学的进步。比较政治学家们一直都很重视从其所研究的国家的政治、社会和历史中获取深入透彻的知识，而且，出于达到这种理解深度的需要，他们在实地调查和语言训练上下了很大功夫。然而，这类知识在理性选择理论中似乎没有什么用武之地。理性选择路径并没有要求忽视情境，也没有要求依赖于肤浅的政治和历史知识，但是，比较政治学家们已经注意到，在实践中这两种情况都经常出现。这的确是大量理性选择著作都有的缺陷，比较政治学家们对此不能掉以轻心。

然而，另一方面，理性选择提供了一些构建理论的思想工具，当前常用的其他路径都无法与之匹敌。尽管富有想象力的学者可以在任何研究传统之内构建理论，但理性选择所提供的工具可以使理论构建更加容易。理性选择已经从一个研究领域扩散到另一个研究领域，其扩散方式与其他可以提升效率的创新是一样的，原因也如出一辙。理性选择帮助那些使用它的研究者得偿所愿：创造出在理论上令人信服、在经验上可以检验的论点。除此之外，理性选择相对容易使用。它只要求掌握少量的专门知识，不要求拥有高超的数学能力，因而"启动研究"的成本是很低的。

在回答研究者感兴趣的问题时，不同的研究路径具有不同的优势。研究者应当根据不同路径的优势来确定采用何种路径解决特定问题。研究路径并非是我们要效忠一生的宗教和党派。它们只是一些工具，需要的时候我们就拿来使用，而当其不适用于手头的任务时，我们就应当将其弃置一旁。所有的工具都有其优劣。在比较政治学当前所使用的研究工具集当中，理性选择路径似乎是最容易被那些不使用它的研究者（以及一些使用它的研究者）所误解的。

这种误解的原因在很大程度上是偶然的。在政治科学领域，研究者们最早是用理性选择来研究普遍的民主政治与特殊的美国政治，而那时很多比较政治学家所关注的是那些深陷贫困与威权统治泥淖的国家。尽管使用理性选择路径的研究一直在影响与发展中国家有关的问题[①]，但这些问题与大部分早期理性选择学者所研究的问题很不

[①] 有关经济变革和民主发展的重要理性选择论点，其例子参见 North（1979）；Levi（1988）；Olson（1993）。但是，理性选择解释的广泛扩散是在民主政治的背景下发生的。这些理论最近才开始被用于研究发展中国家当前的政治进程。

一样。仅仅十多年前,罗伯特·贝茨(Bates 1990, 46)还遗憾地宣称,由于发展中世界民主稀缺,理性选择理论家在解释民主政治上所取得的进步仅仅增加了那些研究发展中国家的学者的挫败感。然而,现在,民主进程赫然处于大多数拉美和东欧国家政治的中心,并在非洲和亚洲越来越多的地方变得重要起来,越来越多研究发展中国家的学者已经开始认识到,理性选择是研究政治的一种有用路径。

本章的主要目的就是对理性选择路径做一个清晰的介绍,并在这一过程中消除一些广为流传的误解。本章的第一节即专注于此。在回答某些种类的问题时,理性选择要比回答其他的问题更有优势,下文的讨论将表明这些差异是如何从理性选择理论所依赖的基本假定中推演出来的。接下来的一节会描述理性选择对政治科学研究做出的一些最重要的贡献,并为理性选择进一步拓展到比较政治学家们感兴趣的领域提供一些建议。最后一节将处理这样一个问题:研究路径应具备何种特征才有用?本章并不打算劝诱读者皈依理性选择,而是想要解释其吸引力,给予其应得的理解(但不会超过其应得的),并指明那些理性选择已经在其中取得了极为丰硕成果的实质性领域。

理性选择区别于其他方法的特征

与依附传统、历史制度主义传统[按照马奇和奥尔森的定义,(March and Olsen 1984)]和比较历史社会学传统中的大部分论点形成对比的是,理性选择论点以个人(individual)或某种个人的类似物(analogue)为分析单位。理性选择论点假定,包括政治家在内的个人是理性的,所谓理性就是指,在给定目标(goals)和可供选择的替代性策略的情况下,他们会选择使其目标实现的可能性最大化的替代性策略。在理性选择论点中,制度、其他结构性特征——诸如种族分裂和农民阶层的规模——以及眼前的政治形势都属于塑造"二阶偏好"(second-order preferences)(即用来实现目标的策略)的要素。这些背景性要素(contextual factors)决定了可供个人选择的替代性策略以及不同策略的成本和收益。那些塑造了"一阶偏好"(first-order preferences)——这里我称之为目标——的要素处在理性选择模型的演绎结构之外(也就是说,理性选择模型并不试图解释目标的源起),但是,目标在理性选择理论中仍然扮演着至关重要的角色。在运用这种路径时,最令人兴味盎然的一点就是它创造性地把理性行为者假定与以下两点结合了起来:第一,将原因可信地归结于目标;第二,审慎地阐释制度和其他要素对用于实现目标的策略所造成的影响。

对理性选择的误解

很多处于理性选择传统之外的学者都对理性选择存有误解,这妨碍了他们使用与理性选择相关的那些洞查力与方法。所以,在脱离这些观点产生的背景来考虑其适用性之前,我会先讨论一些最为常见的误解,以便将其搁置一旁。这些误解认为,理性选择:

- 天生就是保守的;
- 假定所有人都受物质利益的驱动[经济学中著名的**经济人**(homo-economicus)];
- 假定人们的偏好是稳定或不变的;
- 是基于不现实的假定,因为人们并非真是理性的,他们缺乏理

性选择理论所假定的那些信息和计算能力;

·是非历史(ahistorical)的,并不考虑背景;

·是决定论的;

·无法用来解释路径依赖的情况。

在接下来的段落中,我将依次讨论每一个误解,包括少许的事实——每个误解都在这些事实的基础之上被放大。这一部分的目的是为了消除误解和划定理性选择理论的适用范围。尽管上面所列的看法没有一个是普遍真实的,但其中一些在若干实例中是真实的。而当其为真时,理性选择论点就不太可能为理解事件提供太多帮助。

意识形态

尽管有许多思想倾向在政治倾向光谱(political spectrum)上偏左的学者使用理性选择模型[例如,约翰·勒默尔(John Roemer)、阿玛蒂亚·森(Amartya Sen)、迈克尔·泰勒(Michael Taylor)、亚当·普热沃尔斯基、戴维·莱廷(David Laitin)以及迈克尔·沃勒斯坦(Michael Wallerstein)],但我们还是不断听到有人宣称,理性选择理论带有保守的偏见。显然,之所以有这种认识,是因为弗吉尼亚大学和芝加哥大学的经济学家们在公共选择这个子领域(这一子领域经常关注因政府干预市场而导致的经济效率低下)的发展中取得了突出的成就。的确,很多经济学家,特别是那些与公共选择文献相关的经济学家,都对市场表现出由衷的信任,而对政府参与经济事务则报以深深的怀疑。在这些经济学家当中,有一部分人促进了当下经济自由化正统学说的构建,这一学说正在对发展中国家的经济产生重要影响。然而,公共选择只不过是理性选择庞大研究领域中的一个子领域而已,理性选择还可以应用于政治的很多方面。上述这些人的作品表明,理性选择路径的工具可以被用来服务于很多不同的理念(参看 Barry 1982)。

目 标

第二个误解认为,理性选择理论假定物质利益驱动人类。这是完全错误的。理性选择论点所假定的"理性",是属于最狭隘的"手段—目的"(means-ends)类型的理性。对个体所持目标的假定是由分析者,而不是理性选择路径所提供的。这种路径仅仅假定人们:(1)会选择在他们看来最有可能实现其想达到的目的的手段;(2)能够对他们的目标进行弱排序(weakly order)❶(即,在给定任一系列的替代性选择的情况下,他们将喜欢一个胜于另一个,或者认为二者并无差异);(3)持有一致的偏好(即,如果他们喜欢巧克力胜于喜欢草莓且喜欢草莓胜于喜欢卷心菜,他们就会喜欢巧克力胜于喜欢卷心菜)。虽然我们可以想到第二和第三种条件不成立的情形,但这种情形并不常见。即使研究者将理性选择理论的适用范围局限于上述三种条件看似可信的领域,这一范围仍然极为广阔。

由于理性选择路径没有对目标作任何假定,那些试图将理性选择应用于特定问题的分析者必须确定牵涉其中的行动者的目标。分析者们通常无法提供直接的证据,比如调查资料,指出行动者真的怀有分析者们赋予他们的目标,因为这样的资料可能无从得到,甚至即便可以得到,行动者也可能有很好的理由撒谎,以掩饰他们的目标。虽然如此,理性选择路径之内还是存在对分析性想象(analytic imagination)的核查:如果分析者没能把握住行动者的目标,那么行动

---

❶ 这个概念与"强排序"相对。"弱"的意思是指这种关系不排除两者无差异的情况。简言之,弱排序就是实数中"大于等于"概念的推广,强排序就是实数中"大于"概念的推广。——译者注

者的行为将与预测的不同。不利的事实会对论点构成质疑,在任何其他路径的分析框架中都是如此。

实际上,分析者们通常会对行动者的目标做出可信的假定,但这些假定是由分析者而非路径本身提出的。对于经济学中的大多数论点与政治科学中的部分论点而言,将物质自利的目标赋予行动者是完全可信的。如果研究者想要解释厂商(firm)如何定价或哪个行业要就关税问题对议员进行游说,那么假定物质利益塑造了他们的决定是非常合理的。当然,物质利益驱动大多数人类行为这一观念并不是理性选择所特有的。马克思主义、新马克思主义、多元主义和统合主义对政治行为所做的大部分描述都共享这一观念,对政治行为的即兴描述与新闻描述也是如此。

然而,很多特别有趣的、探讨民主政治的理性选择论点都没有将最重要的行动者概念化为**经济人**。相反,他们赋予民主政治家们以选举连任、政治生存和职业晋升等目标。在一些国家,政治地位的晋升可能是积累财富最为可靠的途径,但是,更为常见的情况是,官员们可以用其他方式牟取更多的钱财。理性选择论点可能无法提供一个令人满意的解释,说明为何特定的个人选择了政治,而其他人选择了商业或者是专业生涯。然而,一旦行动者做出了选择政治的决定,将官场生存的目标赋予那些之前对担任公职表现出偏好的人就是合理的,利用这一假定,理性选择论点已经极为成功地解释了政治家的行为。

理性选择论点的理论说服力依赖于两点:其一是赋予行动者的那些目标的可信性,其二是分析者们先验地确定目标的能力,所谓先验是指无需参考待解释的特定行为。大多数时候,当分析者们假定行动者乐于得到更多而非更少的物品,或是假定政治家们更愿意延续而非终结其政治生涯时,他们有着强有力的依据。考虑到每次选举之前都有一些政治家退休,认为所有的政治家都乐于延续他们的政治生涯显然是不真实的。但是,如果一般的政治家有这样的目标,那么对该目标做出假定的论点就可以解释一般的行为。行动者的真实目标越是独特,理性选择论点的说服力和实用性就会越弱。因此,理性选择论点可以很好地解释为什么大多数美国国会议员会迎合他们各自选民的利益,但是,在我看来,它们无法很好地解释为什么少数俄国知识分子会追随列宁参与推翻沙皇的斗争——那明显是毫无希望的斗争。如果研究者一开始就赋予那些追随者们一些非常独特的目标,那么他们依然有可能为这个行为建构一个理性选择的解释。然而,这样的解释并不能令人满意,这是因为在解释列宁的追随者的行为时,这种解释没有探究一个必需且最让人疑惑的要素,即:他们的不寻常目标是如何产生的?

因此,分析者先验地赋予行动者可信目标的能力限制了理性选择的适用范围。由于理性选择路径对于目标可能是什么样子没有加以限制,所以通过断言行动者们是在理性地追求自己(特有)的目标,研究者们可以为那些明显是非理性(在这个词的日常意义上)的行为建构理性选择的解释。比方说,那些把自己所有的财产都交给某个宗教教派的人,就可以被认为是在理性地追求自我牺牲的目标。但是,如果目标是直接从观察到的行为中推导出来的,理性选择论点就会从"创造性的同义反复"[布赖恩·巴里(Barry 1970)所言]沦为纯粹的同义反复。

在解释那些不同寻常的英雄主义、愚蠢举动或残忍行为时,理性选择理论通常没有什么用处,这些行为经常要么是受非常独特的目标驱动,要么是由"手段—目的"理性的失效所引发。[然而,理性选择论点可以很好地处理普通的残忍和愚蠢行为,比如波斯尼亚战争期间发生的那些行为。]如果目标必须从待解释行为的特殊性质中推导出来,那么理性选择论点就没有什么用。这样的"解释"也是没有意义的。

什么时候能够先验地赋予行动者可信的目标——这样一来理性选择理论就是适用的,什么时候不能这么做?有关革命研究的一些例子可能有助于我们回答这一问题。分析者们已经提出了强有力的理性选择论点来解释如下问题:我们可以毫无疑问地假定,农民希望自身的财产最大化,但为什么农民有时却会投身革命运动(Popkin 1979)?我们可以毫无疑问地假定,激进组织成员努力使其掌权的可能性最大化,但为什么他们却会选择异乎寻常的政治策略(DeNardo 1985)?我们可以毫无疑问地假定,后革命政权会努力使其持续掌权的可能性最大化,但它们为什么会选择不合常理的经济政策(Colburn 1986)?在这些实例中,分析者们可以辨认出的目标是可信的,同时,除了分析者试图去解释的行为之外,这些目标还可以解释其他许多行为。

与此相反,据我所知,没有哪种理性选择论点可以解释这样的问题:为什么少数受过教育、生活安逸的中产阶级会忽视家庭责任,放弃更有保障和更为赚钱的职业机会,投入早期的革命运动——在革命运动中,他们掌权的可能性要远远低于最后死亡或被囚的可能性。我们知道,不管运动成功的客观概率是多少,这些个体在运动的早期都起到了重要作用。在运用理性选择的框架解释其行为时,他们可以被当作持有不同寻常目标的人,而在运用理性选择论点解释持有更为一般目标的人为何参与革命运动时,这些个体有时被视为已知条件(例如 Lohmann 1992,1993)。但是,理性选择论点未能对这些独特个体的行为提供令人信服的解释——我怀疑永远也不会提供。只有其策略(在给定其目标的情况下)才是理性选择这座磨坊待磨的谷物。

稳定的偏好

有人宣称理性选择理论假定偏好是不变的,这是一个误解,出现这一误解是因为他们无法正确区分日常用语和专业用语。理性选择理论仅仅要求偏好或目标在行动者选择策略时保持稳定。稳定的时期既可以是行动者在委员会中决定如何投票的那一两分钟，也可以是许多年——如果分析者认为行动者在很长的一段时期内反复面临相同的处境。偏好持续稳定的时间长短取决于分析者如何诠释行动者面临的处境。如果分析者对历史的理解使得他认为目标会随着时间的流逝以及对外部冲击的回应而变化，他可能会将这种变化通过收益的变化纳入理性选择论点。然而，由于研究者所假定的偏好——例如，对物质商品多胜于少的偏好，对保持权力而非丢掉职务的偏好——是如此基本，所以实际上它们是趋于稳定的。

很多研究者认为不变的偏好不可信是因为他们混淆了理性选择术语中的**偏好**（preference）——此处我称之为"目标"（goal）以避免这种混淆——与日常用语中的**偏好**。后者比理性选择用语中的**偏好**含义更为宽泛。偏好的日常含义既包含理性选择术语中被称为偏好的各类潜在目标，也包含对那些有助于实现目标的选择或行动所采取的态度。这些态度在理性选择术语中不被称为偏好；它们被称为策略、策略选择，或者偶尔被称为二阶偏好。它们包括政策偏好、制度偏好和有关现实生活选择的其他大部分偏好。二阶偏好是为了实现一阶偏好而做出的策略选择。在理性选择论点中，政治家的政策和制度偏好（日常语言意义上的）是为了实现他们掌权目标的策略行为。政策偏好可能会随着环境变化而剧烈变化，但这不意味着理性选择意义上的偏好已经改变。政治家继续留任的一阶偏好仍然不变，但是他理性地选择了他认为在他所面临的环境中最有助于实现目标的政策或制度策略。实际上，政策和制度偏好从来都是内生于理性选择理论的（批评者们宣称应当如此），但是在理性选择中，它们叫策略，不叫偏好。

简言之，认为理性选择论点假定偏好不变这一反对意见是不可信的，这种意见源于一种误解。大多数情况下，理性选择论点实际所必需的、对偏好稳定性的假定只是最低限度的，不会造成实质性的弊端。

信息要求与计算要求

第四种对理性选择理论的反对意见认为，该理论对人的计算能力和获取信息的能力做出了不切实际的假定；这种反对意见认为，尽管人们可能试图去有效地追求他们的目标，但在这个过程中，他们缺乏充分的信息和计算能力。这一断言具有相当程度的真实性，但这种真实性在以下这三种情况中受到了削弱：第一，信息要求在某些情况下比在另一些情况下更不可信。在这些要求不被轻信的情况下，理性选择理论可能是最有效的，正如我将在下面说明的那样，正是在这些领域中，理性选择最为成功。第二，出于若干原因（同样将在下文中得到探讨），人们在有些时候可以表现得好像已经具备了充分的信息和计算能力，即使实际情况并非如此。也就是说，如果已经具备了充分的信息和无限的智力，他们也会做出相同的选择。如果分析者有理由相信人们表现得像是在做理性计算（即便并非如此），理性选择论点同样会非常有效。最后，尽管最简单的理性选择论点通常假定信息是完全的，但某些技术可以将不完全信息纳入理性选择模型。假定了不完全信息的模型会变得很复杂，但一般而言它们不会产生什么问题。

理性选择论点最容易在以下情况下被构想出来：行动者可以辨认其他行动者，知道他们的目标；支配行动者之间互动的规则是明确的，并被所有人所了解（Tsebelis 1990, 32）。民主政治中的很多情况都具备上述特点；因此，理性选择理论成功地解释了许多民主过程。立法机关内部的互动、立法机关与政府机构之间的互动、政党领导层内部的互动、统治同盟中的互动以及在民主的背景下建立起来的其他政治团体中的互动都趋向于使容易被辨认出来的行动者参与其中，这些行动者的目标很容易被确定，他们之间的互动也受到明确的、广为人知的程序性规则支配。

即便在那些与理想形态有实质性差异的民主政体中，理性选择理论也可以得到成功应用，很多发展中国家的民主制度就是如此。只要体系中还存在着一些竞争，只要政治行动者之间的互动仍然在相当程度上可以预测，且对所有参与其中的人都是透明的，那么，该体系在有效政治参与、政治代表和政党竞争方面的局限就不会削弱理性选择理论的有效性。

当待解释的结果对牵涉其中的个人非常重要时，理性选择论点就会更为有效。当人们的决策结果会产生重要影响时，他们会用更多的时间和精力去获取信息。一般的公民对于政治通常保持"理性的无知"：个人的选票对政治结果几乎没有影响，所以花费时间去了解议题和候选人是不理性的。相反，对于一般的议员而言，他们的职业生涯有赖于做出从选举方面来看是正确的选择，因此，他们有必要花费时间和精力保持信息灵通。由于在成熟的民主制中，统治机构具有能见度高和结构合理两个特征，同时，做出正确决策对民选官员的职业生涯非常重要，所以，理性选择论点已被证明在解释这些机构中的行为时特别有用①。

理性选择论点是否可以被成功地用于解释威权政权做出的决策？

① 例如，参见 Ferejohn（1974）；Fiorina（1977）；Fiorina and Noll（1978）；Hammond and Miller（1987）；Mayhew（1974）；Shepsle and Weingast（1981b）。

这取决于该政权透明、稳固以及可预测的程度①。如果政权中支配政治生存和职务晋升的规则相对不变,并且对参与者和观察者都非常明确,那么理性行为者假定就会更为可信;如果政权很多决定都是由一小群人秘密做出,规则和统治者的变动频繁剧烈且不可预测,那么理性行为者假定就不那么可信②。

即使行动者缺乏至关重要的信息,在某些情况下理性选择论点仍然有用。有些时候,行动者可以通过试错法(trial and error)来学习选择与其拥有完全信息和无限计算能力时相同的策略。因此,如果情况不断地重复,久而久之,人们就可望通过学习来理解它们并做出更为有效的选择。结果对人越重要,他在学习方面的付出就会越多。有人认为,理性选择论点不适用于新兴或处于过渡期的民主国家,因为规则和局中人都没有形成,行动者也没有时间学习新的体制。最近的研究表明,这样的担心是多余的。民主制所营造的选举激励非常明确有力,以至于从民主制诞生开始,决策的结果就对满怀希望的政治家非常重要,因此他们会做出任何必要的努力去获取信息并对其不断进行修正,以便跟上不断变化的政治形势。从早期民主政治家们做出的决策来判断,他们几乎与更为制度化的民主政体中的政治家们一样消息灵通,并且几乎能做同样好的计算(Frye 1997;Geddes 1995, 1996)。

然而,对于新兴民主国家来说,以下这种论点却是可信的:在学习

---

① 在这里,将理性选择模型用于不同类型政治体系中的个人,关键在于信息要求的可信性。当分析者将国家本身视为一个理性的行动者时,威权主义几乎不会影响信息要求假定的可信性,将国家视为一个行动者可能会使得单一行动者假定变得更加可信。

② 例如,史密斯(Smith 1979)就已经用与理性选择路径一致的动机假定(motivational assumption)(尽管没有用明确的理性选择术语)解释了墨西哥革命制度党(Institutional Revolutionary Party,简称 IRP)官员的行为。而由于乌干达的伊迪·阿明政府在可预测性连续统的相反一端,以这种方式分析其行为会困难得多。

新体系中可供使用的选项方面,选民所面对的激励要比那些想成为政治家的人更少,因而对新体系的学习也更慢。因此,在早期的选举中,为数众多的新选民可能无法选择出最能代表他们利益的政党。东欧早期的选举行为可以恰当地支持这个论点。在匈牙利第一次民主选举之前,选民告诉调查者他们更喜欢社会民主政策,但他们并没有把选票投给提供这些政策的政党(Kolosi et al. 1992)。1993 年俄罗斯议会选举之前的民意测验当中,大多数选民更喜欢中间派的政策选择,但是在选举中,中间派政党却同时输给了左翼和右翼的激进政党(Treisman 1998)。在保加利亚、罗马尼亚和波兰,共产党的后继党(communist successor party)最坚定的支持者来自最落后的山区,而非蓝领选民集中的地区,尽管之前的共产党尽了最大的努力去吸引蓝领选民。一般而言,在东欧,社会经济状况与党派选举之间的关联度要比西欧低很多。尽管并没有足够有力的证据证明这种情况是由信息不完全导致的,但是,其他各种解释表明,信息不完全仍然是一个可信的竞争性解释①。如果是这样,那么在转型或政治变动的条件下,理性选择更适用于预测精英而非大众行为的一般趋势(因为精英更容易满

---

① 有些研究者认为,东欧选民通常有着比西欧选民更长的时域(time horizons)[time horizon 多用于会计金融和风险管理领域,是指投资者评估是否继续投资的周期长度。在这里,作者用这个词是想要说明,东欧选民并不像西欧选民那样急于得到选票所带来的收益,他们更看重候选人为他们带来的长期收益。——译者注],因此,他们会选择那些进行激进改革而不顾短期代价的候选人,因为他们预期自己或者自己的孩子将会最终受益。现在,这个论点似乎不如几年之前那么可信了:在更近的选举中,某些政党的支持率已经跌落了下来,因为其旗下的候选人在竞选期间支持激进的经济改革。其他分析者——其中最为著名的是乔伊特(Jowitt 1992)——认为东欧新兴民主国家公民的目标与成熟民主国家选民那些本质上实利主义的目标不同。如果乔伊特的观点是正确的,那么东欧的选民就不是因为缺乏关于新体制足够的信息才无效率地追求其目标的——可以改善他们物质状况的政策;确切地说,他们正在追求着其他目标,这种追求或许是十分有效率的。

足理性选择模型的信息要求)可能会更为显著。

如果存在某种选择机制可以剔除某些行为(这些行为会导致与理性行为者本该选择的行为不同的结果),行动者同样可以表现得好像很理性,即使没有有意识地去学习。就像进化论中有差别的生存率淘汰了低效率的变种一样,上述机制可以在其他竞技场中淘汰掉某些行动者,因为他们采用的策略无法与理性(也就是,有效的)选择的结果趋于一致。例如,已经有研究者认为,在做出大多数决策的时候,公司管理者实际上并没有考虑利润(Nelson and Winter 1982)。不过,现存的公司表现得好像它们是追求利润最大化的,这是因为,竞争已经使那些背离利润最大化行为太远的公司出局了(Alchian 1950;Winter 1964)。同样的论点也可以用于政治家。政治家可能会由衷地相信自己会不顾选民和利益集团的压力,凭着良心参选,但是,如果他们与选举连任机会最大化的行为背离太远,他们就有可能在下一次选举中失利。与学习一样,自然选择要求重复。不管是学习还是进化都不能被用来支持这样的论断,即在非重复的情况下,行动者也可以表现得似乎很理性。

总之,理性选择模型对信息和计算的要求是非常严格的。当行动者非常接近这些要求的时候,理性选择论点更有可能成功地解释行为。因而,理性选择理论的合理适用范围包括以下情况:结果对行动者很重要,从而驱使行动者去收集知识;支配互动的规则是清楚明确的;重复发生的情况使得行动者可以学习,或即使行动者没有有意学习,重复的情况也汰选出了有效的策略(Tsebelis 1990, 31-39)。如果选择几乎没有什么后果(例如,"空谈"❶,比如说调查报告)且对全局

---

❶ 在博弈论里,"空谈"(cheap talk)指的是博弈参与者之间并不直接影响游戏最终结果的交流。——译者注

结果(选举中的投票)几乎没有什么影响,我们就会预期行动者在信息收集方面的投入会很少,理性选择论点也就无法很好地预测行动者的行为。在信息对行动者保密,互动规则频繁变换且不可预知的情况下(比如在某些专制政权中),理性选择论点可能不会有效。当个人事实上并不能得出自己的最优策略时,当情况不重复出现时,当没有可信的选择机制能被辨认出来时,理性选择理论只能提供较少解释上的帮助。然而,尽管有这些限制,政治的很多部分仍然处在理性选择的适用范围之内。

历史与背景

有人宣称,理性选择理论忽视了历史和背景,其实,这一论断对所有理论都是同样真实的。所有理论都认为原因可以在某种概率下,在特定的范围内,产生相同的后果。历史与背景可以决定理论的适用范围。或者,它们可以决定参与理论的变量的值,而这些变量在理论中被当作假想的原因。或者,它们可以提供影响研究者感兴趣的关系的新变量,由此影响到在实际情况下原因产生所预测后果的概率。历史与背景进入理性选择理论的方式与进入其他所有理论的方式是一样。如果存在一些不同,那就是,为了便于在立论中使用特定的要素,理性选择路径提供了从繁杂的现实中选取这些要素的准则,而不是将选择完全留给观察者的直觉。

与批评家的论断相反,大多数有关政治行为的理性选择论点实际上将制度和其他背景环境视为导致结果的首要原因。"理性选择的研究路径将注意力集中于那些加诸理性行为者之上的限定——社会制度……个体行动者被假定为最优适应(optimal adaptation)于制度环境,个体之间的互动被假定为对对方的最优回应(optimal response)。

因此,主要制度……决定了行动者的行为,行动者的行为反过来引发了政治和社会后果"(Tsebelis 1990,40)。

以下两个例子将说明背景与理性选择论点间的整体关系。在一篇文章中,安东尼·吉尔(Anthony Gill 1994)将天主教领导层视为试图使信徒数量最大化的理性选择行动者,他发现,新教传道者与之竞争的程度,连同每个国家历史上政教关系的一些特征,一同预测了天主教会是否会反对威权主义。换句话说,环境(新教与之竞争的程度)、(约束政教关系的)一套制度连同认为教会领导层会理性追求其目标(最大化信徒数量)的假定解释了研究者感兴趣的行为(反对威权主义)。所有国家的教会领袖都共享这一目标。然而,他们实现该目标的策略——支持或反对军人政府——取决于各国不同的环境与制度,正是环境和制度影响了不同策略的成本、收益以及可行性。因此环境与制度导致了行为的不同。

第二个例子解释了土地改革的发端。南希·拉普(Nancy Lapp 1997)将拉丁美洲的立法者视为希望赢得选举连任的理性行为者,她发现,那些可以提高农村选民重要性的制度变化(例如文盲的选举权、无记名投票,或者简化登记)会提高土地改革的可能性。所有国家的立法者都被假定持有相同的目标:继续留任。他们试图通过投票支持对其选民有利的政策来实现这一目标,因为从政策中受益的选民会在选举期间回报他们。当要求选民具有读写能力的法规剥夺了大多数农民的投票权时,理性的政治家就没有理由给予农民有利的政策,但是,当农民被赋予选举权时,政治家的激励就会改变。就这样,一个制度上的改变导致了立法者在追求一个不变的目标时改变了策略。

在理性选择对政治现象所做的这样那样的解释中,制度变化(在上面的例子中就是选举法的变化)和其他背景环境的变化(在第一个例子中就是新教与之竞争的程度)导致理性行为者所面对的激励出现

223

了差异,他们正是根据他们面对的激励做出决策的。有关政治的理性选择论点绝非是罔顾历史和背景的,它们非常倚重背景。

决定论

理性选择模型——即将手段的选择与先前存在的目标联系起来的演绎逻辑——是决定论的。然而,这并不意味着理性选择理论可以对行为做出确定的预测。思考理性选择论点最有用的方式就是如下形式的"如果—那么"(if-then)条件陈述:**如果**行动者具有观察者所宣称的目标,**如果**信息要求和计算要求是可能的(不管是由于上述何种理由),**如果**行动者的确面临观察者所宣称的规则与回报,**那么**特定的行为就会发生。

每个"**如果**"陈述都有可能发生一些偏移,但偏移不一定会危及整个论点的核心。一些行动者可能怀有与大多数人不同的目标。比如,少数众议院议员可能并不关心能否选举连任。然而,只要大多数议员仍关心连任,理性选择理论就依然可以解释他们中大多数人的行为,并由此解释立法机构的决策结果。有些行动者可能会缺少信息,没有计算能力。例如,立法者中的新手可能弄不清内幕,但是只要大多数立法者不是新手,那么一般情况下理性选择论依然是有效的。或者,尽管大多数行动者所面临的情况都得到了准确的解释,但观察者可能误解了某些行动者所面临的情境。例如,观察者可能会错误地假定小党成员的回报与大党成员的回报是一样的。但即便如此,该理论仍然可以解释大党成员的行为。在所有这些例子中,对论点的经验检验(如果可能的话)将会表明,虽然理性选择理论并没有解释所有个体的行动,但它解释了结果中的一个实质性的部分。换句话说,就像其他社会科学理论一样,理性选择理论得出的也是概率性的预测和解释。

路径依赖

路径依赖这个概念是由经济学创造出来的,目的是为了解释如下情况:在时间点 1 做出的选择影响到时间点 2 上选项的成本、收益和可获性。由此,路径依赖为时间点上 2 上那些乍看起来非理性的行为提供了一个理性的解释。当我们明白了路径依赖这一思想的起源之后,认为理性选择不适用于解释路径依赖现象的看法就显得颇具讽刺性。那种认为解释路径依赖的情形需要一种与理性选择的形式不同的理论的看法,似乎是上面提到的两种误解结合而成的:认为理性选择路径忽视了历史和背景;误解了**偏好**这个词在理性选择术语中的意思。一旦抛弃这两种误解,我们就可以很清楚地看到,理性选择理论经常为解释路径依赖的结果提供充分的手段。

这一小节处理了一系列对理性选择的误解。前面的论述已经表明,其中的几个仅仅是误解,我们不应该让这些误解继续把水搅混。而其他的误解则揭示了理性选择理论在解释所有可以想到的人类行为时遇到的严重障碍。我已经指出,我们应当认真对待这些反对意见,并用这些反对意见来为理性选择理论的适用范围划定界限。现在,我将转向一个不同的问题:是什么将理性选择路径与其他路径区别开来?

理性选择路径如何真的与众不同

理性选择路径的本质特征是:(1)方法论个人主义(methodological individualism),通常应用于单独的个体,但有些时候,如果研究者有理由认为一些组织会如同单一理性行为者一样行事,那么理性选择路径

同样适用这些组织①;(2)明确界定了行动者与他们的目标或偏好;
(3)明确界定了制度和其他背景性的特征,这些制度与特征决定了行
动者可能的选项以及不同选项的成本和收益;(4)演绎逻辑。理性选
择路径并没有独占这些特征中的任何一种。此外,大多数最先在其他
框架中提出的论点都可以转用理性选择的术语来表达。例如,结构主
义的支持者认为,像贸易条件或收入分配这样的结构性条件导致了结
果。他们认为没有必要明确说明其过程:结构如何决定特定个体所面
对的激励,并由此决定他们的选择,再通过他们的选择,导致社会结
果。不过,如果分析者想通过理性选择路径把这些中间步骤纳入结构
主义论点,他们通常也不会遇到什么困难。

简言之,理性选择理论的假定和结构并没有什么不同寻常之处。
不过,由于理性选择关注个体所面临的激励、无情修剪不相干的复杂
事物且使用演绎逻辑,这种路径已经产出了一连串新颖且卓有成效的
理论成果(下文将对此进行讨论)。

---

① 根据我的判断——不一定被所有实践者认同——对理性选择论点恰当的适用范围
更进一步的限制是,它们只是在分析单位是个体或者实行等级制且组织良好的团体
时才会有效。之所以需要分等级和组织化是因为——正如阿罗(Arrow 1950)和麦
凯尔维(McKelvey 1976)已经指出的那样——在团体内加总偏好的非独裁方法将导
致循环投票,因而违反了理性的一致性要求。也可参见 Elster (1986, 3-4)。对美国
国会的广泛研究表明,团体内的制度安排可以避免循环并导出稳定的结果,因而在
某些环境下将民主国家视为单一行动者是合理的。但是这些类型的制度在像阶级
那样未经组织的团体中并不存在。将(某些环境下的)政党或国际竞技场中的联盟
和国家视为理性的单一行动者似乎是合理的,因为分析者通常可以发现使偏好稳定
的制度。然而,一般情况下,未经组织的团体,如阶级或利益集团,并不会表现得像
理性的单一行动者。理性选择论点可以被用来解释这些团体中成员的行为,也可以
被用来解释由这些人加总而成的团体的行为,但不能把这些集团当成法人单位
(corporate units)来解释其行为。

理性选择的应用

现在,政治科学中的理性选择文献是如此浩瀚,以至于我们无法对其进行哪怕是很简要的编目。这些文献的一个主要分支是用经济激励解释经济和政治结果。这一分支仅仅是将标准的经济学理论拓展到那些以前尚未充分理解其推论的领域(例如,Przeworski and Wallerstein 1988)。如果做一番认真而明确的阐述的话,很多马克思主义和多元主义的论点都可以被归入这一类理性选择,因为它们预期人们通过政治行动追求他们的物质利益。政策选择的标准空间模型(standard spatial model),一种对政治多元观念的精确阐述,就属于这个分支。对这种老方法最新的创造性应用,经常强调经济学理论中一些迄今未得到充分重视的要素的推论。比如,罗纳德·罗高斯基(Ronald Rogowski 1989)从斯托尔珀—萨缪尔森定理(Stolper-Samuelson Theorem)中推导出关于联盟形成和变化的一些预期,揭示了国际价格的变化对稀缺要素与充裕要素持有者的政治利益造成的不同影响。杰弗里·弗里登(Friden 1991)认为资产专用性(asset specificity),亦即将资本或技术从一种用途转移到另一种用途上的高昂代价,可以解释为什么某些商业利益集团比另外一些具有更大的政策影响。

对理性选择路径的其他应用更加远离其经济学根源。在这里,我并不试图对理性选择做一个全面的考察,而只是关注其中的某些变化,这些变化展示出由理性选择立论精密的演绎逻辑引发的那种洞见。在对理性选择的应用中,有一些应用揭示了加总(aggregation)以及理性个体之间互动所产生的不明显的影响,这些应用已经极大地改变了政治科学家思考世界的方式。正是对加总和互动的潜在逻辑所做的认真细致阐述,而不是自利和理性追求目标的假定,凸显出那些导致世界观发生改变的分析。虽然很多其他的分析也已经假定,尽管通常很含蓄,人们是理性和自利的,但是它们缺乏概念工具,无法认识到群体行为不能直接由群体中个体的利益推导出来。

在这里,我会处理三种类型的论点:第一种论点说明了个体理性选择的加总所产生的无意识和不明显的结果;第二种论点清楚地观察那些实际上做出国家决策的个体、塑造这些个体行动的目标以及他们所面对的激励,从而打开国家这个黑盒;第三种论点将政治决策视为行动者之间的策略互动,而非外部约束之下的决策。这些论点有着大量的重合,事实上,下文讨论的所有研究都认为政治结果是由行动者之间的策略互动所引发的。然而,也有足够的理由相信在其他地方,在加总和别的标题下探讨策略互动也是有益的。

加总的后果

理性选择框架中的理论发展对我们理解政治世界产生了巨大影响,其中最为彻底和深远的就是证明了集体决策并不一定,甚至通常不能够反映集体中大多数人的利益,即便集体中的成员是完全平等的,并且是用民主的方式做决策的。在很多不明显且有时会比较反常的加总效应中,有两种加总效应在其政治和理论后果方面非常突出:一是证明多数原则并不必然产生反映多数人偏好的政策;二是表明那些会从公共物品中受益的个体,如果他们是理性的,通常不会去促成公共物品的获得[1]。

多数原则之下的循环与立法机构内部制度的影响

肯尼斯·阿罗(Arrow 1950)最早证明,(在给定一组可信和非限制性的条件下)经由多数原则达成的偏好加总可能导致政策循环[2]。这个领域的理论著作都是用数学表达的,我在此无法对其做充分总结。作为替代,请允许我指出从这些著作中产生的一些实质性推论。

首先,多数原则不能保证政策反映多数人的利益。像立法机关这样的代议机构中的一系列投票可以导致任何可能的政策结果,这取决于对不同选项投票表决的**次序**(sequencing)(McKelvey 1976;Schofield 1976)。因此,议程控制的重要性就体现出来了,因为谁控制了议程,谁就控制了投票表决提案的次序。如果研究者接受阿罗和麦凯尔维(Richard McKelvey)的结论,那么在解释立法机构为何不能代表大多数选民的利益时,他们就不必假定存在通过竞选捐款来购买选票的强势利益集团或控制着政府的霸权阶级。强大的集团**可能**会极大地影响政策——它们是否确实如此是一个经验问题——但是仅仅因存在一些不具代表性的政策并不能推定它们确实就是这样。这一结论的后果就是将注意力集中于代议制团体中的领导层和制度,其目的是为了弄清谁以何种方式控制了议程,以及既然阿罗的证明导出了循环的预期,那政策稳定性的原因又是什么。

目前已经出现了大量理性选择文献试图去解释国会制度和程序如何导致相对稳定的政策结果,其中大部分都聚焦于美国国会

---

[1] 加总效应的其他论述参见 Schelling(1978)。

[2] 麦凯尔维(McKelvey 1976, 1979);森(Sen 1970);施瓦茨(Schwartz 1986)进一步发展了这些思想。

(Shepsle 1979；Shepsle and Weingast 1984，1987a，1987b；Denzau and MacKay 1981，1993)①。不管明确与否,这些研究通常致力于弄清不同制度安排[尤其是支配以下三者的那些规则:委员会的角色、赋予委员会的任务与即席修正案(amendments from the floor)]下代议立法机构的可能状况。研究者已经对立法机构内部制度的影响做了一些比较研究(例如 Huber 1992；Tsebelis 2002),但其中没有多少是研究发展中国家或前共产主义国家立法机构的②。

这一领域的研究有助于解释以下问题:不同国家代议制的差别之处;与立法效力(legislative effectiveness)相悖的守旧倾向;立法机构政策产物的偏向。通过拓宽那些可供比较的制度的范围,这些研究也可以为有关立法机关内部制度影响的理论做出重要贡献。为了将这些模式应用于发展中国家的立法机构,有关制度功能的假定本身显然需要修正。然而,由于从总统与立法机构的基本分权这个角度来讲,新兴民主国家中有许多总统制体系类似于美国的体系,所以研究者有理由认为,那些用来解释美国的政治结果的模型可以为新体系的立法机构内制度研究提供有益的起点。

---

① 参见 Krehbiel (1988)对某些最重要观点极其有用的综述,并了解它们是如何结合在一起的。

② 龙得甘(Londregan 2000);埃姆斯(Ames 1995a，1995b);雷明顿和史密斯(Remington and Smith 1998a，1998b，1998c，2000);拜尔代兹和凯里(Baldez and Carey 1999)沿着这一方向迈出了第一步。埃姆斯的文章(Ames 1987)中包含了一些讨论,这些讨论是有关 1946 年到 1964 年之间巴西的委员会体系和任命委员会成员与理事会领导的程序。1970 年代,拉丁美洲立法机构的一些描述性研究得以进行——例如,Hoskin, Leal, and Kline (1976)；Agor (1971，1972)；Packenham (1970)；Smith (1974)。很多观察者密切跟进他们各自国家的立法行为。然而,只有少量的研究精力被用来开始调整那些本来用于解释美国立法机构的影响的模型,以便解释发展中国家和前共产主义国家立法机构的状况。

集体行动问题

三十多年前，曼库尔·奥尔森（Olson 1965）展示了将个人理性的标准假定与经济学家提出的公共物品（public goods）概念相结合的政治后果。公共物品具有以下特征：一旦提供给一个目标群体，该群体中就没有任何一个成员可以被排除享用该公共物品，不管他是否帮助创造了该公共物品；某个人对公共物品的使用，不会减少该公共物品对群体中其他人的可获性和有用性。一个标准的例子是清洁的空气。一旦限制污染的法律得以通过，清洁的空气（公共物品）就可以为所有人享用。不管特定的人是否对其做出了贡献——比如，推动清洁空气法的努力，或为其汽车购置防止空气污染的装置——都不能拒绝他们使用公共物品，事实上，在大多数情况下，呼吸清洁空气的人并没有挤走任何人，也没有减少空气的健康作用。因此，任何为公共物品做出贡献的人都是不理性的。一方面，如果有足够多的人已经准备好去为公共物品工作或支付其成本，那么人们就没有理由再去做任何事情，因为当收益来临的时候，人们就可以享受这种收益，不管他们是否为之工作。另一方面，如果目前没有足够的人在为生产公共物品工作，人们依然没有理由去为之做出贡献，因为任何一个人的贡献都极不可能对公共物品的生产造成影响。尽管事实表明，存在某些特定的条件让个人出于理性在集体行动中合作，但是这些条件相当苛刻，通常无法得到满足。因此，通向共同持有目标的有效集体行动通常无法形成，即使在不经意的观察者看来，合作符合所有人的利益。

集体行动的逻辑彻底修正了有关政治的一些权威观念。它打破了个人利益和群体政治行动之间的联系，事实上，这是所有以利益为基础的政治理解——从马克思主义到多元主义——的基础。例如，我们对社会底层群体无法组织起来保护其利益这一现象的理解就发生了转变：过去是试图用虚假意识或葛兰西式霸权（Gramscian hegemony）❶去解释的反常现象，而现在看来，这正是底层阶级行动者符合理性预期的行为。

集体行动的逻辑对民主理论也产生了同样深远的影响。集体行动的逻辑导致了这样的预期：既然普通民众不能组织起来有效地表达他们的利益，那么一般民众的利益就不可能影响到政策制定。一般而言，能够为某集团带来利益的政府政策是该集团的公共物品，哪怕这些公共物品本身是被私下里消费的。对于那些只要有公共物品就可以受益的个人来说，组织起来追求利益的成本是高昂的，因为物品是公共的，如果可以搭便车（free ride），由个人去承受这些成本就是不理性的。

在集体行动的逻辑中，有一些可以经常观察到但是也经常被误解的实质性后果（在奥尔森提出观点之前）。例如，资源分配不均的集团比成员平等的集团更容易组织起来；不平等增加了组织起来的可能性，这是因为集团中愿意承担游说成本的成员将从公共物品中得到足够的收益，而不用考虑其他人的搭便车行为。这个论点已经被用来解释为什么那些包含一个或少数超大公司的行业更有可能得到关税保护。

小集团比大集团更有可能组织起来要求他们所偏好的政策。在小集团中，成员可以了解其他成员是否正在做出贡献，并惩罚那些搭便车者。由此，他们可以通过改变个体成员所面临的激励来解决集体行动问题。这个观点揭示了为什么在政策竞技场中，特殊的利益集团通常是有效率的，即使当大多数公民并不支持他们或可以从别的政策中得益。集团大小和组织能力之间的关联也有助于解释非洲普遍存

---

❶ 葛兰西将某一社会集团在文化、思想、道德、意识形态等方面所取得的领导权称为"文化霸权"。——译者注

在的农业价格政策,这些政策有利于数量相对较少的城市消费者(和他们的雇主,因为很低的食物价格可以减少工资需求),而其成本则由大量的农村生产者承担(Bates 1981)。

预先组织起来的集团比没有组织起来的集团更有可能获得它们所希望的政策。因为组织是有成本的,已经支付了启动成本的集团比没有支付的集团更具优势。改变一个既有集团的宗旨比塑造一个全新的宗旨更加容易。这个论点已经被用来解释为什么新国家的政治领导人通常利用种族主义路线动员追随者。塑造新集团要比让既有的基于种族的组织转向新目标更加困难(Bates 1990)。

这些实质性论点中的大多数都源自美国或是非洲。不过,它们对其他国家的意义是很明显的。其他地方的关税同样趋向于保护大的行业。一般而言,在大多数发展中国家,对那些组织得不那么好的农村居民而言,定价或其他对城市和乡村居民都有影响的福利对他们更为不利。一般而言,那些代表新近被赋予选举权的集团的新党派所面临的进入壁垒很高。集体行动的逻辑意味着,**即使在公平和竞争性的民主政体中**,政策也将倾向于对那些富有和组织良好的集团有利而对为数更多的贫穷和无组织的集团不利,这仅仅是因为那些富有和组织良好的集团更有可能有效地行使他们的权利。因此,对于这个世界上大部分地方政策选择最核心的一个特征,集体行动的逻辑提供了一种可能的解释。

与此紧密相关的众人逻辑或公共资源(common pool)逻辑的悲剧揭示了为什么由团体公共持有的资源通常会被过度使用。除非建立制度强制分配权力和责任,否则理性的个人将尽其所能使用公共资源,因为他们知道,即使他们不使用,其他人一样会使用;他们也不会为维护公共资源而投入什么,因为他们投入的成果将被其他很多人共享。公共资源问题一个明显的例子就是环境。公共资源的逻辑揭示了为什么海洋趋于过度捕捞，为什么与撒赫勒（Sahel）接壤的土地被过度放牧并变成沙漠，为什么很多大型哺乳动物被早期的人类猎杀殆尽。与阿罗悖论（Arrow's paradox）一样，对公共资源问题的理解已经导致了一种学术兴趣，旨在发现人们如何解决公共资源问题（Ostrom 1990；Ostrom, Schroeder.and Wynne 1993；Ostrom, Gardner, and Walker 1994）。最近，这种逻辑已经被用来说明为什么俄罗斯（Treisman 1999）和阿根廷（Jones, Sanguinetti, and Tommasi 2000）征税效率低下。尽管由于政治体系和政治形势的不同，两个案例的细节有所差别，但两个案例的共同之处是，通过税收共享制度（revenue sharing）获取公共资源收入的途径为省级政府创造了激励，促使它们过度开支并在征税方面投入不足。

国家的黑盒之内

加总的大多数悖论性影响都是由社会中的行动者对个人利益的追求产生的。他们在政府中的代表要么是被简单地假定为反映了选民利益（正如有关循环和立法机构内部制度的文献中所言），要么就是从来没有被认真地探讨过（正如在集体行动文献中的那样）。在有关集体行动的文献中，选举产生的代表通常被假定为反映了游说最为得力或在选举中贡献最大的集团的利益。

理性选择理论化的第二个发展分支明确地关注国家黑盒之内的行动者[①]。这一分支与第一个分支的不同之处在于，它并没有假定政

[①]　在涉及美国的文献中，**国家**（state）这个词并不常用。然而，在比较政治学的标准术语之内，那类在美国政治学研究中非常重要的关注总统、立法机构和政府官员决策理由的论点，打开了国家这个黑盒，并查看其内部的工作机制是怎样的。

治领袖反映了选民或是占统治地位的联盟的利益。相反,它明确地关注制度如何影响政治家,促使其选择去代表那种他认为在政治上有用的利益,它也明确关注官场上求生存的斗争如何影响政治领袖的政策选择、制度选择以及其他行为。社会利益塑造了政治家互动的背景,但并没有支配他们。

尽管新制度主义者和其他一些研究者同样关注国家,但相比较而言,理性选择理论更有可能在国家特定的制度特性与选举或任命产生的官员的行为之间建立系统性的联系。理性选择的践行者并非首先注意到政治领域(或国家)中的自主性,但是,他们已经非常成功地创造出了运用国家或政治特性去解释政策结果的理论。两个主要研究传统为这一思路中多数新近的研究提供了智力基础:道格拉斯·诺斯具有重大影响的开创性论点(North 1981, 1985, 1989a, 1989b, 1990),这一论点将制度变迁的原因归结为统治者和主要经济利益集团在国家收入方面的斗争;还有旨在解释美国立法者行为的研究(例如 Downs 1957; Mayhew 1974; Fiorina 1977; Jacobson and Kernell 1983; Shepsle and Weingast 1981b, 1987a, 1987b)。

有关国家或政府行动者的理性选择论点始于对其目标的明确关注,进而考虑在给定的制度设置中,不同的行动和选择如何影响目标的实现。这种方法的基础就是将政治家视为理性个体的简单模型,在模型中,政治家们试图使其职业成就最大化。在美国的背景下,这一点通常被简化为使选举连任的可能性最大化,但是,对于政治家们想要最大化的对象是什么这一问题,比较政治学家们已经提出了更为宽泛的概念,并且成功运用了这种概念(Rogowski 1978; Ames 1987)。通过运用这一有关目标的简单假定与美国政治体系的部分特性,理性选择论点已经解释了国会议员所特有的很多行为:对选民服务大量投入资源;偏好政治恩惠;表白和居功;避免对有争议的问题进行表决;不懈地追求新闻报导率(Mayhew 1974；Ferejohn 1974；Shepsle and Weingast 1981a),等等。

另一些理性选择论点将追求选票或政治生存最大化这两类行为与特定种类的政策结果联系起来。安东尼·唐斯(Anthony Downs 1957)认为,在两党体系中,试图使当选可能最大化的政党所提供的政策平台会向选民偏好的中心聚集。詹姆斯·布坎南和戈登·塔洛克(Buchanan and Tullock 1962)宣称,经济中各种无效率的政府干预可以被解释为追求选票的政治家努力的结果,因为这些政治家想要保住选民的支持与特殊利益集团的竞选捐款,公共选择传统内的大量书籍和文章都追随这一观点。

比较政治学家们在这些论点的基础之上做了进一步的拓展,并将其应用于其他有着不同制度的政治背景,这些背景下的制度通常更为不稳定。论述寻租(rent-seeking)的文献(Krueger 1974)利用政治家对持续执政的兴趣来解释为什么他们选择那些滋生寻租机会的政策,即便这些政策会减缓经济增长。特定的政府政策通过限制某些领域的竞争创造出垄断租金(monopoly rent),寻租者则尝试通过竞选捐款和贿赂赢得这些被保护的领域。这些努力将资源转移出了生产投资领域,导致稀有资源的分配效率低下(Buchanan, Tollison, and Tullock 1980)。罗伯特·贝茨(Bates 1981, 1983)指出,那些用来巩固政治支持的农业政策导致了粮食产量下降、农业出口下降以及收支平衡危机反复出现。他的论点是,由于出口已经成为农业中最具影响力的一部分,非洲农业产量下降可以用这样一些政府政策来解释,这些政策的目的就在于保持粮食低价并攫取剩余粮食产品。贝茨和洛夫奇(Bates and Lofchie 1989)最近的研究利用相同的逻辑和假定进一步考察了非洲农业政策的细微差别。继一系列类似的论点之后,福里斯特·科尔伯恩(Colburn 1986)对尼加拉瓜革命后的农业政策进行了解释。简言之,政治家对政治生存的利益诉求揭示了为什么在非洲和拉丁美洲,已有的政策使得农民贫困化并降低了粮食产量。通过保持食品低价,政治家们向可能支持他们的城市居民大献殷勤,因为他们比农村人有更大的政治影响。这样的低价减少了小农场主的收入,削弱了他们为市场生产的动机。在所有这些案例中,分析者们都已经展示出政治动机如何导致国家行动者采取经济上低效的政策。巴里·埃姆斯(Barry Ames 1987)进一步宣称,拉丁美洲的总统通常选择可以使他们政治生存机会最大化的政策。同样的论点也已经被用来解释共产主义国家(Anderson 1993)和日本(Ramsayer and Rosenbluth 1993;Noll and Shimada 1991;Cox and Thies 1998,2000;Cox,Rosenbluth and Thies 1999,2000)的政策选择。

用理性选择解释政策结果方面的一个重要创新是乔治·泽比利斯(George Tsebelis 1995,2002)提出的否决权博弈者模型(veto player model),该模型指出了政治制度如何改变标准空间模型预期的政策结果。如果只有政府的每个部门、统治联盟中的每一个政党都支持某一政策,这项政策才可以变为法律,那么这些部门和政党就是否决权拥有者。泽比利斯指出,在其他要素保持不变的情况下,政治体系中的否决权博弈者越多、他们在政治空间中分布越分散,政策就越不可能被改变。

比较政治学家对政治制度影响的研究有着漫长而卓越的历史(Duverger 1954;Lijphart 1990;Lijphart and Grofman 1984;Rae 1967;Taagepera and Shugart 1989)。但是,直到最近,这方面的大部分文献才开始关注选举制度对以下两者的影响:要么是体系中政党的数量,要么是选票转化为席位的公正性[1]。这些议题过去在西欧之外并未引起

---

[1] 例外的是 Cain,Ferejohn,and Fiorina (1987);Cox (1990);Shugart (1995,1998);Shugart and Carey (1992)。

多大的兴趣。现在，由于如此多的发展中国家和前共产主义国家都出现了民主化和其他的制度变化，制度问题已经在该领域的学者中占据了新的重要地位。

研究新兴民主政体（自从"第三波"以来，新兴民主政体发展十分兴旺）中政治制度影响的文献假定，尽管不总是那么明确，政治家们是理性追求官职的个体（例如 Shugart and Carey 1992；Carey and Shugart 1998；Jones 1995；Ordeshook and Shvetsova 1994；Remington and Smith 1998b）。这些文献研究了不同的选举规则和其他的政治制度对不同类型的党派以及政治家行为的影响。事实上，与格林和夏皮罗（Green and Shapiro 1994）所宣称的相反，所有这些研究都对论点做了认真的经验检验。尽管这类论点中有一部分并非用理性选择术语来表达的，但它们的逻辑却依赖于这样一种隐含的假定，即政治家追求官职并理性地选择策略去实现这个目标。选举制度和政治制度对他们的行动有影响，因为它们决定了政治家在谋求官职时可用的策略集以及每个选项的成本和收益。这些文献拓展了那些本来用以说明西欧党派体系的论点，将其扩大到了发展中国家的新体系——其中大部分都是总统制。这些分析者提供了普遍性的答案，解答在特定体系中可能存在多少政党，是否容易形成新的政党，有多么广泛的利益可能在立法机构中得到代表。

理性选择文献的另一个分支处理了这样一个问题，即为什么在很多新独立或刚刚民主化的国家中，种族性政党已变得如此重要。一些观察家认为，那些想要成为政治领袖的人之所以凸显并鼓动种族认同，是因为在种族团体中先前的组织和人际网络降低了白手起家进行组织的成本（Cohen 1974；Laitin 1986，1998；Bates 1990）。在那些种族团体成员因其种族特性而觉得处于不利地位且受到排斥的地方，或者在那些以血腥和残暴手段对付种族团体成员的故事对很多人而言仍记忆犹新的地方,种族团体成员尤其会响应这些努力。然而,这一论点的重点是,持续的种族动员很少是自发的。一些政治家将种族动员视为实现其追求政治权力的最佳策略,他们煽动它并将其制度化。

还有其他的理性选择论点考察了联盟的形成。威廉·赖克对联盟形成富有创意的分析(William Riker 1962)引发了对联盟的长期研究,这些研究取得了丰硕的成果。这些研究中的大部分关注欧洲议会体系,但是现在它被进一步扩展以研究日本,并通过某些修正扩展到多党制体系下的总统制政府。

各种理性选择论点已经指出,以选举为导向的政治家和自利的官僚之间的关系影响了立法监管、政策执行以及公共物品和选民服务的提供(Niskanen 1971;Arnold 1979;Fiorina and Noll 1978;McCubbins and Schwartz 1984;Geddes 1994)。另一些研究解释了政府腐败以及旨在结束腐败的改革行动(Manion 1996;Shleifer and Vishny 1993;Geddes and Ribeiro 1992;Geddes 1999b)。

布坎南和塔洛克(Buchanan and Tullock 1962)最早明确主张政治制度是政治动机的产物,只有理解为之服务的个人的目的,才能理解它们是如何建立和运转的。从那时起,很多其他政治制度的变化——美国国会委员会系统中的创新(Cox and McCubbins 1993),英国下院议员和法国选举法中提名程序的变化(Tsebelis 1990),西德(Bawn 1993)、拉丁美洲和东欧对代议制和选举规则的选择(Frye 1997;Geddes 1995,1996)——已经被解释为政治家努力使其长期选举成功的可能性最大化的结果。

简言之,从假定自利的政治家追求政治成功的可能性最大化开始,加上给定的政治体系提供的背景,一系列极其简单的论点为学者们最想理解的许多政治结果提供了解释。这些论点中的大多数都得到了可靠经验证据的支持。

政治行动者间的策略互动

上文所讨论的大部分论点都是在考查理性行为者之间的互动，即使大部分论点都没有明确地使用博弈论。在这一节，我将博弈论描述为用来阐明理性选择行动者互动的额外工具。博弈论为理性选择的标准用法（在这种用法中，个人对一套特定的制度激励做出反应）增添了这样一种观念，即个体之间的策略互动会产生社会结果。也就是说，博弈论"试图探究当行动和结局取决于别人的行动时，人们如何做出决策"（Ordeshook 1986, xii）。在非博弈的论点中，个人被假定在环境给出的限定中追求他们的目标。在博弈论中，行动者在决定如何更好地达到目的时，既要重视环境限定，也要重视其他行动者同样理性的策略行为。由于策略行为和相互依赖是政治的基本特征，博弈论为理解政治行动者和政治过程提供了一种特别有用的方法①。

博弈论对政治的解释已经出现在对选举和立法决策的研究之中——大部分是对美国的研究。这些文献中的大部分，比如关于立法机构内部制度的文献，既抽象又具有高度的技术性，此处我不做探讨。事实上，很多博弈论研究的一个缺点就是，因为策略博弈者（strategic players）间的互动具有高度复杂性，所以它们严重依赖数学理论化，但欠缺可信的经验结果。因而我在此关注的是博弈论那些技术性和抽象性较弱的应用方式，这些应用方式已经被证明是富有实质性成效的。

对于思考政治问题而言，博弈论最重要的贡献之一就是囚徒困境

---

① 对博弈论极佳的、技术难度适中的介绍可以参见 Ordeshook（1986）以及 Moulin（1982）。

(prisoner's dilemma),这是对上面所讨论的集体行动问题的概括(Hardin 1982)。囚徒困境描述了这样一种情形的逻辑,即对于两个或更多的行动者,如果他们合作,他们的境况都会得到改善,但是如果不存在具有约束力的协议,每一个选择不合作的人境况都会得到改善。因为拒绝合作对于每个人来说都是理性的,因此没有人会合作;这样,目标就不会实现,所有人的境况都比他们能够合作时要糟。大部分对囚徒困境的研究都关注一次性互动与重复(或反复)互动之间的不同。对于所有的局中人来说,尽管一次性博弈中的不忠总是理性的,但在某些情况下,如果博弈反复进行,合作就成为理性的。

囚徒困境博弈已经被用来解释国际关系中很多情况。囚徒困境同样可以为解释国内政治结果提供帮助——例如,盟友之间的互动。在诸如哥伦比亚国民阵线(Colombian National Front,简称CNF)这样的协议中,相互敌对的势力同意合作以限制竞争,为保护对双方都有利的民主体系,并驱逐其他的潜在竞争者;又如无处不在的庇护人—被庇护人关系(patron-client relationships)。其他简单的博弈阐明了其他情形的逻辑结构①。

与研究发展中国家的学者相关的、最早的非技术性博弈论点之一来自吉列尔莫·奥唐奈(O'Donnell 1973),他分析了阿根廷政党从1955到1966年之间的博弈,在分析中他说明了军队禁止庇隆主义政党活动所造成的反常后果。泽比利斯(Tsebelis 1990)首先是对政党精英与群众间,其后是对不同政党的精英间互动的博弈论分析,尽管聚焦于比利时,但他的分析对于理解其他分化社会(divided societies)的政治有着明确的意义。它既可以用于种族分化的地方,也可以用于阶

---

① 参见泽比利斯(Tsebelis 1990),他描述了最为常用的简单的博弈模型及这些模型间的关系。

级分化的地方。任何对多党制体系和复选制国家——如波兰和巴西——感兴趣的研究者都应该阅读他对于法国选举联盟的处理。博弈论还已被用来阐明政权变化的各个方面(Przeworski 1986,1991,1992;Colomer 1995;Cohen 1994;Geddes 1999a,1999c)。

在我看来,博弈论是理性选择路径最富潜在成效的一个分支。它为政治所描绘的策略和互动图景是现实的,它可以被用来阐明政治情况,而无需借助高深的数学。尽管博弈论的理论演进仍将是由那些拥有数学天赋和受过数学训练的人推动的,但相当简单和易于处理的博弈也可以产生有趣的实质性洞见。

理性选择与比较政治学的前沿

在某种程度上,选择采用何种知识视角只是一个嗜好问题。对理性选择的嗜好可能不仅仅是对简约朴素(而非过度繁杂)的偏好。通常认为,理性选择路径的吸引力在于,它意味着对人类理性的一种(天真的)信念,至少它相信,即使人们并不理性,他们也应当如此。一些践行者可能会这样认为,但是无论如何,我不这么看。在我看来,理性选择路径的吸引力在于:它在解释多种政治情况时具有相当高的可信性;它的理论一致性;它对于繁花似锦的现实富有成效的简化,这一点方便了比较政治学的研究;它在解释令人迷惑的后果与形成不明显的结论时展示出的能力。

理性选择立论只涉及那种导致结果的系统模式的系统激励模式。相比之下,更具权变性的政治立论关注一组特定的关键环境如何使得特定的决策可以被理解,典型的代表如胡安·林茨和阿尔弗雷德·斯杰潘论述民主垮台的丛书(Linz and Stepan 1978),吉列尔莫·奥唐奈、菲利普·施米特和劳伦斯·怀特黑德论述"再民主化"(redemocratization)的丛书(O'Donnell, Schmitter, and Whitehead 1986)。这些情境性政治解释的优点在于为事件提供了一个非常完整的描述。其缺点则在于它们很难促进一般理论的建构,因为他们并不区分系统性原因和特殊性原因。理性选择立论具有相反的优点和缺陷。它们总是将那些有特点且引人注目的细节从分析中剔除出去,尽管一些观察者认为这些细节很重要。但是,通过抽象特定案例中的细节,理性选择使得理论建构成为可能,并为比较那些之前似乎难以比较的案例提供了便利。

很多人批评理性选择模型建构于这样的基础之上:它们将现实简化到似乎与真实事件毫无相似之处的程度。某些研究无疑应当受到这样的责难。理性选择立论可能会很容易地突破简化和过分简化之间的界限。然而,理性选择路径那些有说服力和有用的应用考虑到了社会和制度背景中最重要的特点。好的理性选择立论是综合以下两者后得出的:从经过考察的案例中得出的经验证据与抽象的演绎逻辑。

使用理性选择模型要求分析者辨认相关的行动者,确定他们的偏好,并找出将行为归因于偏好的可信理由。当然,在将原因归结于偏好时观察者会犯错误,但是那些理性选择模型的确"具备毫不遮掩的优点,因此,与那些不那么明显的理论不同,(它们的)局限更有可能引人注目"(Schelling 1984)。理性选择路径没有规定任何用于检验假设的特定方法论,但是,有说服力的研究都将演绎性的理性选择立论与对证据的核查结合起来,以确定它们是否符合演绎模式所提出的预期。

上述对理性选择解释的概述仅仅涉及了一些著名论点,它们试图直接解决那些理解政治的基础性的问题。即便是这样简要的考察也展示出存在着发展成熟的理性选择文献,其中充满了那些刚刚开始得到拓展和修正,以便被应用于新兴民主国家的理论。迄今为止,分析者们仅仅采用了关于党派和立法机构的理论中最简单的那一部分,这些理论是在美国和西欧的政治背景中提出来的。随着民主化的扩散,对于那些对理解北大西洋中心之外的国家的政治感兴趣的学者,这些文献似乎已经开始变得更有意义。

最近的事件已经为理性选择路径进一步的应用制订了日程。因为制度决定了可行选项并影响着策略选择,民主化和新兴民主国家的制度变动性为理性选择路径带来了挑战和机遇。在我看来,有两个领域似乎早就应该得到理性选择践行者的系统关注。

第一个是民主政治进程的发端和巩固。对新兴民主国家的立法机构和政党制度的分析居于比较政治学研究日程表的前列。研究后转型政治的制度主义方法将转型视为给定的,因此它绕开了民主巩固论(consolidology)的死胡同,并寻求分析当前的政治进程。在考虑民主进程的发展时,这种方法的优点之一就在于,它避免了以下两个负载价值(value-laden)的论点:巩固的民主政体应当是什么样的;与他们所选定的任何一种定义相比,某些有缺陷的竞争性政治体系到底有多大的偏离。相反,分析者是从在研究其他地方的民主政治时形成的理论中推断出对特定政治活动后果的预期;如果新兴民主政体中的后果与预期不同,既有的理论就必须被修正。对政治进程的这一更加细致、更有理论指导的考察,导致了对以下问题更为准确的评估:如果有哪些差异确实影响到了结果,那它们究竟是如何以及为什么影响结果的?

有些学者的著述涉及很多不同的国家,他们已经就新兴民主国家中制度变化的影响而著述了大量文献,在这个过程中,他们极大地扩充了以前论述选举制度结果的文献①。大部分新兴民主国家都是实行总统制或半总统制。总统选举导致了党派体系中的向心激励,这与单一席位选区(single-member legislative districts)的情况相同②。在那些立法者是由比例代表制(proportional representation)选举出来的地方,正如在大多数新兴民主国家中的那样,选举体系被推向两个方向——被总统选举推向两党中心主义(two-party centrism);被比例代表制立法机构选举推向意识形态上更为分化的多党制。

对拉美总统制的系统研究已经发现,影响总统燕尾效应❶大小的规则决定了哪个方向的推动更加有力。在那些同时举行总统和议员选举的地方,总统的燕尾很有力,无法竞争总统职位的政党趋向于逐渐被削弱。这样的案例趋向于产生两党体系。在那些不同职位的竞选安排在不同日程上的地方,没有希望赢得总统选举的党派仍然可以继续在议员和地方选举中有良好的表现,因而这些党派可以生存下来(Shugart 1995;Shugart and Carey 1992)。总统复选制(presidential runoffs)也同样鼓励小党派的持续存在。对小党派来说,与其去组成预选联盟,不如进入第一轮选举,这样他们就能够获得在第二轮选举中作为盟友讨价还价的权力。此外,议员选举是与总统选举的首轮同时举行的(如果总统和议员选举同时举行),这意味着小党派也可以在这些选举中当选。出于这些原因,在那些实行复选制的国家,党派分化

---

① 非常有用的概要,参见 Carey(1998)。
② 但是,更微妙的观点参见 Ordeshook, Shvetsova, and Filippov(1999)。
❶ Coattail Effect,也叫裙摆效应,通常指在美国政治中,借别人的声望或人气获得政治资本。——译者注

程度(party fragmentation)就可能比较严重。① 在议会体系中,选区的大小对党派分化程度影响最大,但是在总统制体系中,选区大小的影响小于复选制和选举日程的影响(Jones 1995)。

很多选举规则的影响已经被彻底搞清。正如我们提到的那样,它们包括总统复选制的影响与不同的选举日程计划对党派分化程度的影响;种族异质性对党派分化程度的影响(Ordeshook and Shvetsova 1994);偏好投票❶、任期限制以及在相同的政党标签(party label)下提名多名候选人对立法机构中的政党纪律和候选人竞选策略的影响(例如 Ames 1995a,1995b,2001,Carey 1996,Taylor 1992,Archer and Shugart 1997;Cox and Shugart 1995;Morgenstern 1999)。这些都是民主政治的细节,对这些细节的理解已经有了长足的进展。

研究者们已经开始着手解决一些更为复杂的制度性问题。学者们正开始构建一种对总统权力与总统和立法机构之间关系的理解。这些研究有很多都以这样一个预设开始:民主制垮台的可能性会因总统和立法机构之间的斗争而提高②。学者们已经查明可能导致潜在斗争或僵局的两个要素。第一个要素是分裂的政府或少数派政府。如果执政党在立法机构中占大多数,斗争和僵局的可能性显然就更低,所以研究这一线索的分析者都强调那些提升党派体系分化程度的选举规则,这些规则反过来会提高少数派当选总统的可能性。

第二个要素包括总统在设置立法议程、否决立法和发布政令方面

---

① 关于复选制的影响存在一些争论,但证据在这一点上的平衡支持这样一种论断,即复选制会促使党派分裂。在经验上理顺这个问题是很困难的,因为复选制一般是在那些政党体系碎片化的国家创立的,所以很难说复选制是原因还是结果。

❶ Preference Voting,偏好投票是指选民可以在选票上选择支持多个候选人,并根据自己的偏好对候选人排序。——译者注

② 这是一个被广泛采信,但直到最近也未被检验的看法。与很多作品不同,柴巴布(Cheibub 2001)指出,总统体系中的党派分裂不会提高民主破产的可能性。

的宪法权力,即总统追求自己目标的权力,即便他没有得到立法机构的支持。这里有一个笼统的看法,即如果总统无需法律支持就可以做很多他想做的事情,出现僵局的可能性就会更低。约翰·凯里和马修·舒加特(Carey and Shugart 1998)已经提出了一个测量这些总统权力的指数,尽管他们并没有指出这些权力具有什么样的影响。斯科特·梅因沃林和马修·舒加特(Mainwaring and Shugart 1997a,1997b)最近对总统权力所做的讨论试图结合以下这两者:凯里和舒加特此前的研究中所关注的宪法权力与梅因沃林和舒加特所说的党派性权力(partisan powers)。党派性权力的本质含义是指总统在立法机构中得到支持的多少。这种相加使得总统权力的概念更为接近我们直觉上所认为的强势总统。目前,不管是在将总统与立法机构的关系理论化这一方面,还是在明确展示不同制度安排的经验后果这一方面,都没有取得太多进展,这个主题仍然处于研究日程的中心。

与总统本人相比,发展中国家的立法机构和前共产主义国家的总统制受到的关注要少得多,因为分析者认为它们的影响力较小。然而,立法机构已经开始得到更为认真的对待,最近已经出现了一些创新性的研究。约翰·龙得甘对智利参议院的研究(Londregan 2000)第一个深入分析了当今拉美立法机构中的立法委员会[①]。托马斯·雷明顿和史蒂文·史密斯已经完成了一系列的研究(Remington and Smith 1995,1998a,1998c,2000),这些研究利用了有关美国国会的研究文献,目的是为了分析俄罗斯杜马及其与总统的关系。在那些对新兴民主国家的研究中,对立法机关的研究居于前沿。

上面谈到的研究关注于政治制度的影响,但是这些分析总是会回到最初的那个问题:制度是由什么最先引发的? 新研究的第二个领域

[①] 埃姆斯(Ames 1987)分析了1946至1964年间巴西下议院中委员会的功能。

试图解释新制度的创立。关于制度创立的理性选择理论刚刚起步。经济学家对制度变化所做的大部分解释都假定绩效的增加解释了变化,却不考虑在绩效增加中谁收获了收益,谁失去了收益。理性选择理论家所面临的挑战就是修正这样的经济学论点,把不同行动者追求其各自(常常是不一致的)目标时所产生的影响以及多个个人选择加总起来所产生的并非显著的影响融合起来。

转型期是研究这一问题的良好时机,因为很多国家已经选择了新的民主制度或修正了他们的旧制度。分析这些选择的学者已经指出,在拉丁美洲和东欧,选择新政治制度是为了扩大那些在圆桌会议、立法机构和立宪议会中任职的人的选举利益,正是这些人选择了新的制度(例如 Frye 1997;Remington and Smith 1996;Colomer 1997;Geddes 1995,1996)。这些研究只是一个开始,大量的研究仍有待完成。

因为存在着关于民主政治的一套庞大理论体系,那些利用该体系的研究者可以发现,这一体系为理解很多正在发生的事情提供了帮助,因此研究者更倾向于使用民主政治理论来分析民主的发展中国家,由此,主流的理论和方法正在形成。一旦分析者感兴趣的国家已经民主化,政治已经变得更加有序和透明,有用的理论就可以作为理解政治过程的起点。民主化为特定种类的研究创造了合适的研究空间,学者们由此进入了这些研究空间,他们中的很多人还很年轻并受过很好的训练。随着学者们越来越熟悉理性选择工具,他们还找到了其他的方式来创造性地使用这些工具,而且是在有着长期理性选择研究传统之外的领域。

结　论 6

　　社会科学家的中心任务就是创造用于解释现实世界各个方面的理论。我们有时可能会认为，描述重要事件或创造优雅理论是有用或有趣的，但是，假如这些工作与我们所居住的星球无关，那么与上述中心任务相比它们就不那么重要了。理论建构需要理论推测与现实验证之间的互动。本书对这两者都进行了讨论。

　　本书的大部分内容都是在关注检验论点的重要性，只有检验才能使我们提出并趋于相信的那些理论获得一些持久的价值。当然，所有的理论最终都会受到挑战、修正并被抛弃。但是，对理论构成挑战的应当是那些在理论提出之后才被发现的证据，而不是在提出理论时就可获得的证据。带着这个目标，我着重强调了研究设计一些非常基本的特征：常规性地寻找论点的可观察推论，那样，不管作为整体的论点是否可以被检验，研究者都可以设计出对论点的可观察推论部分进行经验检验的方法；从被检验推论的可能结果的全域中选择案例来检验推论①;检验论点时使用与引发论点的案例不同的案例;具体细致地对概念进行操作化;开发非定量衡量的具体标准;在公开研究结论的同时,公开对概念进行操作化和分类(或是衡量)的标准。

对于如何用现实来验证理论推测这个问题,本书相关部分的观点直接取自统计学的逻辑,但是,读者们不应当据此认为,检验论点时出现的问题可以通过量化来解决。量化本身几乎没有解决本书中探讨的任何问题。事实上,在实践中,定量研究经常会暴露出类似于此处所讨论的那些缺陷。

不管是定量研究还是非定量研究,对复杂或微妙的概念进行操作化都是一个难题。本书第4章指出,在非定量研究中,最常见的问题就是指标不够精确,这会损害其评估案例是否符合理论预期的能力。与之相比,定量研究经常遭到批评的原因在于,它惯于利用易得的指标,虽然这些指标能够精确衡量,但它们无法把握概念的完整内涵。然而,在定量研究的操作化中,这个问题还不是最严重的。如果我们承认,我们要检验的不是论点本身而是论点的推论,那么只要我们觉得概念内嵌的论点表明指标与特定结果之间存在某种关系,我们就不必再为指标无法反映概念的所有方面而感到苦恼。例如,我们可以由现代化提升了民主治理的可能性这一论点推导出,随着人均GDP的增加,民主的可能性也会增加。如果我们对人均GDP与某种衡量民主的指标之间的关系进行统计检验,表明二者之间确实存在着某种关系,那么我们就应该将这个结果视为对论点的适度确证,即使有很多

---

① 推论所涉及的案例集并不总是与初始论点涉及的相同。理论有时会推导出针对某子案例集的特定结果,有时会推导出针对不同分析层次或加总层次上的案例集的结果。在这样的情况下,分析者必须要使用推论适用的案例集,而非理论适用的案例集来检验推论。但是,以下这一原则仍保持不变:可能结果的全部变化都应得到慎重考虑。

人指出,对于现代化程度而言,人均 GDP 只是一个很不完善的指标。然而,我们不应该将这一结果视为对论点进行确证的全部。我们应当仅仅将其看作对论点某一推论的确证,而且我们应当尝试去考虑其他推论——最好是那些与人均 GDP 关系不那么紧密的推论,那样在我们开始之前,我们就可以知道它们的结果是什么。

定量研究的操作化决定所导致的更为严峻的危险就是,现成指标——因其易得所以经常被使用——事实上主要衡量的可能是研究者感兴趣的概念之外的其他因素。用统计学的术语来讲就是现成指标与某个被遗漏的变量高度相关。研究者们可能会认为,他们已经找到了指标所代表的概念与结果之间的关系,但实际上,那个被遗漏的因素才是导致相关性成立的原因。换句话说,在伪相关性这个问题上,分析者会犯下一个后患无穷的错误。

现在,让我们来考虑一下下面这个例子,它来自对族裔冲突后果的研究。分析者假设,那些族裔问题被高度政治化的国家会经历特别激烈乃至暴力的分配斗争,而经济增长也会随之放缓。这个论点中的政治图景描绘的是两到三个大型族群之间的激烈竞争。对经济发展所做的很多定量研究都支持这个论点,这些研究已经指出,族裔异质性(ethnic heterogeneity)似乎减缓了经济增长[①]。然而,这里所使用的族裔异质性衡量指标是由 1960 年代的苏联研究者所创立的,它是根据语言来区分族群的。这一标准已经受到了批评,因为它没有衡量与政治有关的那类族裔差异。研究者发现,如果把一个有关非洲的虚拟变量引入回归,那么族裔异质性的影响就会消失,这加强了研究者对以下这一问题的关切,即这一指标真正衡量的到底是什么。一种可能的解释是,族裔异质性是非洲经济增长缓慢的根本原因之一。然而,

---

① 例如,参见 Easterly（2001）和他所引用的研究。

另一种可能的解释却是,非洲经济增长缓慢与族裔差异无关,但是,由于非洲国家所拥有的语言族群平均起来要比其他区域的国家更多,所以族裔异质性看起来像是会导致经济增长缓慢。为了弄清哪种解释是对的,我们需要对各种有关族裔异质性影响的论点进行检验,包括区域内检验。只有完成了这些工作,我们才能排除上文所述的那种可能性:族裔异质性指数代表了某一类被遗漏的因果要素。

当然,并非只有定量研究才会产生伪相关。事实上,在小样本研究中,伪相关甚至更难防范。例如,利普赛特与罗坎将欧洲政党的稳定性归因于历史分裂的延续,但是,稳定性的真正原因却有可能是一系列促进稳定的选举制度。如果情况真的是这样,那么他们所找到的就是虚假关系。在这两种研究中,伪相关问题往往是因其他研究者的直觉提示待解释结果存在其他原因而被发现的。在大样本研究中,下一步要做的就是将反映对立论点的变量纳入统计模型。在小样本研究中,在对对立假设进行评估之前,研究者可能有必要将更多的案例纳入研究设计。

衡量问题也会对定量研究与非定量研究造成影响。很长一段时间以来,大样本研究在比较政治学研究者当中声誉不佳,究其原因,一是因为大部分可用数据质量低下,二是因为研究者感觉到,大部分定量研究都是机械论式的,赋予变量的值无法反映分析者声称要衡量的东西。在进行大样本跨国研究的时候,这些问题仍是研究者必须面对的挑战。某些可获得的现成数据集中的缺陷可能会(但并不一定总是)让决定使用这些数据集的研究者踯躅不前。上文所提到的苏联族裔异质性指标就是一个佐证。熟悉这一指标的研究者会注意到,在对不同国家进行衡量的时候,这一指标使用的似乎是不同的计算规则,而且很多国家的分值令人感到诧异(Laitin and Posner 2001)。尽管如此,这仍是对大量国家进行族裔异质性衡量的唯一可用办法,而且研究者们现在仍继续使用这种方法。

苏联族裔异质性指标中存在的衡量问题与从事非定量研究的学者们所面临的问题相同。在每个案例或每次衡量中,研究者都必须要用相同的方式来衡量可能的因果要素,如族裔异质性。本书第4章曾建议研究者创制清晰的编码标准和成文的编码方案,以供所有承担案例衡量任务的研究者使用,如果苏联研究者能够遵循这一建议,那么其指标中就不会出现那么多的问题①。非定量研究者没有使用现成数据集的那份奢侈,所以他们并不会受到诱惑而忽视数据中已知存在的衡量问题。但是,模糊且不公开的案例分类标准——即"衡量"规则似乎在不同案例中或不同时间上发生了变化——是非定量研究的共同缺陷。

定量研究也会面临案例选择的问题。尽管直接根据因变量选择案例的情况非常少见,但将一些案例排除在结果分布(distribution of outcomes)的一端之外——通常是因为数据不易得到——会导致结论发生偏差。例如,杰弗里·加勒特和彼得·兰格(Geoffrey Garrett and Peter Lange 1986)曾对政府党派构成与经济增长率之间的关系进行了研究,我们想知道,如果把另外两个同在研究涵盖的时期经济迅速增长的欧洲国家纳入研究,其结论是否会发生变化。如果我们怀疑,一旦把其他案例或不同的时间段纳入研究,结论就会发生变化,那么定量研究就会像非定量研究那样无法令人信服。

简言之,定量研究和定性研究具有某些相同类型的缺点。定量研究者同样需要弄清本书所强调的案例选择和衡量问题。现成的数据集可能需要修正,甚或被拒用。研究者至少也得考虑到其缺陷可能造

---

① 苏联研究者无法在每一个案例中使用相同的编码准则,因为他们依靠的是人口普查数据,而在各国的人口普查数据中,判定语言与族裔划分的规则是不同的。

成的后果,并在分析这些数据集所得出的结论中提出警告。

仔细考察以非定量方式检验利普赛特与罗坎假设的每一步骤可以达到两个目标:描述定量研究和非定量研究中出现的一些衡量和赋值问题;指明即使研究者无法对论点直接进行统计检验(不管是出于什么原因),对其推论进行某种检验却几乎总是可行的。在是否要拒斥论点这个问题上,与统计检验相比,非统计检验所提供的信息更少、决策规则更为模糊。非统计检验并没有统计检验那么精确。具备某种先在条件的案例与不具备这种条件的案例在结果上存在差异,在寻找解释这些差异的原因时,非统计检验无法判断偶然性是否可以被排除出原因。它们无法准确评估先在条件影响结果的程度。通常,它们无法使影响结果的无关因素保持不变,因而也就无法评估研究者感兴趣的因素的独立影响。尽管如此,它们仍可以用一种很粗略的方式来论证理论推测看起来是否与现实相一致。因此,它们可以被用来排除一些预期结果与现实事件模式不符的理论推测。这个成就听起来似乎很有限,但是,我相信,我们当中大部分人在研究生院读到的很多论点本来都有可能被这种非定量检验否证。

在理论建构方面,尽管非统计检验提供的基础在某些方面不太牢靠,但它们有两点长处。第一,有非统计检验总比什么都没有要好。它们有助于排除那些不可行的理论推测,促使研究者对那些在非统计检验中幸存的论点进行进一步更严格的考查。也许,如果我们不再要求研究生花费时间去阅读和思考这样那样未经检验的论点,那么读完政治学博士的时间就会降到目前的平均水平——大概是七年——以下。简言之,尽管对论点的非统计检验消耗了分析者的时间,但这会提升学科的总效率。

第二,进行非统计检验需要对每个案例的细节和环境进行如此大量的挖掘式研究,以至于就不太可能出现统计研究中的那种问题——

即量化指标衡量的东西并不是分析者本想要衡量的概念。如果分析者已经着手进行这种挖掘、定义和分类，那么只要研究中包含足够多的案例，分析者就可以进行统计检验。然而，由于时间和资源不足，分析者可能会感到，他们无法在集中精力挖掘信息的同时还去学习统计方法。在更难进入的研究领域中，传统比较政治学家一贯强调的那种利弊权衡可能还真的存在：一方是精确的统计检验，使用不够精确且有可能存在偏差的指标来代表基本概念；另一方则是不够精确的检验，使用的是更为谨慎和经过修正的指标。如果分析者面对的就是这样的权衡，那么采用高质量指标的非统计检验就比较可取。然而，严格的、非统计性的现实验证非常不同于那些有时被当作证据的东西——那些针对设定的原因与结果在激发这一论点的案例中如何展开的描述。

本书中严格的方法论建议非常简单，这些建议取自统计学某些最基本的洞见。我认为即便在实践中很难实行，这些建议也是没有争议的[1]。相形之下，在如何提高理论推测产生丰硕成果的可能性这个问题上，我没有巨人的肩膀可以站上去。对于在比较政治学中占据支配地位但却未被言明的解释模型——多元回归方程，我试图阐明一种替代性的选择。当代比较政治学的反讽之一就是，尽管很多研究者顶住压力，拒绝在他们的研究中使用统计学，但统计回归作为一种解释模型仍随处可见。

我这里所说的解释的回归模型，就是将解释理解为发现和罗列所有引发某种结果的因素。分析者通常是通过实地调查或埋头档案中的归纳搜索而发现这些因素的，在这一过程中，他们只得到了一些松散的理论预期的引导。这种定性的归纳搜索与对统计数据模式的非

---

① 但是，参见 Rogowski（1995）和 Collier and Mahoney（1996）。

理论搜索非常类似,后者也被称作数据发掘(data grubbing)。如果分析者从事的是统计研究,那么所有可能的因素都会被作为自变量纳入回归,其中具有统计显著性的因素就被视为原因。

我所提出的对理论创造的替代性理解有两个要点,一个与我们如何处理大问题有关,另一个则是一种更为普遍的策略,可以使推测变得更为规范,成为逻辑更为连贯的理论。第 2 章提出了研究焦点的转移——从试图界定导致结果的因素到试图解释导致结果的过程中各个环节间的关系。在试图阐明这种研究焦点的转移时,我强调我们需要以一种新的方式来思考"大问题",其他的一些研究者也以不同的方式表达了在我看来相同的关切。罗伯特·贝茨与其同事所著的《分析性叙述》致力于阐明一种不同的解释模型,这种模型对过程的关注甚于对结果的关注。安德鲁·阿博特抱怨说:"'理论'仅仅包含一些对'可能机制'的叙述……行动与偶然性消失在以变量为基础的因果关系这顶魔术帽之中,在分析过程中它们被隐藏起来,只有在文章的结尾处才被招摇地重新提及"(Andrew Abbott 2001,98)。1982 年,埃莉诺·奥斯特罗姆认为,我所说的解释的回归模型——她将其与行为主义和定量方法的霸权联系起来——占优势的时期已经在"哭哭啼啼"中告终。然而,不管是否哭哭啼啼,回归模型看起来仍然很有力。小样本方法的拥护者对标准方法所表达出的大部分不安也源自这样一种感觉,即认为过程在大样本研究中被打了折扣(例如,Mahoney 2000)。

奥斯特罗姆和贝茨等人都强调无法对导致结果的过程进行理论化,我认为,这种失败源自这样一种观念,即将解释视为对原因的罗列。他们两位都没有拒绝检验理论,但他们都把详细阐述理论置于优先地位。贝茨等人强调,源自经济学的理论在解释各式各样不平常的主题时很有用。相比之下,奥斯特罗姆则强调研究者可以而且应当发展新的个人决策理论,这些理论所依赖的假定——与动机、信息和计算能力有关——要比理性选择的假定更为现实。以上两种观点都表达了这样一种关切,即在社会科学中强调证伪主义会导致分析者拒斥那种无法直接转换为回归方程的理论,这种关切使得上述两位学者几乎都不关注检验。

我认为,检验是构建理论的一个必要方面,这一观点不应令人感到惊奇。只有在严格演绎的理论推测与谨慎的现实验证之间反复互动才能创造出可靠的理论。然而,与我认为已经成为标准的未经考查的检验观不同,我强调的是寻找论点可检验推论的重要性,而不是假定论点本身必须接受检验的重要性。

认为解释类似于多元回归这种看法的问题之一就是,它混淆了论点的检验与论点本身。某些论点可以直接转化为回归并得到检验,但另一些论点则不行。一般而言,寻求检验论点的分析者应当尽可能多地发现该论点的可观察推论,并进而检验现实事件的模式是否与这些推论导出的多重结果相一致。论点的某一个可观察推论可能仅仅是对论点本身的简单重述,但这不可能是唯一的推论。论点的一些推论远比论点本身更容易检验——例如,我曾提出有关威权主义政权垮台的论点,其推论如下:军政权持续的时间比其他类型的威权主义政权更短。

受过检验并与现实一致的推论数量越多,论点的说服力就越强。鉴于我们这些比较政治学家必须面对的劣质数据和衡量,提出若干项有缺陷的检验通常要比寻求一项完美的检验更有说服力。每一项有缺陷的检验都可能是一根我们必须倚靠的脆弱芦苇,但最终,这些芦苇却能建成足以抵挡低度风暴的茅屋。

当然,我并非是第一个阐明这种检验观的研究者。这种观念是经济建模和博弈论中的标准观念,而且在金、基欧汉和维尔巴(King,

Keohane, and Verba 1994)那里得到了清晰的表达,但是,这种理解似乎并未渗透进比较政治学领域。我之所以在这里强调这一观念是因为,一旦这种观念被内化,它就会引发出有关检验的多种可能性,并且能在研究设计中产生戏剧性的影响。

到现在为止,我一直在强调检验理论推测,但是,我们也想要提升我们所检验的推测的质量。提出理论推测的标准思路就是,它们可以来自任何地方——它们可以来自非结构化的归纳研究;可以源自其他理论;可以在洗澡时突然在脑海中闪现。当然,这种标准化的思路是真实的。但是,我相信,某些处理研究计划的方法比其他方法更有可能取得丰硕的理论成果。我认为,通过以下这些旨在将因果预测转变为更为规范的因果思维的有意识步骤,我们可以提高在理论建构方面取得进步的可能性。从行动和决策的基本单位开始——通常是个人,如果不是个人,那么研究者应当明确单位到底是什么。如果单位是个人的加总,那么研究者就需要考虑集团是如何组织起来的,是否有正式或非正式规则来把偏好加总为选择。对行动单位的动机和能力做出明确陈述。如果你认为选择并不是以目标为导向的,那就另找一种逻辑严谨的方式来描述事情的进展。想清楚制度这样的背景性因素如何影响选择的逻辑。除此之外,还要想清楚以下这一点背后的逻辑:与行动者互动的其他单位如何影响行动者的选择及选择所带来的后果。

当前,遵循这一建议最简单的办法就是采用理性选择路径。然而,即使不使用理性选择,研究者一样也可以遵循该建议。有些研究主题似乎不适用理性选择路径,遇到这种情况,我强烈建议研究者抵制住重蹈熟路的诱惑。这一建议最重要的特征如下:

· 方法论个人主义,除非有很好的理由去使用某些其他的分析单位,而且分析者能够描述出那些替代单位可能像个人一样做出决策的机制。优先考虑个人的原因是,如果一个论点在个人层面被证明没有意义,那么不管它在其他方面如何可信,它都不能幸存于时间的检验与更为仔细的甄别。

· 明确关注潜藏于个体行动之下的心理和认知机制。在理性选择传统中,这意味着对行动者的动机做出明确的陈述。如果分析者认为其调查的行动不是目标导向的——例如,大多数有关如何获取价值观的学习模型中的行动就是如此——那么,她就需要另行弄清楚行动者正在干什么。如果分析者认为行动是目标导向的,但理性选择路径中使用的自利假定并不能描述现实,那么她就需要详细阐明到底是什么驱动了行动者,并想清楚在不同环境下这些动机是如何影响决策的。如果分析者认为行动者是自利的,但是在其调查的情境中,行动者追求的目标与标准的理性选择目标——增加他们的财富或使其在下次选举中获胜的可能性最大化——不同,那么分析者就需要展示能支持将行动归因于非标准目标的证据。目标越是独特,所需的证据就越多。研究者不能从行动者的行动中推断出他们的目标。这样会使解释建立在没有意义的推断之上。

· 明确关注影响决策的行动者属性——特别是获取信息的途径,信息的成本,获取信息的能力,对风险的态度。理性选择理论通常假定个体是风险中立的,但是相当多的心理学研究认为,大多数人对风险的态度取决于环境。前景理论用一个与研究发现更为一致的假定来模拟个体行为,该假定认为,与期望获益时相比,个人在面对损失时更能接受风险。前景理论可以被用于风险中立假定不可信的情况。

- 确认对行动者行为造成系统影响的背景性因素,并解释这些因素如何以及为什么会影响行动者。

- 考虑其他行动者的行为对被考察行动者的行动和决定的影响。

- 调查无法预料的结果是否是由很多个体的选择或行动的加总造成的。

如果分析者获得了一个多少有些不成熟的推测——比如有可能会在洗澡时闪入脑海的那种推测——并且还沿着上述提及的思路对这一推测进行严谨的思考,那么再有大约一个小时的好运气,一个清晰的理论推测就出现了,这一推测具有很多可能导出推论的环节。这个推测会包含漏洞,但是这些漏洞会非常明显,并且可以通过高度定向地寻找信息来弥补。这个推测也会包含错误,其中的一些在分析者寻找证据去解释各种推论时会被发现。这个推论会逐渐得到发展,即便还没有对其进行明确的检验。检验本身即使不会导致该想法被完全摒弃,至少也会导致其细微的修正。对于分析者来说,不论一个有趣的想法何时出现在视野中,养成执行这些步骤的习惯都既有益又可行。

在本书中,我从两个方面来处理构建理论的问题,如果我们想要提升我们对世界的理解水平,这两个方面都不能被忽视。一方面,我极力主张以规范的方式来关注构建有关过程的理论,正是这些过程导致了我们想要解释的复杂、复合的结果。另一方面我认为,如果我们希望我们的理论不只是一座精巧的沙堡,那么我们就需要遵守研究设计的标准规范。

　　尽管沙堡的比喻强调了未经检验的理论以及这些理论为之做出贡献的范式的过渡性质,但它们的短暂寿命并非真正的问题所在。真正的问题是,虽然未经检验的理论一个接一个地出现,但我们却并没有随着时间的推移而更加接近真理。相反,我们在毫无结果的、常常是出自意识形态考量的争论中蹉跎了人生,却对人类共同体几乎没有做出贡献。然而,我们受到"以学术为志业"这一信条的召唤,本是为了比这做得更好。

参考文献

Abbott, Andrew. 2001. *Time Matters: On Theory and Method*. Chicago: University of Chicago Press.

Achen, Christopher. 1986. *The Statistical Analysis of Quasi-Experiments*. Berkeley: University of California Press.

Achen, Christopher, and Duncan Snidal. 1989. "Rational Deterrence Theory and Comparative Case Studies." *World Politics* 41:143-69.

Agor, Westin. 1971. *The Chilean Senate: Internal Distribution of Influence*. Austin: Institute of Latin American Studies, University of Texas Press.

——, ed. 1972. *Latin American Legislative Systems: Their Role and Influence*. NewYork: Praeger.

Alchian, Armen. 1950. "Uncertainty, Evolution, and Economic Theory." *Journal of Political Economy* 58:211-22.

Alesina, Alberto, and Allan Drazen. 1991. "Why are Stabilizations Delayed?" *American Economic Review* 81: 1170-88.

Allen, William Sheridan. 1973. *The Nazi Seizure of Power: The Experience of a Single German Town, 1930 1935*. New York: New Viewpoints.

Ames, Barry. 1987. *Political Survival: Politicians and Public Policy in Latin America*. California Series on Social Choice and Political Economy. Berkeley: University of California Press.

——.1995a. "Electoral Rules, Constituency Pressures, and Pork Barrel: Bases of Voting in the Brazilian Congress." *Journal of Politics* 57:324-53.

——.1995b. "Electoral Strategy under Open List Proportional Representation." *American Journal of Political Science* 39:406-33.

——.2001. *The Deadlock of Democracy in Brazil*. Ann Arbor: University of Michigan Press.

更多参考文献
请扫码查看。……

译者后记

这本书是一群本科生译出来的。

他们分别是陈子恪、张曙霞、刘秀汀、张翔、何淑静、许效瀛、熊彩。这些人都是南开大学阿红译社的元老、荒岛书店的创建者。初译的时候,张曙霞负责第2章,刘秀汀第3章,张翔第5章。子恪负责其余各章,并与我一起从头盯到尾,完成总共三遍的校对与统稿。在子恪出国不利、脑大头歪、屁滚尿流的最后关头,何淑静、许效瀛与熊彩先后参加了最后的统稿讨论,完成了对第3、第4章的校对。

这群可爱的本科生,不怕困难、不计报酬、不顾旁人的冷漠与嘲讽,一边开书店,一边做翻译,玩得不亦乐乎! 在这场智力活动中,我与其说是充当指导教师,还不如说是跟大伙一块儿划龙舟擂擂鼓——戴上头巾,撸起袖子,喊起号子,玩出一些焦点,带出一些节奏。

其实,翻译并不适合由本科生来做。对本科生进行学术训练最好的方式,是上真正意义的讨论课(seminar),用密集的文献阅读和开放的焦点讨论来锻炼学生的批判性思维。这样的讨论课,我一直在开,南开孩子们的反应也很热烈。但是,我隐约感到少了些什么,总觉得还不够过瘾,还不够深入。有极少数有抱负且极有潜力的学生,也觉得泛读文献容易流于轻浮,并不能了解学术著作的写作细节与思想精髓。于是,在几次读书会之后,我提议搞个译社,尝试着用"精读、批评、翻译、讨论"的流程来进一步锤炼众人的学术思维与表达。

回头一想,一年译一本,来南开三年,这已经是译社与书店译出的第三本学术著作了。我们蹦蹦跳跳、嘻嘻哈哈,走过几个充实、欢乐的春夏秋冬。然而,就在我们兴高采烈地爬上自认为就要征服的山顶时,却迎头撞上了张睿壮教授。

大伙儿屁股都还没有坐热,他就一脚把我们都踹了下来——三十万字的译稿前后被他全部返工两次——他更是逐字逐句地对全书做出了数以千计的修订。

我和子恪,加起来的岁数都没有壮老师大。在面对他缜密的逻辑思考与细腻的语言感受时,我们经常陷入一种无比强大的气场之中。望着 Word 文档里无边无际的批注,我只觉得头皮发麻,屁股蛋收紧,脑袋里嗡嗡作响:这个风清扬老头,怎么比小伙子的精力还要旺盛?信、达、雅,条条收紧;文、白、英,字字要命——这翻译真是没法做了!很多时候,我都有一种在南开重新念博士的感觉。

后来才晓得,能咬牙玩到最后,才是师傅最幸运的徒弟,才有资格来谈师傅到底教了什么给自己。徒弟收获在哪里?师傅教好了没有?我就不废话了,各位看官自个儿翻书去吧。

在这里,我谨向译社的几位老前辈致敬——高飞、张玲、何淑静、刘秀汀!是他们一直在给我鼓励与包容。要感谢重庆大学出版社的少波和佳木两位老朋友,没有他们,我无法想象自己能继续"译下去"。还要感谢南开大学周恩来政府管理学院的领导朱光磊教授、杨龙教授、常健教授、程同顺教授,是他们一次又一次地帮助我、提醒我、爱护我。我还必须向朱光磊教授的研究生德新健同学致敬。在紧要关头,是他倾其所学与我并肩战斗,对第 3 章、第 4 章做出了抢救性的详细修订;也是他,在一直鼓励着我把充满风险与乐趣的信念之路走到底、走到黑。最后,得感谢荒岛书店的美短小公猫"王子"。它用它特有的对这个人类生活世界的不屑,一次又一次地点醒我在学术以外还有很多生活要过。

最后,我要对译社 2012 年的下一本书做一个预告:Jon Elster, *Explaining Social Behavior: More Nuts and Bolts for the Social Sciences*, Cambridge University Press, 2007(《解释社会行为:社会科学的机制视角》)。埃尔斯特是我个人最喜欢的跨界学者,他的作品我总是读了又读,爱不释手。接下来一年,我没有什么别的奢望,就希望自己能与译社与书店的朋友们一道,边读边译,边走边唱,尽享南开好时光!

刘骥

2011 年 5 月 19 日

于荒岛书店

图书在版编目(CIP)数据

范式与沙堡：比较政治学中的理论构建和研究设计／
(美)芭芭拉·格迪斯(Barbara Geddes)著；陈子恪等
译. -- 重庆：重庆大学出版社，2023.9
(万卷方法)
书名原文：Paradigms and Sand Castles：Theory
Building and Research Design in Comparative
Politics

ISBN 978-7-5689-3899-0

Ⅰ.①范… Ⅱ.①芭… ②陈… Ⅲ.①比较政治学—
研究 Ⅳ.①D0

中国国家版本馆 CIP 数据核字(2023)第 086422 号

范式与沙堡:比较政治学中的理论建构和研究设计

[美]芭芭拉·格迪斯 著

陈子恪 刘 骥 等 译

张睿壮 刘 骥 校

策划编辑 林佳木

责任编辑:林佳木 版式设计:林佳木

责任校对:王 倩 责任印制:张 策

*

重庆大学出版社出版发行

出版人:陈晓阳

社址:重庆市沙坪坝区大学城西路 21 号

邮编:401331

电话:(023) 88617190 88617185(中小学)

传真:(023) 88617186 88617166

网址:http://www.cqup.com.cn

邮箱:fxk@ cqup.com.cn (营销中心)

全国新华书店经销

重庆华林天美印务有限公司印刷

*

开本:890mm×1240mm 1/32 印张:9 字数:230 千

2023 年 9 月第 1 版 2023 年 9 月第 1 次印刷

ISBN 978-7-5689-3899-0 定价:52.00 元

Paradigms and Sand Castles: Theory Building and Research Design in Comparative Politics/Barbara Geddes.

ISBN 978- 0- 472- 06835-7

Published in the United States of America by The University of Michigan Press.

范式与沙堡:比较政治学中的理论建构和研究设计,作者:芭芭拉·格迪斯。原书英文版由密歇根大学出版社出版。原书版权属密歇根大学出版社。

版贸核渝字(2022)第 053 号

万卷方法®
知识生产者的头脑工具箱

很多做研究、写论文的人，可能还没有意识到，他们从事的是一项特殊的生产活动。而这项生产活动，和其他的所有生产活动一样，可以借助工具来大大提高效率。

万卷方法是为辅助知识生产而存在的一套工具书。

这套书系中，

有的，介绍研究的技巧，如《会读才会写》《如何做好文献综述》《研究设计与写作指导》《质性研究编码手册》；

有的，演示 STATA、AMOS、SPSS、Mplus 等统计分析软件的操作与应用；

有的，专门讲解和梳理某一种具体研究方法，如量化民族志、倾向值匹配法、元分析、回归分析、扎根理论、现象学研究方法、参与观察法等；

还有，

《社会科学研究方法百科全书》《质性研究手册》《社会网络分析手册》等汇集方家之言，从历史演化的视角，系统化呈现社会科学研究方法的全面图景；

《社会研究方法》《管理学问卷调查研究方法》等用于不同学科的优秀方法教材；

《领悟方法》《社会学家的窍门》等反思研究方法隐蔽关窍的慧黠之作……

书，是人和人的相遇。

是读者和作者，通过书做跨越时空的对话。

也是读者和读者，通过推荐、共读、交流一本书，分享共识和成长。

万卷方法这样的工具书很难进入豆瓣、当当、京东等平台的读书榜单，也不容易成为热点和话题。很多写论文、做研究的人，面对茫茫书海，往往并不知道其中哪一本可以帮到自己。

因此，我们诚挚地期待，你在阅读本书之后，向合适的人推荐它，让更多需要的人早日得到它的帮助。

我们相信：

每一个人的意见和判断，都是有价值的。

我们为推荐人提供意见变现的途径，具体请扫描二维码，关注"重庆大学出版社万卷方法"微信公众号，发送"推荐员"，了解详细的活动方案。